뇌기반교육 교수과학 시리즈 4

공부하는 우리아이들 머릿속의 비밀

뇌기반교육 교수과학 시리즈 4

공부하는 우리아이들 머릿속의 비밀

뇌기반교육 입문

데이비드 A. 수자 엮음 | 박미경 옮김

교육을 바꾸는 사람들 부설
MBE 한국 뇌기반교육 연구소

여러분을
뇌과학으로 초대합니다

사람들이 왜 '뇌 친화적 교육brain-compatible teaching'에서 말하는 학습과정에 그 토록 관심을 보이는지 궁금하신가요? 그렇다면 이 책이 답을 드릴 것입니다. 지난 20여 년 동안 교육자, 심리학자, 신경과학자 들은 뇌에 대해 알게 된 정보를 교수·학습에 어떻게 적용할지에 대해 꾸준히 연구해 왔습니다. 그리고 이제 그 적용 가능성이 점차 명확해지고 있습니다. '교육 신경과학Educational Neuroscience(혹은 마음두뇌교육mind, brain, and education)'이라는 새로운 연구 분야가 생겼으며, 수많은 연구자가 교수·학습에 영향을 줄 만한 뇌 연구결과를 찾는 데 전념하고 있습니다. 이미 전 세계 교사들이 뇌과학에서 나온 연구결과를 학교수업에 반영하기 위해, 기존의 교수법과 교과 과정, 평가 방식을 바꿔 나가고 있습니다.

또한 교사와 학교 행정가 들은 뇌 연구로 입증된 교수법을 실제로 활용하는 방법을 꾸준히 모색 중입니다. 이 책의 원서인 『Educational Neuroscience』를 펴낸 코윈Corwin 출판사는 이러한 학계의 노력에 처음부터 적극 동참해 왔으며, 신경과학 분야의 연구결과를 과학적인 교수 전략으로 바꿔줄 유능한 저자를 물색해 왔습니다. 이 책의 저자들은 뇌과학을 바탕으로 한 교수·학습 서적을 꾸준히 펴낸 유명

저자들입니다. 저자들의 책 중에는 뇌의 성장 발달에 관해 새롭게 발견된 사실을 중점적으로 다룬 책이 있는가 하면 읽기나 셈하기를 배우는 학습자나 장애아동, 영재 등 다양한 학습자를 위한 뇌 친화적 교수전략을 소개하는 책도 있습니다.

뇌 연구가 교육에 어떻게 적용되는지에 관해 여러분이 이제 막 관심을 갖게 되었다면, 이런 내용을 다룬 책이 엄청나게 많다는 사실에 압도되어 어떤 것을 먼저 봐야 할지 잘 판단할 수 없을지도 모릅니다. 이 책은 그런 입문자를 위한 책입니다. 이 책은 신경과학과 교육학 분야의 저명한 저자 8명의 글을 한자리에서 음미해 볼 수 있는 근사한 만찬 같은 책입니다. 각 저자들은 신경과학에서 얻은 지식을 다양한 교육적 상황에 적용하는 방법에 대해 알기 쉽게 서술하고 있습니다. 또한 독자들이 내용을 더 쉽게 이해할 수 있도록 책을 크게 세 부분으로 구성하였습니다. 1부에서는 뇌의 발달과정에 초점을 맞추어 뇌의 구조와 작용, 그리고 어린이 · 청소년의 두뇌 특징을 알아봅니다. 2부에서는 학교생활에 따른 뇌의 작용에 주목하여 뇌가 읽기와 셈하기를 터득하는 방식과 남녀의 두뇌 차이, 학습장애를 겪고 있는 학생들이 사회적 관계에서나 학습과정에서 부딪히는 난점들에 대해 살펴봅니다. 3부에서는 모든 아이들에게 적용해도 좋은 교육전략을 소개합니다. 교실에서 스트레스를 줄이는 방법과 학생의 뇌를 깨우고, 집중시키며, 활성화시키는 방법에 관해 다룹니다.

이 책은 신경과학 분야의 발전으로 최근 몇 년 동안 어린이 · 청소년과 지도법에 관해 알게 된 새로운 수많은 지식들을 개략적으로 소개하고 있습니다. 또한 학생들을 주도적이고 성공적인 학습자로 만들어 줄 다양한 전략과 기법을 제공하고 있습니다. 이 책을 읽고 나서, 각 장의 저자들이 쓴 다른 서적도 읽어 보기를 권합니다. 학생들의 뇌가 어떻게 작동하는지를 이해하면, 보다 효율적으로 교육할 수 있게 될 것입니다.

목차

1부 발달하는 뇌

2부 학교생활과 뇌

3부 효과적인 뇌기반 교육 전략

이 책『공부하는 우리 아이들, 머릿속의 비밀』은 저명한 뇌과학 전문가들이 쓴 열한 편의 옥고玉稿를 뽑아 엮은 결과물이다. 아래는 3부, 11장으로 이루어진 책 전체의 개요와 대략적인 내용을 요약해 정리한 예고편이라고 보면 된다. 책 전체 내용을 차례대로 읽어 나가도 좋지만, 각 부와 장의 내용을 우선 훑어본 뒤 궁금한 부분부터 먼저 찾아 읽어도 좋을 것이다.

– 데이비드 A. 수자

1부 발달하는 뇌

1장 뇌 이해하기

1장에서는 인간 뇌의 기본 구조와 기능을 개략적으로 소개한다. 아동기의 뇌 발달과 청소년기의 뇌 발달 과정에 영향을 미치는 환경 요인은 무엇인지, 현재 학교가 오늘날 학생의 뇌에 맞게 가르치는지, 현재의 기술 발달이 뇌에 어떤 영향을 끼쳤는지 살펴본다.

– 데이비드 A. 수자

2장 어린이의 뇌

인간은 살아 움직이는 생명체이다. 막 걸음마를 뗀 아이의 뇌는 온갖 형태의 움직임을 조절하기 위해 인지체계를 발달시키고, 그 체계에 숙달되고자 노력한다. 이러한 과정은 어떻게 이루어지는 것일까? 아이가 인지적 네트워크를 건강하게 구축하도록 부모와 교사는 곁에서 아이를 어떻게 도울 수 있을까?

– 로버트 실베스터

3장 청소년의 뇌

사춘기 청소년을 다루기란 쉽지 않다. 때로는 이들에 대한 편견이 앞서 더 힘들어
지기도 한다. 이 장은 청소년에 관한 일반적인 오해를 밝히고, 뇌 발달 단계가 십
대의 인지적, 정서적, 신체적 성장에 어떤 영향을 미치는지 논의한다. 또한 청소년
의 주의를 집중시키고 유지시킬 수 있는 실질적인 지도 방법을 제공하고, 학습과정
에서 피드백이 얼마나 중요한지에 대해 강조한다.   – 셰릴 G. 파인스타인

2부 학교생활과 뇌

4장 독서하는 뇌

아동기 뇌가 수행해야 할 대단히 어려운 과제 중 하나는 읽기를 터득하는 것이다.
4장은 뇌가 독서 경로를 어떻게 만들어 내는지를 설명한다. 또한 읽기, 쓰기, 철자
법을 서로 연결하는 전략과 뇌의 단어 형성 영역을 통해 어휘력을 계발하는 전략
등 다양한 지도법을 제안한다. 이러한 전략은 모두 연구를 바탕으로 만들어졌으며,
교실에서 활용할 만한 사례도 들어 있다.   – 파멜라 네빌스

5장 계산하는 뇌

아이들은 숫자 감각을 타고났기 때문에, 근사치를 계산한다거나 전체에서 물체가
몇 개 더해지고 빠지는 것을 쉽게 알아차린다. 어린아이는 뇌의 발달과 더불어 숫
자 감각 또한 발달하여, 나중에는 상당히 어려운 곱셈 계산까지 배울 수 있게 되는
것이다. 5장은 계산과 관련된 뇌의 개념구조가 어떻게 발달하는지 설명하고, 아이
들이 곱셈을 제대로 배우도록 도와줄 지도법을 제안한다.   – 데이비드 A. 수자

6장 남성의 뇌, 여성의 뇌

수십 년 동안 부모와 교육자들은 남자의 뇌와 여자의 뇌의 학습방식에 차이가 있는지를 두고 논쟁을 벌여 왔다. 6장에서는 최근의 연구를 통해 남녀의 뇌에 어떤 차이가 있는지, 그 차이가 학습에 어떠한 영향을 미치는지, 어떤 학습전략이 여학생과 남학생 중 어느 쪽에 더 효과적인지 살펴본다. 또한 학습장애는 성별에 따라 각각 어떻게 전개되는지를 검토하고자 한다.　　　　　　　　　－ 에비게일 노플릿 제임스

7장 특별한 보살핌이 필요한 뇌

7장에서는 뇌의 사회성 운영체계와 학습 운영체계가 어떻게 성장하고 발달하는지를 탐구한다. 이러한 체계에 오류가 생기면 학생들은 학습장애를 겪게 되는데 학생들이 학습 중에 부딪히는 도전들에 맞설 수 있도록 새로운 사고방식을 심어 주고, 더불어 사회성을 기르도록 교사가 도와줄 방법을 제안한다.　　　　　　　　　－ 에릭 젠슨

3부 효과적인 뇌기반 교육 전략

8장 뇌 안정화시키기

스트레스는 학습에 부정정인 영향을 미친다. 스트레스를 일으키는 문제에 대처하느라 집중력이 흐트러지기 때문이다. 8장에서는 학생의 스트레스를 낮추고, 학습의욕을 높여 줄 수 있는 검증된 지도법을 제안하고자 한다.　　　　　　　　　－ 마이클 A. 스카덴

9장 뇌 끌어들이기

학생들이 배운 내용을 기억하길 바란다면 학습내용이 이해되어야 하고 학생의 삶과 연관성이 있어야 한다. 9장에서는 교사가 학습내용을 실제 경험과 연결시켜 학생들의 흥미를 끌고, 배운 것을 오래 기억하게 해 줄 전략을 제안한다.

– 마샤 L. 테이트

10장 뇌 집중시키기

오늘날 학생들은 온갖 유형의 영상 매체를 다루고 그것으로 소통하는 데에 익숙하다. 따라서 다양한 시각 도구는 학생들의 관심을 붙잡고 배운 내용을 기억하도록 도와줄 강력한 교육 장치가 될 수 있다. 10장에서는 학습한 내용을 이해하고 오래 기억하는 데에 효과적인 학습 도구로서 '그래픽 오거나이저'를 제안한다.

– 마샤 L. 테이트

11장 뇌 활성화시키기

최근 연구에 따르면 많이 움직일수록 뇌 혈류량이 늘어나 학습하는 동안 집중력이 높아진다고 한다. 11장에서는 지친 아이들의 에너지를 높여 주는 '활력활동'이나 음악이 학생들의 활기를 어떻게 북돋아 주며, 지루함이나 피로를 어떻게 극복하도록 돕는지 살펴본다.

– 에릭 젠슨

THE DEVELOPING

발달하는 뇌

1장

뇌 이해하기

"우리는 미지의 영역이던 뇌를 파헤쳐 어렴풋이나마 인간을 이해하게 되었다.
이렇게 얻은 뇌과학 지식이야말로 금세기 최고의 진보이자, 인류 역사상 가장 중요한 발전이다."
— 레슬리 A. 하트, 『Human Brain and Human Learning』

성인의 뇌는 1.4킬로그램밖에 나가지 않는 축축하고 연약한 덩어리다. 호두처럼 생겼으며, 작은 자몽만한 크기로 손바닥 하나에 쏙 들어갈 정도이다. 뇌는 두개골과 몇 겹의 보호막으로 감싸여 있으며, 척추의 맨 윗부분에 얹혀 있다. 뇌는 우리가 잠든 사이에도 끊임없이 활동한다. 무게는 전체 체중의 2%밖에 나가지 않지만, 몸 전체 에너지의 20%를 소비한다. 생각을 많이 할수록 열량이 많이 소비된다고 하니, 어쩌면 새로운 다이어트법이 유행하게 될지도 모르겠다. 데카르트가 "나는 생각한다, 고로 존재한다."라고 한 말을 "나는 생각한다, 고로 날씬하다."로 바꿔도 되지 않을까?

뇌 해부학자들은 수세기 동안 대뇌의 모든 영역을 조사했고, 각 영역의 기능에 근거하여 라틴어와 그리스어로 명칭을 붙였다. 그들은 뇌의 구조와 기능을 분석했으며, 관찰한 내용을 설명할 수 있는 개념들을 찾아냈다. 초기에는 위치에 따라 뇌를 전뇌forebrain, 중뇌midbrain, 후뇌hindbrain로 구분하였다. 1960년대에 이르러 폴 맥클린(Paul MacLean, 1990)은 진화 단계에 따라 뇌의 구조를 '파충류의 뇌(뇌간brain stem)', '포유류의 뇌(변연계limbic area)', '인간의 뇌(전두엽frontal lobes)'로 구분하여 '삼위일체 뇌'라는 개념으로 설명하기도 했다.

이 장에서 우리는 뇌를 이해하기 위해 뇌의 외부 영역을 먼저 살펴보고([그림 1.1] 참고) 이어서 뇌의 세부 영역을 기본적인 기능에 따라 뇌간, 변연계, 대뇌의 세 부분으로 나누어 살펴볼 것이다([그림 1.2] 참고). 또한 뉴런neuron이라 불리는 신경세포의 구조에 대해서도 살펴볼 것이다.

📖 뇌의 표면

뇌엽腦葉 Lobes of the Brain

뇌의 미세한 주름은 사람마다 다르지만, 누구나 가지고 있는 깊은 주름이 몇 개 있다. 깊은 주름은 좌뇌와 우뇌를 네 개의 엽으로 구분하게 하고, 각 엽은 특정 기능을 전문적으로 수행한다.

• **전두엽前頭葉 Frontal Lobes** 전두엽은 뇌의 앞부분에 있으며, 그중에서도 가장 앞쪽 부위, 이마 바로 뒤에는 전전두엽 피질prefrontal cortex이 있다. 전두엽은 흔히 실행통제중추executive control center라고 하며, 계획과 사고 과정을 담당한다. 즉, 논리와 추론 등 고등사고 능력을 담당하고, 문제해결 과정을 지휘하며, 감정이 과열되는 것을 조절하는 등 이성적인 판단과 실행을 관할한다. 또한 전두엽은 흔히 사람들이 '성격'이라고 부르는 그 사람만의 '고집

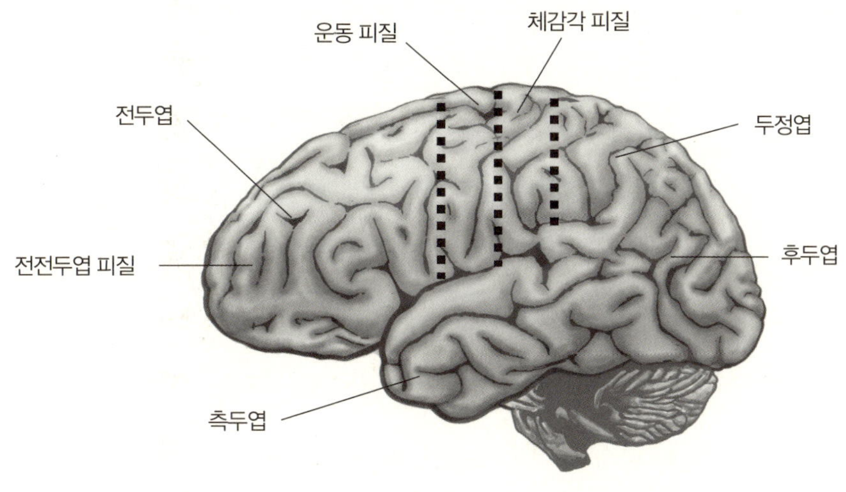

self-will'을 만들어 내는 영역이기도 하다. 그래서 전두엽이 손상된 사람은 행동과 성격이 완전히 바뀌어서 전혀 딴사람이 되기도 한다. 우리가 무언가 일을 할 때 필요한 작업기억working memory은 대부분 전두엽에서 통제하기 때문에, 전두엽은 집중력을 유지하게 하는 곳이기도 하다(Geday & Gjedde, 2009; E. E. Smith & Jonides, 1999). 그런데 전두엽은 서서히 발달한다. 청소년기를 보낸 아이들을 대상으로 자기공명영상MRI 연구를 실시한 결과, 전두엽은 성인기 초반인 20대 중반까지도 계속 성장한다고 한다. 따라서 청소년기에는 감정 과잉이 일어나도 전두엽이 그 기능을 충분히 발휘하지 못한다(Dosenbach et al., 2010; Goldberg, 2001). 그래서 청소년은 성인보다 감정에 휘둘리기 쉽고 위험한 행동도 더 많이 저지른다.

> 청소년은 뇌의 이성 체계가 완성되기 이전이므로 감정에 더 쉽게 휘둘리는 경향이 있다.

- 측두엽側頭葉 Temporal Lobes 귀 위쪽에 자리한 측두엽은 소리와 음악, 얼굴과 물체를 인식하고 장기기억의 일부를 처리한다. 측두엽에는 언어중추도 자리 잡고 있는데, 대개 좌측에만 있다.

- 후두엽後頭葉 Occipital Lobes 뇌 뒤쪽에 위치한 후두엽 한 쌍은 거의 시각정보 처리에 특화되어 있다.

- 두정엽頭頂葉 Parietal Lobes 정수리 쪽에 위치한 두정엽은 주로 방향 감각, 계산, 특정 유형의 재인再認을 담당한다.

운동 피질과 체감각 피질Motor Cortex and Somatosensory Cortex

두정엽과 전두엽 사이에는 한쪽 귀에서 다른 쪽 귀로 뇌 상부를 가로지르는 두 개의 이랑이 있다. 그중 전두엽에 더 가까이 있는 이랑이 운동 피질이다. 이 부위는 몸의 움직임을 통제하며, 운동 기술을 익히는 학습과정을 소뇌와 함께 조

그림 1.2 뇌의 단면도

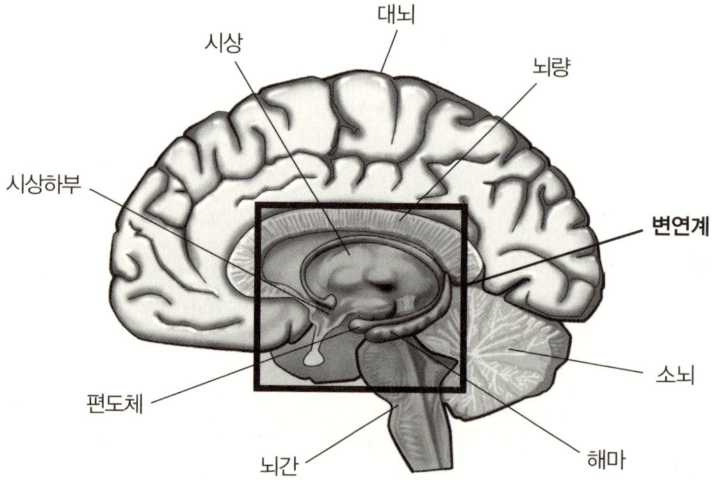

율한다. 또 하나의 이랑인 체감각 피질은 운동 피질 바로 뒤, 두정엽이 시작되는 부위에 있다. 이 부위는 몸의 여러 부위에서 받은 감각 신호를 일차적으로 처리한다.

뇌의 내부

뇌간腦幹 Brain Stem

뇌간은 뇌에서 가장 초기에 발달이 시작되고 가장 깊숙한 곳에 위치하고 있다. 파충류의 뇌와 닮았다고 해서 '파충류의 뇌'라고 부르기도 한다. 뇌와 연결된 뇌신경 12개 중 11개가 뇌간으로 연결된다(냄새를 맡는 후각 신경은 진화한 포유류의 뇌인 변연계와 바로 연결된다). 뇌간은 심장 박동, 호흡, 체온, 소화 등 생명과 직결된 신체 기능을 통제하고 조절한다. 또한 뇌간에는 뇌의 각성 활동을 담당하는 망상활성계reticular activating system RAS가 있다.

변연계邊緣系 Limbic System

일명 '포유류의 뇌'인 변연계는 뇌간의 윗부분이자 대뇌 아랫부분에 있다. 변연계의 모든 요소가 뇌의 다른 영역들과 상호작용하기 때문에, 변연계를 따로 기능하는 하나의 독립체로 보는 것은 시대에 뒤떨어진 것이라고 주장하는 연구자도 많다.

변연계에 속하는 구조물은 대부분 좌뇌와 우뇌에 각각 똑같은 형태로 자리잡고 있다. 변연계는 감정을 유발하고 감정기억을 처리하는 등 여러 가지 기능을 수행한다. 또한 대뇌와 뇌간 사이에서 감정과 이성의 상호작용을 담당한다.

변연계에 해당하는 다음의 네 부분은 학습과 기억에 중요하다. 각 부분을 살펴보면 다음과 같다.

- 시상視床 Thalamus 후각 정보를 제외한 모든 감각 정보는 가장 먼저 시상thalamus(그리스어로 '안쪽 방'이라는 뜻)으로 연결된다. 시상은 이러한 여러 감각 정보가 뇌의 다른 영역에서 처리될 수 있도록 보낸다. 또한 대뇌 피질과 소뇌도 시상과 연결되어 있기 때문에, 시상은 기억을 포함하여 여러 가지 인지 활동에도 관여한다.

- 시상하부視床下部 Hypothalamus 시상하부는 시상 바로 아래쪽에 있다. 시상이 외부에서 들어오는 정보를 중계하는 반면, 시상하부는 신체의 일정한 상태, 즉 항상성homeostasis을 유지하기 위해 신체 내부의 여러 시스템을 감시한다. 즉, 시상하부에서는 다양한 호르몬의 방출을 통제하여 수면, 체온, 음식 섭취, 수분 섭취 등의 여러 가지 신체 기능을 조절한다. 이러한 내부 시스템이 균형을 잃으면, 학습내용을 인지적으로 처리하는 데 집중하기가 어렵다.

- 해마海馬 Hippocampus 해마는 변연계 맨 아래에 있으며, 바닷물고기 '해마'를 닮았기 때문에 그 이름을 따서 그리스어 'hippocampus'라는 이름이 붙여졌다. 해마는 작업기억에 있는 정보를 장기 저장소로 보내고 학습을 강화하는 데 중요한 역할을 한다. 이러한 기억 과정은 수일에서 수개월이 걸리기도 한다. 해마는 작업기억에 새로 전달되는 정보를 기존의 저장된 경험과 비교하는데, 이는 의미 생성에 필수적인 과정이다.

  해마가 이런 역할을 한다는 사실은 질병으로 해마 부위에 손상을 입었거나, 해마 부위가 제거된 환자들을 통해서 처음 밝혀졌다. 이 환자들은 수술 전에 일어났던 일은 모두 기억했지만, 수술 이후에 일어난 일은 기억하지 못했다. 만약 오늘 그들에게 당신을 소개한다 해도, 내일이 되면 그들은 당신을 전혀 기억하지 못할 것이다. 이 환자들은 정보를 단 몇 분 동안만 기억할 수 있기 때문에, 같은 기사를 반복해서 읽어도 매번 처음 읽는 것처럼 느낀다. 신경 영상 연구를 통해 해마가 장기기억을 저장하는 역할을 한다는 사실은 확실해졌다. 기억 장애의 하나인 알츠하이머병의 경우, 해마에 있는 뉴런이 점차 파괴되면서 기억력이 감퇴된다는 것이 밝혀진 것이다.

뇌 손상 환자에 대한 최근 연구에 따르면 해마는 어떤 사실과 물체, 장소를 기억할 때는 중요한 역할을 하지만, 장기기억에 저장된 개인적 정보나 사건의 회상에는 큰 역할을 하지 않는 것으로 보인다(Liberman, 2005). 그런데 놀랍게도 최근 밝혀진 사실에 따르면, 해마는 성인이 되고 나서도 새로운 뉴런을 생성할 수 있다고 한다(Balu & Lucki, 2009). 이처럼 새 뉴런을 생성하는 과정을 신경생성neurogenesis이라 하며, 이것이 학습과 기억에 중요한 영향을 미친다는 연구결과도 있다(Deng, Aimone, & Gage, 2010; Neves, Cooke, & Bliss, 2008). 신경생성은 적절한 식습관(Kitamura, Mishina, & Sugiyama, 2006)과 운동(Pereira etal., 2007)을 통해 강화될 수도 있고, 오랫동안 수면 부족(Meerlo, Mistlberger, Jacobs, Heller, & McGinty, 2009)을 겪을 경우 약화될 수도 있다.

> 새로운 뉴런의 생성을 뜻하는 신경생성은 식습관과 운동을 통해 강화될 수도 있고, 오랫동안 수면이 부족하게 되면 약화될 수도 있다.

- 편도체扁桃體 Amygdala 그리스어로 '아몬드almond'라는 뜻의 편도는 해마 끝 부분에 붙어 있다. 이 조직은 감정 중에서도 특히 두려움에 대한 평가와 반응을 담당한다. 편도체는 환경과 상호작용하는 과정에서 공격하거나, 도망

치거나, 사랑을 나누거나, 음식을 먹는 등 생존에 영향을 미칠 수 있는 행동을 조절한다.

PET(양전자 단층촬영)를 통한 신경 영상 연구결과와 편도체가 해마와 인접해 있다는 사실을 통해 짐작하건대, 기억이 장기기억의 저장소에 저장될 때 만약 어떤 감정이 얽혀 있다면 편도체는 바로 그 감정 메시지를 부호로 바꾸는 역할을 하는 것으로 보인다. 편도체에 실제로 저장되는 것이 감정기억 자체인지 여부는 아직 밝혀지지 않았지만 이름이나 날짜 등 인지와 관련된 요소는 다른 곳에 저장되는 반면, 감정과 관련된 요소는 편도체에 저장된다고 추정하고 있다(Squire & Kandel, 1999). 그렇게 저장된 감정 요소들은 감정의 원인이 되었던 기억을 떠올릴 때마다 함께 떠올려지게 된다. 사람들이 어떤 기억을 떠올리면 당시 느꼈던 감정을 고스란히 다시 느끼게 되는 것도 바로 이 때문이다. 편도체와 해마의 상호작용 덕분에 우리는 감정이 얽힌 중요한 사건을 오랫동안 기억하게 되는 것이다.

아이들을 지도하는 사람들은 당연히 학생들이 배운 내용을 오래도록 기억하기를 기대할 것이다. 따라서 장기기억을 담당하는 두 영역인 해마와 편도체가 모두 뇌의 감정중추에 속해 있다는 사실에 많은 교사가 흥미를 보일 것이라 생각한다. 이처럼 인지, 기억, 감정 사이의 연결 고리를 이해하는 문제는 앞으로 여러 장에 걸쳐 다루어질 것이다.

질문 무엇을 장기기억에 저장할지 결정하는 구조는 뇌의 전두엽에 있을까?

답 아니다. 이성 체계인 전두엽이 아니라 감정 체계인 변연계에 있다.

대뇌大腦 Cerebrum

젤리처럼 부드러운 덩어리인 대뇌는 뇌 무게의 80% 정도를 차지하는 가장 큰 영역이다. 대뇌 표면은 엷은 회색이고 주름져 있으며, '열裂 fissure'이라 불리는 깊게 파인 홈과 '구溝 sulci'라 불리는 얕은 홈이 있다. 솟아오른 주름은 '이랑 gyri'이라 불린다. 앞에서 뒤로 길게 뻗어 있는 하나의 구를 기준으로 대뇌를 좌뇌와 우뇌의 두 부분으로 구분한다. 신체의 왼쪽에서 온 신경들은 우뇌에 연결되고, 오른쪽에서 온 신경들은 좌뇌에 연결되는데, 그 이유는 아직 다 밝혀지지 않았다. 좌뇌와 우뇌는 2억 개가 넘는 신경섬유로 이루어진 '뇌량腦梁 corpus callosum(라틴어로 '다발'이라는 뜻)'으로 서로 연결되어 있으며, 각 반구는 뇌량을 다리 삼아 서로 신호를 주고받으면서 여러 가지 정보 처리 과정에 관여한다.

좌뇌와 우뇌는 얇지만 질긴 피질cortex('나무껍질'이라는 뜻)로 덮여 있다. 수많은 세포로 이루어진 피질은 두께가 25밀리미터 정도이다. 표면에 주름이 많이 잡혀 있는데 주름을 평평하게 펼치면 대략 0.18제곱미터이므로 거의 신문 한 면 정도의 표면적이라고 볼 수 있다. 피질은 1세제곱센티미터당 무려 1천 킬로미터의 신경섬유가 복잡하게 얽혀 있는 6개의 세포층으로 구성되어 있다. 사고, 기억, 발화, 근육 운동 등 대부분의 인간 행위가 대뇌에서 일어나고 대뇌에 의해 통제된다. 피질은 '뇌의 회질灰質 gray matter'이라고도 불린다.

피질에 있는 뉴런들은 각 세포층을 통과하는 줄기를 여러 개 만들고, 이 줄기를 따라 백질白質 white matter이라 하는 신경회로를 뻗어나간다. 이렇게 뉴런이 다른 영역의 신경회로와 연결을 맺는 과정을 통해 특정 기능을 수행하는 거대한 신경망이 형성되는 것이다.

소뇌 小腦 Cerebellum

라틴어로도 '작은 뇌'로 명명되어 있는 소뇌는 좌·우뇌 양쪽에 걸쳐 있는 조직으로, 대뇌 뒷부분 바로 아래, 뇌간 바로 뒤에 있다. 소뇌는 전체 뇌 무게의 약 11퍼센트를 차지하며 무수히 많은 주름이 자잘하게 있다. 소뇌는 굉장히 정교한 구조물로, 여기에는 뇌의 나머지 영역을 다 합친 것보다 더 많은 뉴런이 있다. 소뇌의 전체 표면적은 대뇌의 반구 하나와 맞먹는다.

소뇌는 신체 움직임을 조절한다. 소뇌는 근육 신경 말단에서 온 자극을 감지하기 때문에 복잡한 운동 기술을 타이밍에 맞춰 수행하는 데 중요한 역할을 한다. 즉 골프채를 멋지게 휘두르고, 춤출 때 스텝을 부드럽게 밟고, 손에 든 컵의 내용물을 흘리지 않고 입으로 가져오게 하는 일 등을 섬세하게 조정한다. 또한 자판을 보지 않고 타자를 치거나 구두끈을 매는 등 자동화된 움직임에 대한 기억도 저장한다. 이렇게 소뇌에 의해 기억된 자동화 동작 덕분에 우리는 더 적은 노력으로 더 빠르고 정확하게 일을 수행할 수 있다. 소뇌는 운동 과제를 머릿속에서 시연하는 일에도 관여한다고 알려져 있다. 이러한 예행연습은 동작의 수행 능력을 향상시키기 때문에 소뇌가 손상된 사람은 동작이 느리고 무뎌서 공을 잡거나 악수를 하는 등의 정교한 동작을 원활하게 수행하지 못한다.

나아가 최근의 연구들은 그동안 소뇌의 역할이 과소평가되었다는 사실을 지적한다. 연구자들은 소뇌가 사고나 감정, 감각(특히 촉각), 기억 처리 과정에 관여하여 인지적 처리를 돕는다는 것에 동의한다. 감각 정보를 처리하거나 고등 사고 능력을 조절하는 뇌 영역이 소뇌와 연결되어 있기 때문에, 이런 과제를 몇 번 반복하면 이후에는 의식적으로 주의를 기울이지 않고도 자동적으로 수행할 수 있게 된다는 것이다. 이처럼 소뇌는 신체 움직임뿐만 아니라 일부 인지과정을 자동적으로 처리하도록 돕기 때문에, 다양한 인지 활동을 하는 데에 의식을 할애할 수 있게 됨으로써 두뇌의 인지 활동 범위가 확대된다. 인간의 인지적 역량이 계속 발전하고 있는 것은 많은 사고 과정을 자동화하는 소뇌 덕분이다.

뇌세포

이제까지 알려진 바에 의하면 뇌는 신경세포nerve cell와 교세포glial cell라는 두 종류의 세포로 구성되며, 세포의 개수는 무려 1조 개에 이른다. 신경세포는 뉴런neuron이라고도 하며 전체 세포의 1/10을 차지하는데, 수로 따지자면 대략 천 억 개 정도다. 그 외 나머지 세포는 그리스어로 '접착제'라는 뜻을 지닌 교세포다. 교세포는 뉴런과 뉴런을 서로 결합시키고, 해로운 물질을 걸러 주는 여과기 역할을 한다. 가장 최근에 실시된 연구에 따르면, 별세포astrocyte라 불리는 교세포는 뉴런의 신호 속도를 조절하는 역할을 한다고 한다. 별세포는 혈관

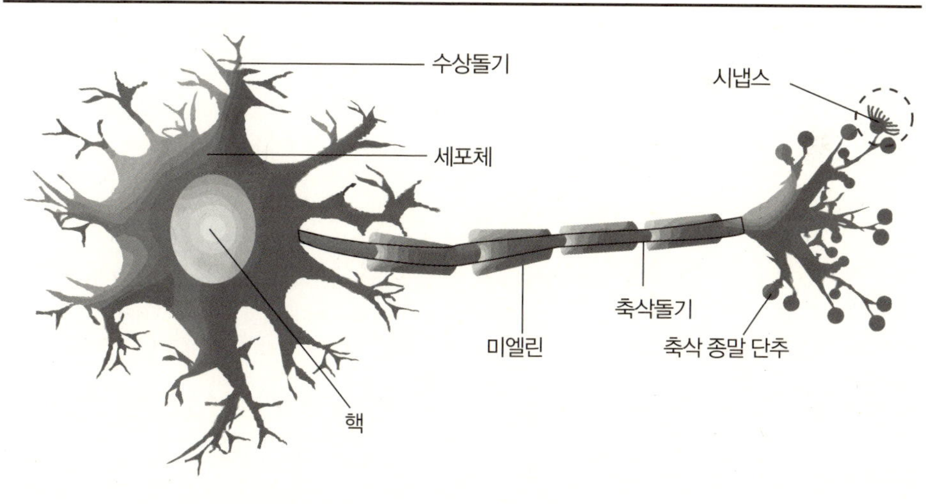

그림 1.3 뉴런은 축삭돌기를 따라 신호를 전달하고, 말단에 이르면 시냅스(점선 부분)를 건너 이웃 뉴런의 수상돌기로 신호를 전달한다. 미엘린은 축삭돌기를 보호하고 신호 전달 속도를 높인다.

벽에 붙어 '혈뇌장벽血腦障壁 blood-brain barrier'을 형성하는 데도 도움을 준다. 혈뇌장벽은 세포 활동을 방해하는 물질로부터 뇌세포를 보호하는 데 중요한 역할을 한다.

뉴런은 뇌와 전체 신경계에서 핵심 기능을 담당한다. 뉴런은 크기가 다양하지만 뇌에 있는 뉴런의 몸체는 이 문장 끝에 찍힌 마침표의 약 1/100 크기이다. 19세기 말 스페인의 신경과학자 산티아고 라몬 이 카할Santiago Ramón y Cajal이 처음으로 이 세포를 발견하였다. 다른 세포와 달리 뉴런은 세포체 부위에서 수만 개의 수상돌기dendrites(그리스어로 '나무'라는 뜻)가 가지처럼 뻗어 나온다([그림 1.3] 참고). 수상돌기는 다른 뉴런에서 나온 전기 자극을 받고 축삭돌기axon(그리스어로 '축'이라는 뜻)를 따라 신호를 전달한다. 보통 뉴런 한 개당 한 개의 축삭돌기가 있는데 미엘린myelin sheath이라 하는 섬유질이 축삭돌기를 겹겹이 감싸서 절연체 역할을 하고 신호의 전달 속도를 높인다. 전기화학적인 원리로 뉴런을 따라 이동하는 자극과 신호의 과정은 180센티미터가 넘는 성인의 머리끝에서 발끝까지 0.2초 만에 완료된다. 하나의 뉴런은 1초에 250개에서 2,500개의 자극을 전달할 수 있기 때문이다.

뉴런과 뉴런은 직접 연결되어 있지 않다. 수상돌기와 축삭돌기 사이에 약 1/250만 센티미터의 작은 틈이 있으며, 이를 시냅스synapse(그리스어로 '잇다'라는 뜻)라고 부른다. 뉴런의 수상돌기에는 작은 돌기spine가 돋아나 있어 외부의 자극 신호를 쉽게 받아들이게 된다. 이렇게 전달된 신호는 한데 모여 신경충동을 야기하게 되며, 이러한 신경충동이 축삭돌기를 통해 시냅스까지 전달된다. 신경충동이 축삭돌기의 말단에 이르면, 시냅스로 화학 물질이 방출된다([그림 1.4] 참고). 신경전달물질neurotransmitter이라 불리는 이 화학 물질은 이웃한 뉴런을 흥분시키거나 억제시킨다. 지금까지 발견된 신경전달물질은 50여 가지이다. 많이 알려진 신경전달물질로는 아세틸콜린, 에피네프린(아드레날린), 세라토닌, 도파민 등이다. 이처럼 한 뉴런이 다른 뉴런에 신호를 전달하는 과정에서 시냅스 주변 환경이 변화될 때 학습이 일어난다.

사람이 하는 일과 뇌의 물리적 구조 간에는 직접적인 연관성이 있는 것으로 추정된다. 전문 음악가처럼 특정 직업군에 속하는 사람들의 뉴런을 최근에 연구한 결과, 더 복잡한 기술을 요하는 직업일수록 뉴런에서 더 많은 수상돌기가 발견되었다. 수상돌기가 증가하면 뉴런들 간에 연결을 더 많이 할 수 있기 때문에 학습한 내용을 저장할 장소도 더 많아진다.

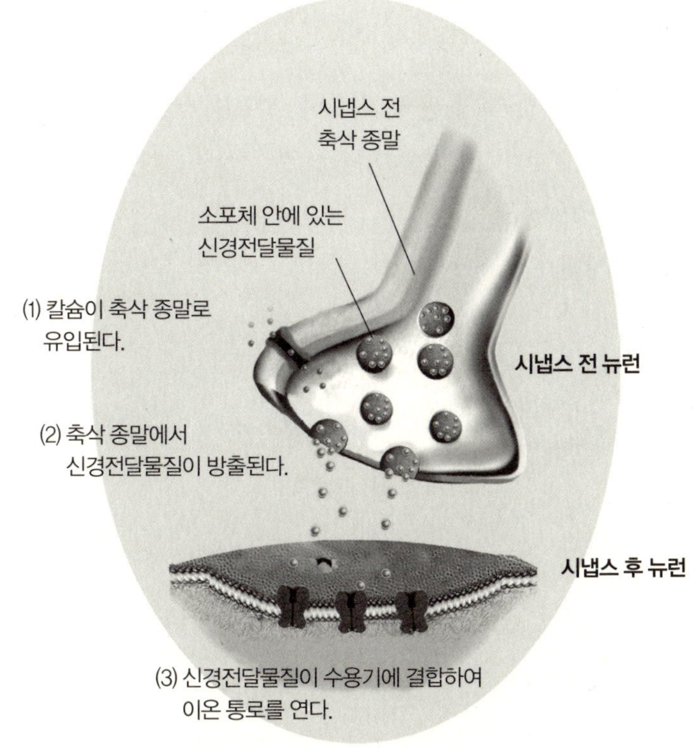

그림 1.4 소포체 안에 들어있던 신경전달물질이 시냅스를 거쳐 다른 뉴런에 도달함으로써 신경 충동이 전달된다.

성인의 뇌에는 약 1,000억 개의 뉴런이 있다. 이는 지구 전체 인구의 16배에 달하며, 우리 지구 은하계에 흩어져 있는 별의 수만큼이나 많은 개수다. 또한 하나의 뉴런은 1만 개에 이르는 수상돌기 가지를 뻗을 수 있다. 다시 말해, 뇌 안에서 1,000조에 이르는 시냅스 연결을 만들 수 있다는 뜻이다. 이처럼 상상도 못할 만큼 많은 시냅스 연결 덕분에, 뇌는 감각기관에서 끊임없이 들어오는 온갖 정보를 처리하고, 수십 년에 걸쳐 기억과 얼굴과 장소를 저장하며, 언어를 학습하고, 누구도 생각지 못한 독특한 방식으로 정보를 조합할 수 있다. 1.4킬로그램밖에 나가지 않는 부드러운 조직이 놀라운 일을 해내고 있는 것이다.

뉴런은 절대 재생되지 않는 유일한 신체 세포로 알려져 왔지만, 앞서 언급했듯이 성인의 뇌일지라도 최소한 해마에서만큼은 뉴런이 재생된다는 사실을 발견하였다. 그런데 이 사실을 알고 나서 몇 가지 의문이 생겨났다. 혹시 뇌의 다른 영역에서도 뉴런이 재생되지 않을까? 만약 그렇다면, 갈수록 늘어만 가는 알츠하이머병 환자들의 손상된 뇌를 낫게 할 수 있지 않을까? 실제로 알츠하이머병을 연구하는 사람들은 뉴런의 파괴를 촉발시키는 치명적인 메커니즘을 무너뜨릴 방법을 찾고 있다.

> 믿거나 말거나, 한 사람의 뇌 안에서 만들 수 있는 시냅스 연결은 약 1000조 개에 달한다.

• 거울 뉴런Mirror Neuron 연구자들은 신경 영상 기법의 하나인 fMRI를 이용하여, 어떤 행동을 실행하기 전에 마음속으로 계획하는 것만으로도 전운동 피질premotor cortex(움직임을 계획하는 운동 피질 앞에 위치한 영역)의 뉴런이 활성화된다는 사실을 발견했다. 흥미롭게도 이 뉴런은 자기가 하려던 것과 똑같은 동작을 다른 사람이 수행하는 모습을 볼 때도 활성화되었다. 예를 들어

직접 커피 잔을 들 때 일어나는 뉴런의 활성화는 다른 사람이 그렇게 행동하는 모습을 볼 때 똑같이 일어난다. 이처럼 우리는 어떤 움직임을 인식하는 것만으로도 그 움직임을 직접 만들어 낼 때와 유사한 뇌 영역을 사용한다. 신경과학자들은 이러한 거울 뉴런mirror neuron이 다른 사람들의 의도를 해석하고 행동을 예측하도록 돕는 것 같다고 말한다. 다른 사람의 경험을 우리 안에서 재생함으로써 그들의 감정을 이해하고 공감하게 된다는 것이다. 즉 다른 사람의 얼굴에서 슬픈 표정을 보면 거울 뉴런이 상대방과 비슷한 감정을 유발시켜서 직접 그 일을 겪은 것 같은 기분이 느껴지게 되는 것이다.

어린아이가 다른 사람의 미소나 동작을 흉내 내곤 하는 것도 거울 뉴런 때문일 것이다. 누가 하품하는 모습을 본 뒤에 똑같이 하품이 나오려는 것을 억지로 참아본 적이 있을 것이다. 신경과학자들은 거울 뉴런이 여전히 수수께끼로 남아 있는 많은 정신적 행동을 설명해 줄 것이라 믿는다. 이를테면 자폐증을 앓는 아이의 경우, 거울 뉴런에 결함이 있다는 실험자료가 있는데 그 때문에 자폐증 아이들이 다른 사람의 의도와 심리를 추론하지 못하는 것으로 보인다는 것이다(Oberman et al., 2005). 또한 어떤 연구자들은 거울 뉴런이 또박또박 발음하는 능력을 키우는 데에도 관여하고 있다고 생각한다(Arbib, 2005).

뇌의 연료

뇌세포는 산소와 포도당을 연료로 소비한다. 뇌는 수행하는 과제가 힘들면 힘들수록 더 많은 연료를 소비한다. 따라서 뇌가 기능을 최대한 발휘하기 위해서는 산소와 포도당이 충분히 있어야 한다. 혈액에 산소와 포도당이 부족하면 기운이 없고 졸리지만 과일처럼 포도당이 적당히 함유된 식품을 먹으면 기억력, 주의력, 운동능력을 높일 수 있으며(Korol & Gold, 1998; Scholey, Moss, Neave, & Wesnes, 1999) 장기적인 재인기억再認記憶 recognition memory 또한 향상시킬 수 있다(Sünram-Lea, Dewhurst, & Foster, 2008).

물도 뉴런의 신호를 옮기는 데 일조한다. 물은 건강한 뇌 활동에 꼭 필요하다. 물의 농도가 낮으면 뉴런의 신호를 옮기는 속도가 느려져 효율성이 떨어진다. 게다가 물은 폐에 수분을 적당히 유지시켜 산소를 혈류로 효과적으로 전송한다.

뇌가 건강하게 작동할 수 있도록 포도당이 충분히 함유된 아침 식사를 먹어야 한다. 하지만 실제 학교에는 아침 식사를 거르고 낮에 물을 충분히 마시지도 않는 학생과 교사가 많다. 따라서 학교는 아침 식사를 제공하는 것이 바람직하며, 낮 동안 충분한 혈당 수치를 유지해야 한다는 사실을 가르쳐야 한다. 또한 학생과 교직원이 물을 마실 기회를 자주 제공해야 한다. 하루 적정 권장량은 체중 11킬로그램당 물 한 컵이다.

> 뇌가 건강하게 기능하도록 포도당이 충분히 함유된 아침 식사를 하고 낮 동안 충분한 물을 섭취해야 하지만 이를 지키지 않는 학생과 교사가 많다.

Question 1 하루가 다르게 자라나는 아이들, 뇌에선 어떤 일이 일어나나요?

뉴런의 발달은 수정된 지 약 4주 된 배아에서 시작되고 놀라운 속도로 진행된다. 임신 후 4개월이 지나면 약 2,000억 개의 뉴런이 형성되지만, 그중 절반 정도는 성장하는 배아의 어떤 영역과도 연결되지 못해 5개월째에 소멸된다. 연결되지 않은 뉴런 세포로 뇌가 포화 상태에 이르는 것을 막도록 유전적으로 프로그램되어 있기 때문인데, 이처럼 뉴런이 의도적으로 파괴되는 현상을 세포자살 apoptosis이라 부른다. 대뇌 특유의 주름은 임신 6개월 즈음에 발달하기 시작하여 뇌를 쪼글쪼글하게 보이게 하는 구와 이랑이 형성된다. 이 시기에 산모가 약물이나 술을 섭취하면 한창 자라고 있는 뇌세포의 활동을 방해하여 태아 중독이나 정신적 결함을 초래할 위험이 커진다.

신생아의 뉴런은 성숙한 상태가 아니다. 신생아의 축삭돌기 중에는 미엘린으로 충분히 감싸지지 않은 것이 많으며, 뉴런들끼리 거의 연결되어 있지도 않다. 따라서 대뇌 피질 영역은 대부분 활동이 없이 조용하다. 가장 왕성하게 활동하는 영역은 생체 기능을 조절하는 뇌간과 움직임을 담당하는 소뇌다.

어른의 뇌보다는 아동의 뇌에서 뉴런의 연결이 더 많이 발생한다. 아동은 주변 환경을 그대로 흡수하기 때문에 이들의 뇌는 엄청난 속도로 연결을 만들어 낸다. 정보는 '창window'을 통해 뇌로 들어오는데, 이 창은 각기 다른 시기에 따라 열렸다가 서서히 닫힌다. 주변 환경이 풍요로울수록 뉴런 상호 간의 연결 수가 더 증가하기 때문에 학습이 더 빨리 더 통합적으로 이루어진다.

아이가 사춘기에 이르면 뉴런이 연결되는 속도는 점차 느려지며, 대신 다른 두 가지 과정이 시작된다. 즉 뇌가 기존에 형성한 뉴런 연결을 강화할 것인지 아니면 잘라내 버릴 것인지를 경험을 토대로 선택하는데, 유용하다고 여겨지는 연결은 고착되고 유용하지 않은 연결은 제거되는(세포자살) 두 과정이 이루어지는 것이다. 이러한 과정은 일생 동안 계속되지만 네 살에서 열세 살 사이에 가장 왕성하게 일어나는 것으로 보인다. 이 시기에 겪는 경험들은 뇌 속에서 독특한 신경구조를 형성하기 때문에 이후 학교나 직장 등 다른 곳에서 겪게 될 일에 대처하는 방식에까지 영향을 미치는 셈이다.

기회의 창

'기회의 창windows of opportunity'이란 발달 과정에서 매우 중요한 시기로서, 외부 환경에서 받아들이는 특정 자극에 민감하게 반응하여 신경회로를 만들고 강화할 수 있는 기회를 의미한다. 신체 발달과 관련된 일부 창은 대단히 중요해서 소아과 연구자들은 이 창을 특별히 '결정적 시기critical period'라고 부른다. 이를테면 아무리 완벽한 뇌라도 세 살까지 시각 자극을 받지 못하면 그 아이는 영원히 앞을 보지 못하고, 열세 살까지 아무 말도 듣지 못하면 그 사람은 언어를 배우지 못할 가능성이 크다. 기회의 창이 닫히게 되면 그 과제를 수행하도록 할당된 뇌세포가 잘려 나가거나 또는 다른 과제를 수행하도록 새로 배당되기 때문이다(M. Diamond & Hopson, 1998).

한편 인지발달과 기능 발달에 관여하는 창은 훨씬 더 유연하다. 늦을수록 기술 수준은 낮아지겠지만 창이 줄어든 다음에도 각 영역에서 일생 동안 학습은 일어날 수 있다. 경험의 결과로 뇌가 평생에 걸쳐 미묘하게 변화를 거듭하는 능력을 가소성plasticity이라고 부른다.

그런데 오늘날 평균 수명은 75세가 넘는데도 불구하고 창들은 왜 그토록 이른 시기에 닫히는 것일까? 이 문제에 대한 답으로, 기회의 창은 인간의 평균 수명이 20년 정도밖에 되지 않던 수천 년 전에 이미 유전적으로 결정되어 굳어진 것이라는 설이 있다. 이제 [그림 1.5]에 제시된 몇 가지 창들의 중요성을 알아보려 한다.

여기서 한 가지 당부할 점이 있다. '기회의 창' 개념을 의식하여, 자녀가 일찍이 겪었어야 할 중요한 경험을 부모로서 제공하지 못했다는 점을 걱정하지 않아도 된다. 뇌는 가소성과 회복력이 뛰어나서 어떤 시기에나 거의 모든 것을 학습할 수 있다는 점을 명심하라. 일반적으로 일찍 배울수록 좋긴 하지만, 뒤늦게 배운다고 해서 크게 걱정할 일은 아니다.

- **운동 발달** 이 창은 태아가 발육하는 동안 열린다. 아기를 낳아 본 사람은 운동 신경이 연결되고 강화되는 임신 제3기(후반 3개월)에 두드러지게 나타나는 태아의 움직임을 또렷이 기억할 것이다. 아이가 운동 기능을 배우는 능력은 태어나서부터 9세까지 가장 왕성하다. 기어 다니기나 걷기처럼 단순해 보이는 운동도 실제로는 내이內耳의 균형 감각으로부터 받아들인 정보와 팔다리 근육으로 나가는 출력 신호를 통합하는 등, 신경망 사이의 복잡한 연합을 필요로 한다.

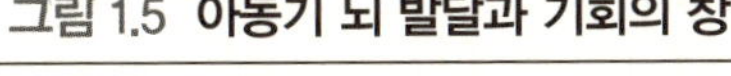

그림 1.5 아동기 뇌 발달과 기회의 창

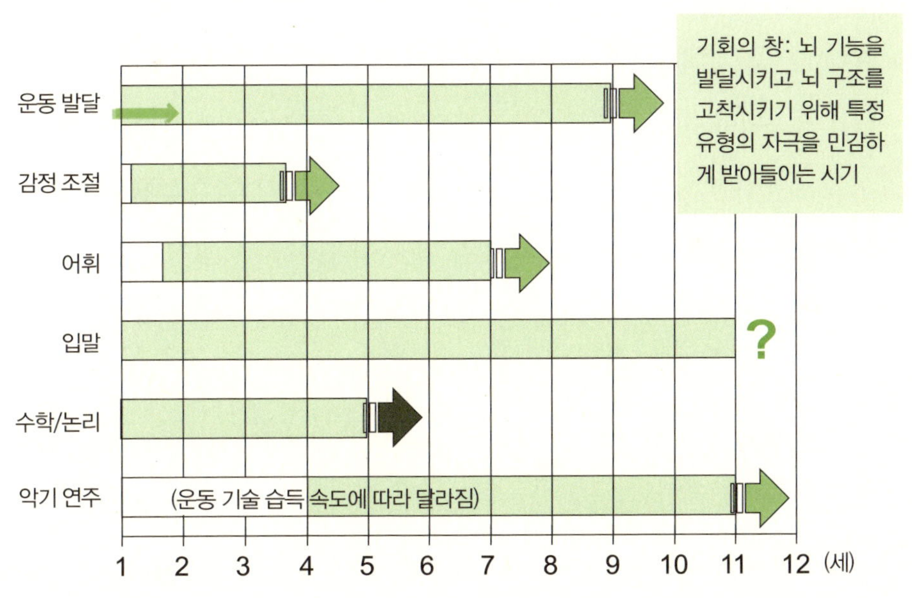

위 그림은 최근 연구를 기준으로 아동기의 기회의 창 몇 가지를 보여 준다. 위 그림에서 제시된 연령 범주는 앞으로의 연구에 의해 수정될 수 있다. 기회의 창이 있음에도 불구하고 학습은 평생 동안 이루어진다는 사실을 잊어서는 안 된다.

물론 창이 닫힌 후에도 사람은 운동 기능을 익힐 수 있다. 그렇지만 창이 열려 있는 동안에는 어느 시기보다 능수능란하게 익힐 수 있다. 이를테면 세계적으로 명성을 떨치는 연주자나 올림픽 메달리스트, 테니스와 골프 같은 개인 운동 종목에서 내로라하는 선수들은 대부분 여덟 살 이전에 그 분야에 뛰어들었다.

• **감정 조절** 생후 2개월부터 30개월 정도까지 감정 조절을 개발하는 창이 존재하는 것으로 보인다. 이 시기에 변연계의 감정 체계와 전두엽의 이성 체계는 과연 어느 쪽이 더 먼저 발달될 것인지를 두고 서로 경쟁하는 것처럼 보인다. 그런데 이 대결은 거의 불공평한 경기나 마찬가지다. 인간 두뇌 성장에 관한 연구는 감정 체계가 전두엽보다 빠르게 성장한다는 사실을 보여 주고 있기 때문이다(그림 1.6 참고) (Beatty, 2001; Gazzaniga, Ivry, & Mangun, 2002; Goldberg, 2001; Luciana, Conklin, Hooper, & Yarger, 2005; Paus, 2005; Restak, 2001; Steinberg, 2005). 그 결과, 주도권 다툼에서 감정 체계가 이성 체계를 이길 가능성이 크다. 그러므로 창이 열려 있는 동안에 아이가 짜증을 부릴 때마다 들어주면, 창이 닫힌 후에도 아이는 그 방법을 고수할 것이다. 이처럼 감정 체계와 이성 체계가 끊임없이 다투기 때문에 '미운 세 살'이라는 말이 있는 것이다. 물론 그 시기를 넘긴 뒤에 아이는 감정을 통제하는 법을 배우게 될 것이다. 하지만 창이 열려 있는 동안 아이가 배운 것은 바꾸기 어려우며, 창이 줄어든 후에 이루어지는 다양한 학습과정에도 강력한 영향을 미칠 것이다.

양육이 본성에 영향을 미친다는 말이 있는데, 이와 관련하여 놀라운 연구

사례들이 많이 있다. 즉 이 시기에 부모가 아이의 감정에 어떻게 반응하느냐에 따라 아이의 유전적 성향을 부추길 수도 있고, 반대로 억누를 수도 있다는 것이다. 유기체가 유전자를 지녔다고 해서 그 유전자의 발현gene expression이 반드시 일어나는 것은 아니기 때문이다. 유전자가 영향력을 행사하려면 자극을 받아야 한다. 코끝에 있는 세포는 위벽에 있는 세포와 똑같은 유전자 암호genetic code를 담고 있지만 위산을 분비하라는 암호는 위를 자극할 뿐 코는 자극하지 않는다.

또한 수줍음의 유전성은 부분적인 것으로 보인다. 낯을 많이 가리는 아기를 부모가 지나치게 보호하면 그 아이는 커서도 수줍음을 많이 탈 가능성이 높다. 반면에 아기 때부터 다른 아기들과 어울릴 기회가 많으면 소심한 성격이 극복되기도 한다. 따라서 지능, 사회성, 정신분열증, 공격성 같은 유전적 성향은 부모의 양육 방식과 기타 환경적 영향에 따라 활성화되기도 하고, 완화되기도 하며, 억제되기도 하는 것이다(Reiss, Neiderheiser, Hetherington, & Plomin, 2000).

• **어휘**　인간의 뇌는 언어 능력을 타고나기 때문에 생후 2개월에 옹알이를 한다. 8개월이 되면 엄마나 아빠 같은 간단한 단어를 말한다. 뇌의 언어 영역은 18~20개월 무렵에 아주 활발하게 작동한다. 걸음마를 뗄 무렵에는 하루에 열 단어 이상 배울 수 있고 네 살에는 약 900개의 어휘를 구사한다. 여섯 살 무렵에는 2,500개에서 3,000개로 늘어난다.

부모, 특히 아버지가 말을 많이 걸어 준 아기가 어휘력이 풍부해진다는 연구를 볼 때, 말의 힘이 얼마나 큰지 알 수 있다(Pancsofar & Vernon-Feagans, 2006). 물론 어떤 단어를 안다고 해서 그 뜻까지 이해한다는 말은 아니다. 그

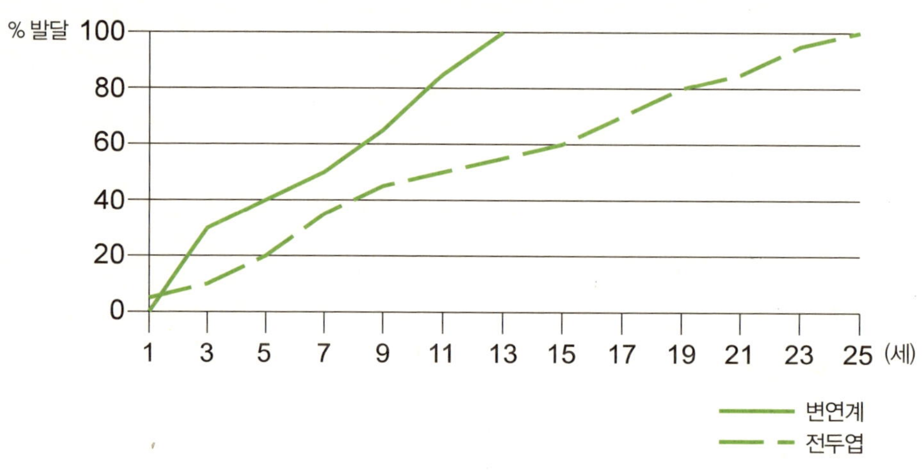

위 그림은 연령에 따른 뇌의 변연계와 전두엽의 발달을 보여준다. 전두엽(이성의 뇌)은 변연계(감정의 뇌)보다 완전히 발달하는 데 10~12년 더 걸리기 때문에 많은 청소년들이 위험한 상황에 잘 말려든다.

렇기 때문에 부모는 아이가 단어를 정확한 의미로 구사할 수 있도록 독려하고 관찰해야 한다. 아이들이 많은 어휘의 의미를 알수록 학교에서 읽기 학습을 더 빠르고 쉽게 해낼 가능성이 높다.

• 언어 습득 신생아의 뇌는 과거에 백지상태tabula rasa라 불리기도 했지만 전혀 그렇지 않다. 신생아의 뇌는 음성 언어를 포함한 특정 자극을 처리하도록 특화되어 있다. 음성 언어를 습득하는 창은 태어나자마자 열리고 여섯 살 무렵에 닫히기 시작해 열한 살에서 열세 살 무렵에 다시 한 번 줄어드는데 그 나이를 넘기면 언어를 습득하기가 어려워진다. 사람은 언어를 배우려는 유전적 욕구가 워낙 강한데, 야생 환경에서 자기만의 언어를 만들어낸 아이가 발견되기도 할 정도이다. 문법을 습득하는 능력에 있어서도 유년기에 특별한 창이 있다는 증거가 있다(M. Diamond & Hopson, 1998; Pulvermüller, 2010).

이런 점들로 미루어 볼 때, 초등학교가 아니라 중고등학교 때부터 외국어 교육을 시작하는 정책은 논리에 맞지 않아 보인다.

- **수학과 논리** 아이들이 언제부터, 어떻게 숫자를 이해하게 되는지는 아직 밝혀지지 않았지만 유아들은 기본적인 숫자 감각을 타고나며, 이러한 감각이 뇌의 특정 영역의 발달과 관련된다는 증거가 속속 드러나고 있다(Butterworth, 1999; Dehaene, 2010; Devlin, 2000). 이러한 특정 영역은 어떤 집합에 속한 대상의 개수를 가늠함으로써 대상을 구분하는 일을 처리하기 때문에 유아들도 두 개와 세 개의 차이를 분간할 수 있다는 것이다. 예를 들어 차를 타고 가다가 들판에서 풀을 뜯고 있는 말들을 보았을 때 우리는 일일이 세어 보지 않더라도 몇 마리인지 알아차리게 되는데 이는 타고난 수 감각 덕분이다. 연구에 따르면, 세 살배기 아기들도 4와 5란 숫자를 말로 표현하지는 못하지만 개수의 차이를 구별할 줄 안다. 이 연구는 발달된 언어 능력이 숫자를 계산할 때는 필요할지 몰라도(Dehaene, 2010), 수적 사고를 하는 데에 필수적인 전제 조건은 아니라는 사실을 보여 준다(Brannon & van der Walle, 2001).

- **악기 연주** 세계 어디나 음악이 없는 문화가 없다는 점에서 볼 때, 인간의 삶에서 음악이 중요한 역할을 한다고 추측해 볼 수 있다. 아기는 2~3개월만 되어도 음악에 반응한다. 음악을 만들어내는 창은 태어나면서 열린다고 해도, 아기의 성대나 운동능력은 노래하거나 악기를 연주할 준비가 되어 있지 않다. 네 살 무렵이 되어야 피아노를 칠 수 있는 손재주가 생긴다(모차르트는 피아노와 닮은 중세 악기인 하프시코드를 다섯 살 때부터 연주하고 작곡했다). 여러 연구에 따르면 네댓 살 때 피아노 레슨을 받은 아이가 악기 훈련을 받지 않은 아이보다 시공간적 과제에서 훨씬 더 높은 수행력을 보인다고 하는데 그렇게 향

상된 능력은 장기간 지속된다. 또한 악기를 연주하면 좌측 전두엽에서 수학과 논리를 담당하는 영역이 자극된다는 사실이 뇌 영상으로 확인되었다.

아동의 뇌 발달을 연구한 결과, 가정과 유치원의 환경이 풍요로우면 아이의 신경망 연결과 지능 발달에 큰 도움이 된다는 사실이 밝혀졌다. 유년기가 이렇게 중요한 이상, 교육 당국은 부모가 아이의 첫 번째 선생님으로서 역할을 제대로 수행할 수 있도록 신생아의 부모와 소통하며 정부 차원의 서비스와 프로그램을 지원하는 것이 좋다. 미국의 미시간 주와 미주리 주, 켄터키 주에서는 이미 그러한 프로그램이 시행되고 있으며, 다른 지역에서도 유사한 프로그램이 생겨나고 있다. 하지만 미국에서도 이 중요한 목표를 달성하기 위해서는 적절한 조치들을 더욱 확충할 필요가 있다.

Question 2 왜 유독 요즘 아이들은 수업에 집중하지 못하나요?

한 종種으로서 인간이 살아남을 수 있었던 이유는 뇌가 환경의 새로운 변화에 지속적으로 관심을 기울이는 특성이 있기 때문이다. 뇌는 항상 주변 환경을 살피면서 새로운 자극을 찾는다. 빈방에서 큰 소리가 나는 것처럼 예상 밖의 자극이 일어나면, 아드레날린이 분출되어 불필요한 활동을 모두 차단하고 곧장 어떤 행동을 개시할 수 있도록 뇌의 주의력을 집중시킨다. 반대로, 지루하기만 한 수업처럼 예측할 수 있거나 반복되는 자극만 일어나는 환경이라면 뇌는 외부 세계에 흥미를 느끼지 못하고 대신 재미있는 공상에 빠져들게 된다.

관심을 끄는 환경 요인 증가

크레이그라는 내 친구는 고등학교에서 20년 넘게 수학을 가르치고 있다. 크레이그는 가끔씩 나에게 요즘 학생들은 몇 년 전 학생들과는 너무 다르다며 하소연하곤 한다. 학생들이 온갖 디지털 기기를 들고 와서 수업에 전혀 집중을 못한다는 것이다. 하지만 이제 크레이그는 아예 이런 기기들을 수업에 활용하여 어떻게든 학생들의 주의를 끌려고 애쓴다. 얼마 전까지만 해도 내가 뇌와 관련된 최신 연구결과를 들려주면서 이것들을 수업에 적용해 보면 어떻겠냐고 말하면 코웃음을 치던 친구였다. 그러나 학생들의 뇌가 급변하는 환경과 상호작용하며 발달하기 때문에 교수방법을 조정해야 한다는 사실을 깨닫자 크레이그가 백팔십도 바뀐 것이다.

교사들은 학생들을 예전 방식으로는 절대 가르칠 수 없다고 말한다. 학생들이 집중하는 시간도 짧고 금방 지겨워하기 때문이다. 도대체 왜 그럴까? 교수법을 바꿔야 할 만큼 학습자의 환경이 크게 달라진 것은 아닐까?

과거의 환경

몇 십 년 전 아이들이 자란 가정 환경은 오늘날과 상당히 다르다. 과거 가정 환경의 특징을 다음과 같이 정리해 볼 수 있다.

- 집이 조용한 편이었다. 요즘에 비해 따분했다고 말할 수도 있다.
- 부모와 자녀가 대화를 많이 나누었고 책도 많이 읽었다.
- 가정이 안정적인 편이었고, 가족이 함께 모여 식사했다. 특히 저녁 시간은 부모가 자녀에 대한 사랑과 보살핌을 재확인하고 자녀의 활동에 대해 의논하는 시간이었다.

- 텔레비전이 있다면 거실에 놓았다. 부모는 자녀의 TV 시청을 통제하며 무엇을 보는지 예의주시할 수 있었다.
- 학교는 텔레비전이나 영화 시청, 현장학습, 강연회 등 재미있는 일이 많이 벌어지는 공간이었다. 학교 활동 외에 아이들의 관심을 끌 만한 일도 별로 없어서 학교는 아이의 삶에 중요한 영향을 미치는 정보 제공처 역할을 했다.
- 이웃도 아이의 성장에 중요한 역할을 담당했다. 아이들은 동네의 친구들과 관계를 맺고 어울리면서 사회성을 익히고 운동능력을 개발했다.

현재의 환경

요즘 아이들은 과거와 아주 다른 환경에서 자라고 있다.

- 가정은 예전만큼 안정적이지 않다. 2007년 미국에서는 22세 이하 자녀가 있는 전체 가구 중 한부모 가정이 26.3%나 되었다(Grall, 2009). 아동 수로 따지면 570만 명이 넘는다. 집에서 요리하는 일이 줄어 아이들의 식습관도 바뀌고 있다. 아이들을 아끼고 사랑해 주는 어른과 식탁에 둘러앉아 두런두런 얘기할 기회도 점점 사라지고 있다.
- 열한 살에서 열아홉 살 아이들은 이제 자기 방에서 텔레비전을 보고 온갖 디지털 기기를 만지느라 수면 부족에 시달린다. 그런 일들은 어른이 하나하나 관리할 수 없기 때문에 아이들은 폭력과 성性이 난무하는 TV와 인터넷 프로그램에 무분별하게 접촉하기 십상이다. 감수성이 예민한 아이들이 어떤 식의 윤리 기준을 갖게 될지 우려하지 않을 수 없다.
- 학교 외에 여러 다른 곳에서 정보를 얻으며, 그중에는 부정확하거나 틀린 정보도 수두룩하다.
- 각종 디지털 기기를 만지작거리며 실내에서 보내는 시간이 많다 보니 바깥

활동이 줄어들어 전반적인 운동능력을 개발하지 못하고, 다른 사람들과 어울리고 소통하는 데 필요한 사회성도 제대로 기르지 못한다. 그 결과, 비만 아동과 비만 청소년 수가 급격히 늘었다. 일곱 살에서 스무 살까지 아동과 청소년의 17% 이상이 과체중 상태이다(미국 질병 통제 예방 센터, 2010).

- 기술 발달에 적응하는 과정에서 외부로부터 쏟아져 들어오는 엄청난 양의 자극을 처리하다 보니 아동의 뇌 기능과 구조가 예전과 달라졌다. 뇌는 이러한 변화에 순응하면서 독특하고 다른 것, 즉 새로움에 더 민감하게 반응한다. 하지만 지나칠 정도로 새로움을 추구하는 행동은 좋지 않은 결과를 초래하기도 한다. 주변 환경에서 색다른 자극을 찾아내지 못한 일부 청소년은 자극을 위해 엑스터시나 암페타민 같은 향정신성 약품에 빠지기도 한다. 마약에 의존할수록 뇌는 색다른 자극을 더 많이 요구하여 결국 정신이 이상해지고 극도로 위험한 행동을 저지르게 된다.

- 요즘 십 대가 섭취하는 음식에는 뇌와 신체에 영향을 줄 수 있는 물질이 많이 들어있다. 카페인은 강력한 뇌 흥분제로서 성인도 일정량을 초과하면 안전하지 않은 것으로 알려져 있다. 그런데 십 대가 매일 소비하는 식음료의 상당수에 카페인이 들어있다. 카페인을 너무 많이 섭취하면 불면증, 불안, 메스꺼움에 시달리게 된다. 유아용 비타민과 저칼로리 식품에 들어 있는 인공 감미료인 아스파탐과 기타 식품 첨가물에 알레르기를 일으키는 십 대도 있는데 과잉 행동, 집중력 장애, 두통 같은 증상이 따른다(Bateman et al., 2004; Millichap & Yee, 2003).

가족의 생활 방식이 바뀌고 술과 약물의 유혹까지 가중됐으니, 오늘날 아이들이 마주하고 있는 환경이 15년 전과 얼마나 다를지 가히 짐작할 만하다.

요즘 학생들은 각종 매체에 둘러싸여 있다. 휴대폰, 스마트폰, 다기능 TV, MP3 플레이어, 영화, 컴퓨터, 비디오 게임, 인터넷 등 이루 다 헤아리기도 어렵다. 아홉 살에서 열아홉 살 청소년은 하루 평균 일곱 시간이나 디지털 기기를 만지작거리는데(Rideout, Foehr, & Roberts, 2010) 이런 멀티미디어 환경 때문에 학생들의 주의력은 분산된다. 뉴스 프로그램만 보더라도 예전과는 딴판이다. 과거에는 화면에 리포터의 얼굴만 등장할 뿐이었지만 지금은 화면 속에 다양한 형태의 정보가 등장한다. 세계 각지에서 세 사람이 동시에 소식을 전하고, 전하는 소식과 관계없는 또 다른 뉴스가 하단에 글자로 지나가고, 우측 하단에는 현지 시각과 기온이 나오며, 그 밑에는 주식 시황이 시시각각 깜빡인다. 이런 뉴스를 보다 보면 기성세대는 주의력이 여러 곳으로 분산되어 혼란스러움을 느낄 수 있다. 하단의 기사를 좇다가 리포터의 보도를 놓치게 되는 일도 잦을 것이다. 하지만 아이들은 홍수 같은 정보와 빠르게 전환되는 메시지에 익숙하다. 아이들은 집중할 대상을 재빠르게 전환하면서 한꺼번에 여러 가지 일을 한다. 하지만 그렇다고 아이들의 뇌가 한 번에 여러 가지 일에 동시에 집중하는 것은 아니다.

'멀티태스킹'이라는 신화

물론 껌을 씹으면서 걸을 수는 있다. 이 두 행동은 집중력이 필요한 정보 처리 과정을 요하는 신체 활동이 아니기 때문이다. 그러나 뇌는 두 가지 인지과정을 동시에 수행할 수 없다. 생존을 위한 인간의 유전적 프로그램은 뇌가 한 번에 한 가지 일에만 집중하여 그 일이 위험한지 판단하도록 되어 있기 때문이다. 한 번에 여러 가지 일에 집중한다면 주의력이 느슨해져 위협 여부를 신속하고 정확하게 판단할 능력이 크게 떨어질 것이다.

하나의 컴퓨터가 동시에 여러 작업을 수행하는 것을 가리키는 말인 멀티태스킹multitasking을 사람에게도 적용해 사용하는데, 사실 이것은 수행하는 과제의 전환이다. 이를테면 주의력이 A항목에서 B항목으로, 다시 C항목으로 옮겨 가는 순차 과제전환sequential tasking이거나, 주의력이 A항목과 B항목 사이에서 왔다 갔다 하는 교차 과제전환alternate tasking인 것이다. 그런데 뇌가 A항목에 집중하던 주의력을 B항목으로 전환했다가 다시 A항목으로 전환할 때, 인지능력은 저하된다. [그림 1.7]을 참고하며 다음에 소개되는 사례를 살펴보자. [그림 1.7]의 실선은 숙제를 처리하기 위해 사용된 작업기억의 양을 나타내고, 점선은 걸려 오는 전화를 처리하기 위해 사용된 작업기억의 양을 나타낸다.

예를 들어 제레미라는 고등학생이 역사 숙제를 하고 있다고 하자. 제2차 세계 대전의 주요 원인을 파악하는 데 집중하느라 제레미는 10분 정도의 시간을 보냈다. 제레미의 뇌에서는 생각하는 영역이 열심히 작동하고 있었으며, 이 정보 처리에 상당한 양의 작업기억이 사용되고 있었다.

그런데 갑자기 전화벨이 울린다. 제레미의 여자 친구 도나이다. 전화를 받기 위해 제레미의 뇌는 역사 정보를 처리하던 일에서 벗어나 전화 받는 절차를 기억하고 통화에 주의를 기울인다. 제레미가 도나와 이야기하는 6분 동안 제레미의 작업기억이 처리하던 제2차 세계대전의 정보가 서서히 사라지고 전화 통화에서 얻는 정보로 대체된다. 작업기억의 용량은 한정되어 있기 때문이다. 제레미가 통화를 끝내고 다시 숙제를 하려고 할 때는 거의 처음부터 다시 시작해야 할 것이다. 숙제에 열중했기 때문에 제레미는 모든 정보가 여전히 작업기억 속에 남아 있을 거라고 생각했지만, 이미 많은 정보가 사라져 버렸기 때문이다. 사람들이 간혹 "그런데 내가 뭐하고 있었더라?"라고 중얼거리는 이유도 마찬가지다.

과제를 전환하려면 대가를 치러야 한다(Monk, Trafton, & Boehm-Davis, 2008). 과제를 하는 도중에 방해를 받으면, 과제를 끝마칠 때까지 시간이 50%나 더 걸리고 실수도 50%나 더 저지른다는 연구결과도 있다(Medina, 2008).

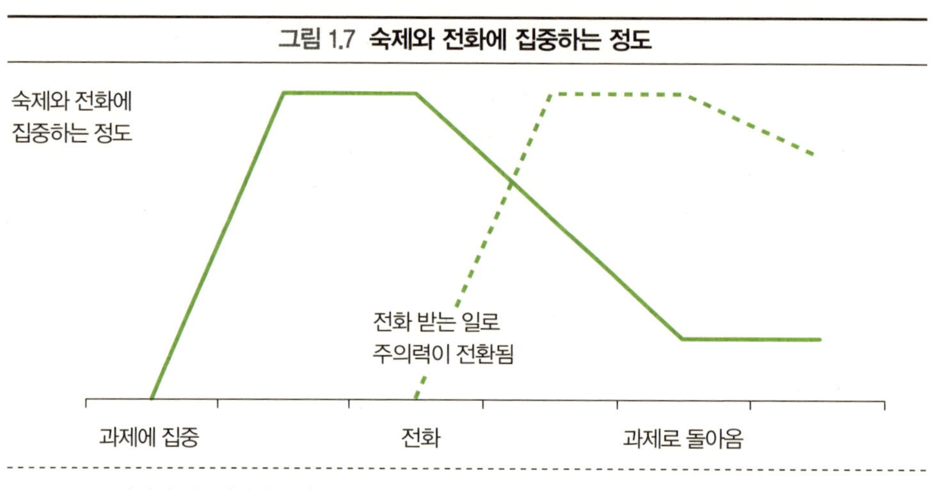

그림 1.7 숙제와 전화에 집중하는 정도

과제에 열중하다가 전화를 받으면, 과제에 몰두하던 기억 공간(━━━)이 줄어들고, 통화에서 얻는 정보를 처리하는 기억 공간(▪▪▪▪)이 늘어난다.

독서 능력의 위기

한 번에 여러 가지 정보를 제공받는 일이 익숙한 시대에 살게 되면서, 요즘 학생들은 복잡한 텍스트를 읽고 집중하는 데 어려움을 느낀다. ACT 라는 평가·조사 기관은 2006년에 미국 고등학교 졸업생을 대상으로 대학 교재와 기계 설명서 수준의 글을 얼마나 잘 읽어 내고 이해하는지 조사하였다. 글의 요지 파악하기, 단어의 의미 이해하기, 주장의 근거 찾기, 일반화하기, 결론 파악하기와 같은 부분에서는 대학에 입학할 수 있는 정도의 학업 능력을 보유한 학생과 그렇지 못한 학생 간에 뚜렷한 차이가 없었다. 그런데 복잡한 텍스트를 읽고 이해하는 능력에서는 뚜렷한 차이가 나타났다. 복잡한 텍스트란 대개 겉으로 드러

난 뜻과 내포된 뜻이 다르고 어려운 어휘와 복잡한 문법 구조를 담고 있는 글이
다. 전국 단위 조사를 시행한 ACT는 고등학교 졸업생 중 절반을 약간 넘는 학
생들만이 대학교에 진학할 만한 읽기 능력을 갖추었다고 보고했다.

그런데 이런 현상을 두고 고등학생들이 과제전환에 너무 익숙해졌기 때문에
복잡한 텍스트를 읽어내는 인지능력을 개발하지 못한 것이라고 해석해도 괜찮
을까? 바우어라인(Bauerlein, 2011)은 복잡한 텍스트를 제대로 읽어내기 위해서
는 아래와 같은 세 가지 기술이 필요하다고 주장했다. 그런데 이 기술들은 인터
넷과 스마트폰에 중독된 학생들이 개발하기엔 어려운 것들로 보인다.

① 텍스트 겉으로 드러난 의미와 더불어 그에 내포된 뜻을 파악하면서 이후
에 전개될 내용을 차분하게 예측하는 '시간'을 가질 필요가 있다. 그런데
채팅형 문자 메시지로는 보통 단순한 내용을 빠르게 주고받으므로 학생들
은 천천히 따지고 숙고하기보다 텍스트를 대충 훑어보는 습관을 들인다.

② 필요한 정보를 작업기억 속에 유지하면서 '생각의 흐름을 유지하는 집중
력'이 필요하다. 복잡한 텍스트에는 십 대에게 다소 생소한 장면이나 개
념이 다루어지는 경우가 많기 때문에 아주 잠깐 집중해서는 내용을 이해
하기 어려울 것이다. 복잡한 텍스트의 의미를 파악하려면 읽기 도중에 친
구들과 문자 메시지를 주고받는 등 과제전환이 이루어지는 것을 막고, 읽
기라는 한 가지 과제에 계속 집중해야 한다.

③ 저자의 의견에 동의할지 반박할지 결정하고 자신만의 생각을 확립하려고
노력하는 등 '적극적이고 비판적으로 읽는 태도'를 가져야 한다. 복잡한
텍스트를 읽다 보면 십 대는 지식의 부족과 경험의 한계에 직면하기 쉽
다. 그런데 십 대는 이런 한계를 보완하고 텍스트를 더 깊이 읽어 보려고

노력하기보다는 책의 인물 소개 페이지에 제시되는 내용과 같은 얕고 간단한 정보를 습득하기를 원한다.

바우어라인은 고등학교에서 학생들이 인터넷을 사용하지 않고 자료를 조사하여 종이에 손으로 직접 쓰는 과제를 내 줘야 한다고 주장한다. 또한 그 과제는 간단한 텍스트가 아니라 학생들이 조사하고 작성하는 데에 한 시간이 넘게 걸리고, 결과물이 복잡한 구성을 지닌 텍스트여야 한다. 디지털 기기를 배제하자는 게 아니라 깊이 생각하는 시간에는 그러한 기기를 사용하지 않는 자제력을 키우자는 것이다.

디지털 기기는 불구대천의 원수도 아니지만 그렇다고 만병통치약도 아니다. 디지털 기기는 단지 도구일 뿐이다. 초등학생과 중학생에게는 교사나 또래 친구와 직접 접촉하여 교류하는 일이 발달상 굉장히 중요하다. 이러한 교류가 사회성을 개발시켜 주기 때문인데, 디지털 기기에 빠지면 그럴 시간이 눈에 띄게 줄어든다. 수업에서 교사가 디지털 기기를 이용할 때에도 최첨단의 기기들을 수업에 적용하는 것만이 목적이 되어서는 안 된다. 교사는 양질의 학습 콘텐츠를 보다 풍부하게, 보다 효율적으로 학생들에게 전달하는 일에 초점을 맞추어 디지털 기기를 활용해야 한다. 요즘에는 교사들이 수업을 흥미롭게 이끌어 가는 데에 활용할 수 있는 오디오 자료나 비디오 자료를 무료로 제공하는 인터넷 사이트도 많이 있다.

 현재의 학교는 아이들의 뇌를 배려하는 공간인가요?

많은 교육자들이 아동의 뇌 특징을 이해하고는 있지만 그것에 어떻게 대처해야 할지에 대해서는 의견이 분분하다. 십 대는 집에 있을 때 흔히 MP3 플레이어와 휴대폰, 컴퓨터와 비디오 게임, 텔레비전 사이에서 끊임없이 왔다 갔다 한다. 아이들 주변에는 멀티미디어 기기가 항상 널려 있다. 그런 환경에서 성장하는 아이들에게 30분에서 50분 정도라도 교사의 말을 듣거나 문제집을 풀거나 자료 조사를 하면서 가만히 앉아 있기를 기대할 수 있을까? 그래서 교사들은 교수방법을 바꿔 첨단 기기를 활용하여 수업을 진행하고, 유행가나 대중문화 콘텐츠를 활용하면서 기존의 수업자료를 보완하고 있다. 하지만 학교나 교수방법은 급변하는 현실을 제대로 따라잡지 못하고 있다. 고등학교에서는 여전히 단순 강의에 의존해 학생들을 지도하고 있다. 학생의 성적을 올려서 대입 시험에 합격시켜야 한다는 부담이 크기 때문이다.

학생들은 학교가 지루하고 재미없으며, 흥미진진한 일이 학교 밖에 훨씬 더 많다고 말한다. 교육자들이 노력을 기울이는데도 불구하고 학생들의 두뇌를 만족시키는 결과는 쉽사리 얻어지지 않고 있는 것이다. 2009년에 실시된 미국 고등학교 학생의 참여도 조사에 따르면, 4,300명에 해당하는 65%의 학생들이 "명확한 답이 없는 문제에 대해 토론하고 싶다."라고 응답했다. 또한 82%는 "학교에서 창의성을 발휘할 기회를 가지고 싶다."고 말했다(Yazzie-Mintz, 2010).

2005년 미국 전국 주지사 협회가 고등학생 10,500명을 대상으로 실시한 조사에서는 1/3 이상이 "학교가 학생들에게 문제를 비판적으로 생각하고 분석하도록 유도하지 못한다."고 대답했다. 약 11%는 "학교를 그만둘 생각까지 한다."고 말했는데 그중 1/3 이상은 "학교에서 배우는 게 없기 때문"이라고 했다.

2004년 미국 갤럽은 열네 살에서 열여덟 살 된 학생 800명에게 학교를 어떻게 생각하는지 가장 잘 묘사한 낱말을 세 가지 고르라는 온라인 설문조사를 벌였다. 학생들 중 절반이 '따분하다'를 골랐고, 42%는 '피곤하다'를 골랐다.

운동의 나비효과

학교에서 지니게 되는 다양한 생활 방식 중에서 뇌가 학습하는 원리에 역행하는 것으로는 어떤 것이 있을까? 가장 명백한 것으로 운동 부족을 들 수 있다. 운동은 뇌와 몸 전체로 가는 혈류량을 증가시킨다. 뇌에 혈액이 더 들어오면 장기기억을 형성하는 데 깊이 관여하는 해마에 특히 좋다. 또한 운동은 신경세포 성장인자brain-derived neurotrophic factor, BDNF라는 강력한 물질을 촉발시킨다. 이 단백질은 어린 뉴런이 건강하게 자라고 새로운 뉴런이 생성되도록 돕는다. 이러한 활동에 가장 민감한 뇌 영역도 해마이다. 학교에서 신체 활동이 늘어나면 성적도 높아진다는 연구결과도 있다(Taras, 2005).

그런데 학생들, 특히 고등학생은 학교에서 가만히 앉아 있는 시간이 너무 길다. 초등학교에서도 학력 평가를 준비하는 데 시간을 더 쏟기 위해 쉬는 시간을 줄이거나 없애고 있다. 하지만 공부 시간을 번다는 명목으로 없앤 그 활동이 바로 시험에서 높은 성적을 안겨 줄 수 있는 활동이라니 참으로 안타깝다.

교육자는 학교에서 지속되어 온 생활 방식을 비판적으로 분석하며 학생들의 새로운 뇌에 부응하는 학교로 탈바꿈시킬 방법을 그 어느 때보다 열심히 찾아야 한다. 학생에 대하여 다양한 연구에서 밝혀지는 새로운 지식을 학교와 교실에 적용하여 앞으로 교육이 나아가야 할 방향을 구체적으로 다듬어 나가야 한다.

데이비드 A. 수자

데이비드 A. 수자David A. Sousa 박사는 교육 신경과학 분야에서 세계적으로 유명한 교육 컨설턴트이다. 유치원생에서 고등학생, 대학생 등 전 연령층을 대상으로 뇌에 관한 다양한 연구를 실시하며 과학 교육에 매진해 왔다. 그는 미국을 비롯하여 캐나다, 유럽, 오스트레일리아, 뉴질랜드, 아시아 등 세계 곳곳의 교육 단체와 학구學區에서 주최하는 각종 총회에서 강연과 워크숍 활동을 하고 있다. 매사추세츠 주 브리지워터Bridgewater 주립 대학에서 화학 전공으로 학사 학위를, 하버드 대학에서 과학 교육으로 석사 학위를, 러트거스Rutgers 대학에서 박사 학위를 취득하였다. 수자 박사는 전 학년에 걸쳐 다양한 교육적 경험을 쌓았다. 고등학교에서 과학을 가르치기도 했고, K-12(유치원에서 고등학교까지 전학년) 과학 과목 총괄책임자이기도 했다. 뉴저지 주에서는 교육 및 교구 장학관을 역임한 바 있고, 현재는 세톤 홀Seton Hall 대학에서 외래 교수로, 러트거스 대학에서 객원 강사로 활동하고 있다. 전국 교사 연수 협회National Staff Development Council 회장을 역임했던 수자 박사는 여러 종류의 과학책을 편집했고, 교사 연수와 과학 교육, 뇌 연구 등과 관련된 교육 저널에 수많은 기사를 발표하였다. 그는 각종 전문가 협회와 학구에서 수여하는 상을 여러 차례 받았으며, 브리지워터 주립 대학에서 우수 동문인으로 상을 받았다. 또한 각종 연구와 교사 연수, 과학 교육에 헌신한 공로로 명예 박사 학위도 여러 차례 받은 바 있다. 〈NBC 투데이 쇼〉와 〈내셔널 퍼블릭 라디오〉에 출연하여 뇌 연구를 활용한 학교교육을 널리 소개하고 있다.

2장

어린이의 뇌

"태어난 지 얼마 안 된 아기에게 엄마가 혀를 쑥 내밀었다고 하자.
아기는 혀가 무엇인지도 모르면서 엄마의 행동을 직감적으로 따라 한다.
아이들은 이러한 움직임을 대체 어떻게 바로 익히는 것일까?"

📖 아동기의 숙제, 운동능력 개발하기

아이의 발육은 몸에서 이뤄지지만, 양육은 어른과 아이의 뇌 사이에서 오가는 대화로 통해 지속된다. 하지만 식물은 어린 씨앗을 돌보지 않으며, 뇌가 없어도 사는 데 지장이 없다.

그렇다면 동물과 달리 식물이 뇌가 없어도 무방한 이유는 무엇일까? 동물은 자기 의지대로 움직일 수 있지만 식물은 그렇게 하지 못하기 때문이다. 식물은 뿌리를 내린 다음에는 아무 데도 가지 않는다. 자신이 어디에 뿌리를 내렸는지 몰라도 상관없다. 다른 식물이 햇빛과 물을 더 많이 얻는다는 사실이나 벌목꾼이 다가온다는 사실을 안다 한들, 딱히 할 수 있는 것이 없으니 뇌가 있더라도 소용이 없다.

하지만 어떤 유기체에 다리나 날개나 지느러미가 있다면, 이동과 관련한 정보를 습득하고 처리할 감각체계sensory system가 필요하다. 즉 이곳이 저곳보다 나은지 아니면 저곳이 이곳보다 나은지 결정하는 의사결정체계decision-making system, 더 나은 조건을 갖춘 곳으로 움직이기 위한 운동체계motor system, 갔다가 제자리로 돌아오기 위한 기억체계memory system가 필요하다.

이곳과 저곳을 구분하는 일은 공간과 관련이 있지만, 움직이기 위해서는 우리 뇌가 공간적 판단과 더불어 시간적 판단을 수행해야 한다. 공간을 이동하면서 소모되는 에너지도 있고, 움직임을 계획하고 실행할 시간도 필요하기 때문이다. 물체나 사건의 움직임은 느림 혹은 빠름, 지속성 또는 간헐성이라는 시간적 특징을 수반한다. 따라서 뇌는 공간과 시간을 통합적으로 판단하여 몸의 움직임을 조절하는 에너지 소비 체계이다.

이 모든 일은 정자가 난자를 찾아가는 즐거운 여행에서부터 시작된다. 그로부터 아홉 달 후에 어머니의 산도産道를 빠져 나와 탯줄이 잘리면, 놀랍도록 복잡한 하나의 개체로서 독립된 인생이 시작된다. 인생 여정을 헤쳐 나가는 데에 사용하는 기본 도구는 크게 세 부분으로 이뤄진 운동체계이다. 먼저 우리 몸의 아래쪽 절반을 차지하는 다리·발·발가락 체계는 장소를 이동하거나 물건을 걷어찰 수 있게 한다. 다음으로 몸의 가운데 있으며 성인의 경우 60센티미터 정도까지 뻗을 수 있는 팔·손·손가락 체계는 물건을 집어 옮기거나 던질 수 있게 하고 글을 쓸 수 있게 한다. 마지막으로 몸의 위쪽을 차지하는 목·얼굴·혀 체계는 음식물의 소화 과정을 시작하고, 공기 분자의 흐름을 활성화하여 뇌와 뇌 사이에 언어 정보와 음악 정보를 옮겨 준다.

운동체계는 뛰어난 장치이기는 하지만 한계가 있는데, 그동안 인간은 과학기술을 활용하여 그 한계를 극복해 왔다. 즉 다리·발·발가락 체계가 갈 수 있는 범위를 넓히고 그 속도를 높이기 위해 신발, 사다리, 바퀴, 보트, 비행기를 활용하고 팔·손·손가락 체계의 역량을 높이기 위해 망치, 집게, 드라이버, 장갑, 손수레, 총, 연필을 활용하며 목·얼굴·혀 체계의 역량을 높이기 위해 칼, 믹서, 요리법, 쌍안경, 마이크, 언어를 활용해 왔다.

어린이는 운동능력을 개발하고 숙달하는 일에 대부분의 시간을 보낸다. 열여덟 살에 자동차를 몰고 싶다면 서너 살 때 세발자전거를 숙련하는 것이 좋다는 사실을 아이들은 직관적으로 아는 것처럼 보인다. 이들은 부모에게 자동차 키를 넘겨받기 전에, 핸들을 잡은 상태에서 주변 교통 흐름을 지각하고 팔다리의 움직임을 통합적으로 조절할 줄 알아야 한다. 그래서인지 아이들은 세발자전거나 스케이트보드를 타고 바퀴를 조종하는 법을 완전히 익히기 위해 열심히 연습을 반복한다.

그와 마찬가지로 21세기 아이들은 사이버 시공간 속에서의 움직임에 능숙해야 한다는 사실을 직관적으로 아는 것 같다. 비디오 게임은 위에서 언급한 세발자전거와 같다. 아이들은 네 살 때부터 이미 간단한 게임을 시작한다. 이들은 아동용 게임의 한정된 세계를 마스터해야 복잡한 성인용 컴퓨터 게임과 무한한 인터넷 세계를 능숙하게 탐색할 수 있다는 사실을 알고 있는 듯하다.

그런데 아이들은 수많은 의도적인 신체의 움직임을 과연 어떻게 익히기 시작하는 것일까? 이를테면 태어난 지 몇 시간 만에 눈을 반짝이며 바라보는 아기에게 엄마가 혀를 쑥 내밀었다고 하자. 아기는 혀가 무엇인지도 모르고 혀를 내미는 행동을 해보지 않았음에도 불구하고 이것을 직감적으로 따라 한다. 미소를 짓고 손뼉을 치는 것과 같은 초기 모방 행동도 그와 마찬가지다. 게다가 많은 운동능력은 태어나면서 곧바로 길러지기 시작하며, 운동화 끈을 묶는 것처럼 다소 복잡한 운동능력은 대부분 언어적 지시만으로는 학습될 수 없다.

보통 뇌가 효율적으로 움직인다는 것은 당연하게 받아들여진다. 하지만 뇌가 움직임을 배우고 익숙해지는 과정에 대한 신경생물학적 원리는 최근 '거울 뉴런'이 발견되기 전까지 미스터리로 남아 있었다.

✏ '거울 뉴런'의 마술 : 운동능력 개발 기제

움직임의 대부분은 몇 개의 기본적인 동작을 바탕으로 하며, 이러한 기본 동작이 다양한 방식으로 조합되고 반복되면서 다양한 행동을 만들어 낸다. 가령 물을 마시는 동작은 팔을 뻗어 손을 펴고 컵을 잡아 들어 올린 뒤 컵을 입 쪽으로 가져와 기울이는 행동의 조합이다. 또한 언어는 각개의 글자와 어휘를 특정한 순서로 말하거나 쓰는 일이다. 예를 들어 '개dog'와 '신god'이라는 두 단어, 또는 '메리가 빌을 때렸다Mary hit Bill'와 '빌이 메리를 때렸다Bill hit Mary'라는 두 문장은 글자나 단어가 배열된 순서에 따라 의미가 달라진다. '뻗고 잡고 들어서 올리고 기울이는' 다섯 가지 요소로 이루어진 운동 시퀀스는 '마시다'라는 세 글자의 문자열letter sequence로 나타낼 수 있다. 운동이든 문자든 구성 요소의 순서, 즉 시퀀스가 가장 중요한데 요소로서 배열된 기본적인 움직임이나 문자는 또 다른 행동 시퀀스나 어휘 시퀀스의 구성 요소로 쓰이게 된다.

뇌는 일반적 사실이나 특정한 사실, 개인적 경험, 운동 시퀀스 등에 대한 온갖 기억을 저장하고 검색하는 수많은 신경망neural network을 담고 있다. 또한 뇌는 자주 사용하는 운동 시퀀스를 자동적으로 실행할 수 있기 때문에 컵의 크기나 모양이 달라져도 의식적인 노력 없이 컵을 잡을 수 있으며 만약 눈앞의 과제가 이미 숙달한 기술과 많이 다르다면 자동화된 행동을 의식적인 영역으로 옮겨 처리하기도 한다.

비행기 조종사를 생각해 보자. 이륙하고 착륙할 때는 비행기를 의식적으로 제어하지만 상공에 떠 있을 때는 자동항법장치로 돌려놓고 비행 과정을 모니터하기만 한다. 그런데 전방의 날씨가 안 좋거나 다른 문제가 발생하면, 조종사는 자동 운항 기능을 중지하고 그 상황이 해결될 때까지 의식적으로 수동 조종한다. 우리도 이와 비슷한 경험을 한다. 자동차를 크루즈 컨트롤cruise control (정속 주행 장치)로 운전할 때는 차에 동승한 사람과 느긋하게 대화를 나눈다. 그러던 중 도로 전방에 무슨 일이 일어났다는 것을 알게 되면 대화를 즉시 중단하고, 수동 운전 상태로 전환하여 운전에 의식을 집중한다.

의식적 움직임과 자동적 움직임을 학습하고 계획하고 실행하려면 뇌의 여러 체계가 협력해야 한다. 거울 뉴런과 의도적 움직임을 이해하는 데 중요한 두 체계는 운동 피질motor cortex과 전두엽 부위에 있는 전운동영역premotor area이다. 운동 피질은 운동 시퀀스와 관련된 특정 근육을 활성화시키고, 전운동영역은 운동 시퀀스를 기억하고 준비시킨다.

1990년대 초, 이탈리아 출신의 신경과학자 자코모 리졸라티(Rizzolati & Sinigaglia, 2007) 연구팀은 거울 뉴런을 발견하였다. 그들은 사실 원숭이를 대상으로 손의 의식적인 움직임에 관여하는 뇌 체계에 대해 연구하고 있었다. 그런데 원숭이의 운동 피질이 활성화되고 물건을 집거나 땅콩 껍질을 까는 등의 실제 행동이 일어나기 1,000분의 1초 전에, 운동 시퀀스를 준비하는 전운동영역이 먼저 활성화된다는 사실을 발견했다. 즉, 어떠한 행동이 일어나기 위해서는 전운동영역이 먼저 그러한 행동에 필요한 운동 시퀀스를 준비한 다음에 실제 움직임을 이끄는 운동 피질 체계를 활성화시켜 관련된 근육을 활성화시키게 된다는 것이었다.

과학자들을 더욱 놀라게 한 것은 원숭이가 자신이 과거에 경험해 본 의도적인 동작을 다른 사람이 하는 것을 관찰할 때도 원숭이의 전운동체계가 활성화된다는 점이다. 그런데 전운동영역의 신경세포는 단순히 다른 사람의 손이나 입의 움직임을 관찰함으로써 활성화되는 것이 아니라, 오로지 상대방이 목표 지향적인 행동을 할 때만 활성화된다. 또한 전운동영역이 조절하는 것은 물체를 움직이게 하는 어떤 도구가 아니라 신체이기 때문에, 신경세포들은 도구가 아니라 손의 움직임에 반응을 나타낸다. 단 땅콩을 집는 운동처럼 행동 목표가 물체일 때는 두정엽의 특정 신경세포도 활성화된다. 과학자들은 이러한 체계를 '거울 신경세포 체계mirror neurons system'라고 부른다.

> 다른 사람의 의도적인 움직임을 보면 거울 신경세포가 마음속에 모형을 만든 뒤 즉시 모방 행동을 준비한다.

거울 신경세포 체계의 발견은 대단히 의미있다. 덕분에 우리가 다른 사람의 의도적인 움직임을 보면 마음속에 그에 대한 모형이 만들어지고 즉시 그에 호응하는 모방 행동이 준비되는 것이다. 단 거울 신경세포 체계가 스스로 반응을 만들어 내는 것은 아니고 반응이 일어날 가능성을 높이는 것이다. 말하자면 거울 신경세포, 즉 거울 뉴런은 행위자와 관찰자의 마음속에서 벌어지는 사건을 서로 연결시키는 셈이다.

결국 거울 신경세포 체계 덕분에 뇌가 관찰된 타인의 목표 지향적 움직임을 자동적으로 모방하게 되는 것인데, 이러한 인지체계cognitive system는 복잡한 움직임을 배우는 데 이상적인 학습체계이다. 그런 점에서 거울 뉴런은 뇌의 운동능력을 키우는 데 대단히 중요하다.

초기 원숭이 연구 이후에 신경과학자들은 인간의 거울 뉴런을 연구하기 위해 신경영상기법neuroimaging technologies을 활용하였다. 그 결과, 인간이 전체 감각체계와 지각체계를 망라하는 매우 복잡한 거울 신경세포 체계를 가졌다는 사실을 알아냈다. 이러한 체계 덕분에 우리는 타인의 감정이나 의도적 상태를 모방하고 공감할 수 있는 것이다. 또한 폭넓게 소통하고 문화적으로 풍요로운 삶을 영위할 수도 있다. 우리가 미숙한 뇌를 가지고 태어나지만 온갖 운동능력을 어린 시절에 숙달해야만 한다는 점을 생각해 볼 때, 거울 뉴런은 우리 인간이 사회적 동물로 살아가는 데에 대단히 중요한 역할을 하는 것이다.

누가 옆에서 하품하는 모습을 보면 우리 뇌의 하품하는 회로가 활성화된다. 어른이라면 대개 그 충동을 무시하고 하품을 참는다. 하지만 앞에서 언급했듯이 태어난 지 몇 시간밖에 안 된 아기 앞에서 우리가 혀를 내밀면, 아기는 전에 혀를 내밀어 본 적도 없고 또 혀를 내민다고 의식하지도 못하면서 즉시 따라한다. 아마도 손가락을 빨면서 가장 많이 썼던 태아 근육이 움직였을 것이다.

아기는 우리가 하는 행동을 관찰하고 자동적으로 거울 뉴런을 활성화시킬 것이다. 그러면 거울 뉴런은 혀를 내미는 움직임을 활성화시키는 운동 신경세포를 준비시킬 것이다. 아기는 익혀야 할 움직임이 수없이 많기 때문에 굳이 그 행동을 억누를 이유가 없다. 당신이 웃으면 아기도 웃을 것이다. 당신이 손뼉을 치면 아기도 손뼉을 칠 것이다. 아기들은 보는 대로 따라하니 '아이 보는 데는 찬물도 못 먹는다'라는 속담이 나올 만도 하다.

만약 인간의 거울 신경세포 체계가 관찰된 의도적 행동을 '모두' 따라하는 반사적 체계라면 삶이 아주 복잡해질 것이다. 우리 뇌는 다른 사람이 어떤 상태인지 아는 것만으로 충분한지 (상대방을 따라서 나오려는 하품이 원망스러운 것처럼), 아니면 (누가 악수하려고 손을 내밀 때나 안으려는 동작을 취할 때처럼) 그 움직임 시퀀스에 맞추어 화답해야 할지 재빨리 결정해야 한다. 따라서 행위자와 관찰자는 어떤 행동의 의사소통적 의미에 대하여 공통된 이해를 가지고 있어야 한다.

위에서 언급했듯이 언어는 인간의 움직임 중에서 핵심적인 형태이다. 거울 뉴런은 분명 인간이 몸짓 시퀀스를 발성 시퀀스로 확장하여 의사소통하는 데 일조했을 것이다. 우리는 친구에게 몸짓으로 인사할 수도 있고 말로 인사할 수도 있다. 먼저 악수로 인사하려면 친구에게 다가가기 위해 다리를 움직이고 손을 내밀어야 한다. 말로 인사하려면 그 자리에서 입과 혀의 움직임으로 리드미컬한 공기 패턴을 만들어야 한다. 순차적 소리 패턴이 친구의 귀와 뇌 활동을 활성화시키면 곧 친구는 그것을 인사말로 받아들이게 되는 것이다. 사실 글자를 읽거나 음악을 들을 때에도 비슷한 과정이 진행된다.

우리는 악수와 같은 움직임은 관찰할 수 있다. 하지만 입속에서 말소리가 어떻게 조절되는지는 볼 수 없다. 그래서 거울 신경세포 체계는 아이가 말을 어떻게 배우는지 설명할 때도 유용하다.

우리의 감각운동체계sensorimotor system는 서로 밀접하게 연결되어 있어서 이름만 듣고도 그 대상을 마음속에 그릴 수 있다. 예를 들어 누군가가 '바나나'라고 말하면 눈에 보이지 않아도 바나나를 떠올린다. 그와 마찬가지로 아이의 뇌는 소리만 듣고서도 화자가 그 소리와 어휘를 차례로 배열하는 데 사용한 발화 과정을 똑같이 활성화시킨다. 이 과정은 대부분의 어머니가 아기에게 쓰는 특별한 말투를 통해서 더욱 향상된다. 어머니가 얼굴을 마주 보는 자세로 아기를 안고 단순한 표현들을 과장된 어조와 높은 음조의 목소리로 천천히 반복해서 들려줌으로써 아기의 거울 신경세포 체계는 쉽게 활성화되는 것이다. 말하기는 복잡한 운동이기 때문에 유아는 처음에는 제대로 따라 하지 못하고 알아듣기 어려운 옹알이에 그친다. 하지만 시간이 지나면서 주변의 언어 환경에 따라 아이는 간단한 낱소리를 결합하여 정확하게 발음하고, 결국에는 그것을 매끄럽고 또렷하게 말할 수 있다.

우리는 대화를 나누거나 프레젠테이션을 하면서 몸짓을 활용한다. 몸짓은 우리가 하려는 말의 의미나 리듬감, 함축된 감정을 보충하거나 강화한다. 관찰자는 화자의 그런 몸짓을 대놓고 혹은 슬며시 따라하게 되는데 이는 거울 뉴런이 관여하기 때문이라고 볼 수 있다. 몸짓 흉내는 아이들의 노래나 게임에도 거의 필수적으로 들어가 있다.

우리는 어떤 동작을 막 시작한 사람이 곧바로 어떤 행동을 이어나갈지 추론할 수 있다. 예를 들어 식사하는 사람이 나이프와 포크를 집어 든 경우, 우리는 그 사람이 곧 무슨 행동을 할지 훤히 안다. 그것은 일반적인 움직임의 시퀀스 전체를 우리 뇌가 거울처럼 비춰 주어 다음에 무슨 일이 일어날지 이미 알기 때문이다. 그래서 화자가 말하는 도중 멈춘다고 해도 우리는 대개 그 문장을 완성할 수 있다.

컴퓨터에 최근 사용한 이메일 주소나 웹사이트 주소의 첫 부분만 입력해도 컴퓨터가 나머지 글자를 보여 주는 것을 생각해 보라. 우리 뇌도 그런 식으로 움직임 전체의 시퀀스를 기억한다.

그래서 대부분 사람들이 대화를 나누는 것보다 공식적인 연설을 하는 것을 더 어렵다고 생각하는 것이다. 대화를 나누며 아이디어를 모색할 때는 두 사람의 뇌가 함께 작동하기 때문에, 편한 상태에서 두서없이 이야기할지라도 혼자만의 생각에 의존하여 말하는 것이 아니라 서로의 생각을 추론하면서 자신의 생각을 발전시킬 수 있기 때문이다. 행동을 관찰하고 그 행동이 어떻게 진행될 것인지를 추론하는 능력은 아이들을 돌보는 어른에게도 중요하다. 부적절한 행동이나 위험한 행동을 막 시작하려고 하는 아이를 어른이 관찰하였을 때 뒤에 이어질 결과를 예측하고 늦기 전에 중재할 수 있기 때문이다.

운동선수는 어떤 행동을 취하는 척하다가 다른 행동으로 잽싸게 전환하는 식으로 상대편 선수의 거울 신경세포 체계를 속인다. 마술사도 관객을 속이기 위해 그와 같은 전환 기법을 활용한다. 관객은 마술사의 설명이 거짓이라고 생각하면서도 허점을 찾기 위해 그의 설명을 계속 따라가게 되는데 그러다가 거울 뉴런의 작용에 의해 결국 마술사의 말을 그럴듯한 것으로 느끼게 되는 것이다. 사교댄스, 이중창, 테니스 시합은 두 파트너가 말없이 교감하여 서로의 행동을 비춰 보는 것을 즐기는 사회적 상호작용의 예이다.

공감과 연민의 근원, 거울 뉴런

뇌의 수백 가지 처리 체계는 서로 밀접하게 연결되어 있다. 그래서 거울 뉴런은 타인의 행동은 물론이고 그런 행동과 함께 관찰되는 고통이나 즐거움 등의 속성까지 흉내낼 수 있다. 전측대상회anterior cingulate와 섬엽insula은 아픔을 처리하는 전두엽 체계이다. 이 체계에 있는 거울 뉴런은 흔히 얼굴 표정이나 몸짓 언어를 통해 전달되는 타인의 아픔에 반응한다. 그 덕분에 다른 사람과 어울리고 소통하는 데 필수 요소인 공감과 연민이 생겨 나는 것이다. '공감'은 타인의 감정 상태를 내면화하여 이해하는 것을 말하고, '연민'은 우리가 타인이 처한 곤경을 가련한 것으로 여기는 감정이다. 직접 관찰하지 않고 제3자가 들려주는 자연재해나 사고 피해자에 대한 뉴스를 접해도 공감과 연민이 우러나오는 것은 그런 소식을 듣는 즉시 우리가 겪었던 비슷한 경험이 떠오르기 때문이다.

운동 경기와 예술 공연이 재미있는 이유

거울 뉴런은 사람들이 왜 뛰어난 운동선수나 무용가나 음악가의 움직임을 관찰하고 예측하는 것을 좋아하는지도 설명한다. 거장의 공연을 보는 동안 거울 신경세포 체계는 우리의 몸으로 흉내낼 수 없는 높은 수준의 공연을 마음속으로 따라하고 즐기게 한다. 우리보다 기능 수준이 높은 사람의 행동을 관찰함으로써 우리는 어떤 기능을 조금씩 익혀가게 되는데 이때 거울 뉴런은 더욱 활발하게 작동한다.

아이들은 자기가 익히고 싶은 움직임을 완벽하게 익힌 형이나 언니의 행동을 관찰하고 모방하면서 많은 시간을 보낸다. 아이들은 그런 형이나 언니와 헤어진 다음에도 익히고 싶었던 그 행동에 완전히 몰입한 상태를 지속하기도 한다.

은퇴한 운동선수가 자기 종목의 경기를 보면서 어떤 동작을 취하는지 보라. 그들은 게임을 하는 선수들의 움직임을 그대로 따라하기도 하고, 보통 사람들이 보지 못하는 복잡한 동작의 개별 움직임을 정확히 포착하여 지적하기도 한다. 또한 운동선수들은 특정 동작 시퀀스를 제대로 수행하기 위해 이미지 훈련을 하는 경우도 있다.

거울 뉴런에 날개를 달아 주는 '은유'

은유적 사고는 컴퓨터와 뇌처럼 서로 다른 대상이 공통적으로 지닌 속성을 인식하게 해 준다. 즉 은유는 새롭고 복잡하고 추상적인 어떤 현상을 우리가 이미 알고 있는 다른 것과 연결시키는 수사법이기 때문에 예술이나 인문학, 종교 같은 문화 분야에서 아주 중요하다.

움직임도 은유적일 수 있다. 어떤 두 움직임도 완벽하게 똑같을 수는 없다. 하지만 우리는 움직임들 간의 유사성을 찾아 같은 부류의 움직임으로 인지하곤 한다. 예를 들어 농구 경기에서 자유투를 던지는 경우를 살펴 보자. 자유투는 상대편에게 반칙을 당한 선수가 일정한 지점에서 아무런 방해 없이 공을 던지는 것이다. 선수는 다양한 방법으로 자유투를 던질 수 있겠지만 자유투 라인에 서지 않은 채 슛을 던졌다거나, 자유투 라인에서 슛을 던졌더라도 파울을 당하지 않은 상태에서 던진 것이라면 그 슛은 자유투로 볼 수 없다. 그러므로 우리 뇌가 대상들을 비교하고 분별해 내기 위해서는 어떤 부류에 필수적으로 요구되는 속성을 알고 있는 것이 중요하다.

기타와 바이올린을 연주하는 데 필요한 운동능력은 상당히 비슷하여 이 중 한 악기라도 연주할 수 있는 사람은 그렇지 못한 사람보다 나머지 악기를 익히는 데 유리하다. 그렇다면 거울 뉴런의 힘은 일종의 은유적 능력이라고 보아도 무방할 듯하다.

여러 가지 뇌 체계가 은유를 처리하는 일에 관여하는데, 그 중에서도 두정엽의 각회angular gyrus가 일등 공신으로 보인다. 각회는 시각, 청각, 촉각 처리 센터의 접합부에 자리 잡고 있으면서 거울 뉴런이 위치하고 있다.

아이들은 어른이 들려주는 이야기나 그들이 읽는 책 속에서 은유를 탐색하기 시작한다. 동화나 우화에는 인간을 닮은 동물과 기계가 많이 등장하는데, 그러한 이야기들은 대개 상상 속의 일을 아이의 삶과 연결지어 준다.

미디어에 시청 등급이 있어야 하는 이유

거울 뉴런은 사람의 행동을 직접 관찰할 때 가장 활발하게 작동하지만, TV나 영화에 나오는 사람의 움직임에도 분명히 반응할 수 있다. 그렇기 때문에 매체에서 난폭한 행동과 성적 행위를 무분별하게 노출하는 것이 미성년 시청자들의 실제 행동에 영향을 미칠 수 있는 것이다.

학습장애 해결의 실마리, 거울 뉴런

자폐증을 앓는 사람들 중 일부는 거울 신경세포 체계에 결함이 있는 것으로 보인다. 그렇기 때문에 타인의 생각과 행동을 추론하거나 이해하지 못하며, 은유와 속담을 알아듣지 못하고, 의사를 분명하게 표현하지 못하는 것 같다. 자폐증 환자의 문제와 거울 뉴런 사이의 관련성을 찾게 되자, 자폐증을 진단하고 치료할 가능성이 열리기 시작했다. 어쩌면 학습장애와 관련된 다른 문제도 거울 신경세포 체계의 결함에서 그 원인을 찾을 수 있을지 모른다.

아이들은 어른의 말보다 행동에 주의를 더 기울인다고들 한다. 그렇다면 거울 신경세포 체계가 전통적인 교수 기법과 양육 기법의 효율성을 설명해 줄지도 모른다. 전통적인 가르침은 아이에게 효과적인 행동 패턴을 보여 주고 따르게 하는 것이다. 예를 들어 아이와 함께 집에서 케이크를 반죽해서 굽는 활동이나 학교에서 선생님의 지도하에 종이반죽을 만드는 활동으로, 이런 활동을 할 때에는 거울 뉴런이 중재하여 아이의 모방 행동을 장려한다.

다른 각도에서 이 문제를 살펴보자. 과거에 교사가 판서하며 설명하던 행위가 요즘에는 파워포인트를 이용한 프레젠테이션 같은 신기술로 대체되고 있다. 예전에는 도표, 알고리즘, 텍스트 따위가 칠판에 그려지거나 슬라이드 스크린에 조금씩 비춰지는 동안 학생들이 교사의 움직임과 몸짓 언어를 유심히 바라볼 수 있었다. 하지만 오늘날 학생들의 눈에는 정보가 가득한 파워포인트 화면만이 담긴다. 물론 어느 정도 불가피한 변화이긴 하다. 부지불식간에 아이들의 발달에 미치던 교사 행동의 영향력이 기술의 발전에 따라 점점 줄어들게 된 것이다.

이와 같이 거울 뉴런은 21세기 교수 이론과 양육 이론의 신경생물학적 토대를 이루는 핵심 요소이다. 저명한 신경과학자인 라마찬드란은 1953년 DNA의 발견이 유전학을 이해하는 데 강력하고 통합적인 체계를 제공하였듯이 거울 뉴 런의 발견 또한 교수 · 학습을 이해하는 데 강력하고 통합적인 체계를 제공할 것이라고 주장하였다(Ramachandran, 2006).

 게임, 예술, 체육이 아이들에게 꼭 필요한 이유 : 운동능력 숙달하기

게임

인간은 장기간에 걸쳐서 보호받고 양육된다. 그 덕에 아동과 청소년은 기본적 인 운동능력을 점진적으로 익힐 수 있고, 나중에 독립해서 부딪히게 될 많은 난 관과 해결책을 미리 탐색할 수도 있다. 거울 뉴런과 함께 시작되는 운동 발달 과정은 다양한 형태의 '놀이'와 '게임'을 통해 점차 학습으로 이어진다. 운동능력 을 숙달하려면 상당히 많이 연습해야 한다. 또한 아이들이 중간에 포기하지 않 고 계속 연습하려면 그 과정이 상당히 즐거워야 한다.

놀이는 뚜렷한 목표에 구애되지 않고 편안한 상태에서 혼자 혹은 그룹을 이 루어 운동능력을 탐색하는 과정이다. 놀이를 할 때는 순전히 다양한 움직임을 펼치는 과정 자체에서 즐거움과 재미를 느낀다. 그러나 발달 과정 중 어느 순간 이 되면 아이들은 자신의 운동능력이나 의사결정 능력을 다른 아이들과 비교하 고 싶어진다. 그래서 게임이 등장한다.

게임은 여러 개인이나 팀이 뚜렷하게 정해진 목표를 달성하기 위해 좀 더 조 직적으로 활동하고 점수화하는 과정 등을 통해 특정한 기량을 비교하고 경쟁하 는 과정이다. 숙련된 움직임은 행동을 계획하는 능력, 그 행동을 펼치는 동안 움직임을 조절하는 능력, 타인과 물체의 움직임을 예측하는 능력의 결과로 얻어지기 때문에, 대부분의 게임에서는 이 세 가지 과제가 승패의 관건이 된다. 그리고 올림픽처럼 최고 선수를 뽑는 세계적인 행사에서 이러한 운동능력의 절정을 볼 수 있다. 하지만 게임이 꼭 격렬한 신체 움직임을 수반하는 것은 아니다. 체스는 움직임을 계획하고 조절하고 예측할 때 신체보다는 뇌를 더 써야 하는 게임이다.

아이들은 놀이나 게임에 푹 빠져 시간 가는 줄 모른다. 아이들은 놀이나 게임을 하면서 호기심이 자극되고 발달에 있어 중요한 지식과 기능을 숙달한다. 하지만 그 활동에 어떤 발달과정이 포함되어 있다는 것을 의식하는 것은 아니다. 예를 들어 어렸을 때는 누구나 무서운 이야기나 오싹한 게임을 좋아한다. 그런데 이런 흥미는 공포라는 중요한 감정과 그로 인한 행동 반응 체계를 개발하고 유지하기 위해 타고나는 욕구에 근거를 둔다. 아이들은 놀이나 게임을 통해 다양한 감정 및 행동 반응 체계를 위압적이지 않은 환경에서 개발할 기회를 얻는 것이다.

우리의 기본 감정은 공포, 분노, 혐오감, 놀라움, 슬픔, 기쁨 따위이며 여기에 기대감, 긴장감, 자부심 같은 부수적인 정서를 추가할 수 있다. 이러한 온갖 감정은 인지적 각성 체계와 관련된다. 뇌는 위험을 인지할 때 얼른 벗어날지 아니면 기회를 포착하고 다가갈지 판단하기 위해 각성 체계를 개발하고 유지하는데 미리 연습해 두지 않으면 필요할 때 제대로 사용하기 어렵다.

그런데 일상생활만으로는 충분히 활성화되지 못하는 일부 감정이 있을 수 있다. 이는 중요한 생존 기술이 충분히 발달되지 못할 수도 있다는 것을 의미한다. 이를 놀이와 게임이 보완한다. 인위적이지만 자주, 순간적인 공포감과 그에

> 놀이나 게임은 다양한 감정과 그에 따른 행동 반응 체계를 개발하게 해 준다.

따른 집중력을 활성화시킴으로써 말이다. 그래서 어린 시절에 우리가 놀이와 게임에 그토록 강렬한 관심을 가졌는지도 모른다. 공포감 외에 놀이와 게임에서 느낄 수 있는 다른 감정들도 비슷한 역할을 한다.

예술

예술 역시 운동능력을 개발하고 유지하는 데 중요한 역할을 한다. 우리는 재미로 어떤 동작을 시도하기도 하지만 때로는 우아하고 아름답게 움직이고 싶어하기도 한다. 예를 들어 아이들이 처음 스케이트보드를 탈 때는 그저 균형을 잡고 기본 움직임을 익혀 넘어지지 않는 일에 집중한다. 그러다 자신감이 붙으면 스케이트보드의 움직임이 갖는 미학적 요소에 관심을 기울인다. 스케이트보드를 타는 것이 공간을 이동하는 방법으로서의 의미를 넘어 일종의 댄스로 승화되는 것이다.

화가가 물감을 캔버스에 옮기고, 드럼 연주자가 리듬에 맞춰 드럼을 두드리고, 배우가 눈썹을 추켜올리는 것처럼 예술은 분야와 상관없이 움직임을 수반한다. 우리는 그저 움직임 그 자체만을 목적으로 하는 것이 아니라 우리 삶에 심미적 요소를 가미하기 위해서 움직이기도 하는 것이다.

사람들은 각자의 관심사에 따라 서로 다른 예술적 경험에 흥미를 가지게 되는 경향이 있다. 그리고 그렇게 관심사를 추구하다 보면, 갑작스럽고 현실적인 문제 상황에 직면하기 전에 예술적 경험과 같은 형태로 위압적이지 않은 분위기에서 그 문제를 미리 탐구해 볼 수 있게 된다. 덕분에 실제로 그런 난관에 직면했을 때 경험하게 되는 감정뿐만 아니라, 문제해결에 필수적인 집중력과 문제해결 체계를 일찍 개발하고 유지할 수 있다.

체육

요즘 들어 학교에서 예술과 체육 프로그램을 줄이는 바람에 놀이 분위기가 사라지고 있다. 이러한 추세는 생물학적으로 비극적인 결과를 초래한다. 우리 사회가 보다 성숙해져서, 신체를 움직이는 것이 아동의 뇌를 발달시키고 유지하는 데 얼마나 중요한 역할을 하는지 깨닫게 되면 그제야 우리는 우리가 저지른 일들을 후회하게 될 것이다. 실제로 레이티(Ratey, 2008)는 활발한 체육 프로그램이 학생들의 학업 성적과 건강을 어떻게 증진시키는지에 대한 놀라운 연구 결과를 보고했다. 일리노이 주 네이퍼빌Naperville에 있는 중등 체육 프로그램은 학생들의 성적을 크게 올려 주었고, 행동도 바르게 교정시켰으며, 학교 문화를 크게 개선시켰다. 게다가 표준 체질량 지수를 기준으로 볼 때 비만아가 학생 19,000명 중에서 단 3%에 그쳐, 전국 평균 30%와 비교하여 큰 차이를 보였다.

삶의 다른 이름, '움직임movement'

신체적인 움직임만 중요한 게 아니다. 영아에서 어린이로, 청소년으로, 청년으로, 중년으로, 노년으로 나아가는 동안 심리 상태가 움직이며 변화하는 과정도 생각해 봐야 한다. 사람은 실직자에서 고용자로, 미혼에서 기혼으로 입장이 바뀌기도 하며 정치에 대한 신념이나 종교적 믿음이 변하기도 한다.

우리는 역사적으로 위대한 움직임들에 감동받는다. 다양한 형태의 이민이 오랫동안 문화적, 역사적 쟁점이었으며 루이스와 클라크 원정대Lewis and Clark Expedition는 미국 전역을 탐험하는 운동을 유행시켰다. 종교에서도 기념할 만한 움직임들이 있었다. 아담과 이브가 에덴동산을 떠난 사건, 이스라엘 백성의 이집트 탈출, 모하메드가 메디나를 떠나 메카로 가는 여정, 모르몬교 교도의 유타 주로 떠나는 걷기 여행 등은 주목할 만한 사례이다.

문학에는 『오디세이Odyssey』, 『모비딕Moby Dick』, 『해리 포터Harry Potter』 등 시공을 넘어 여행하는 사람들의 얘기가 가득하다. 해리 포터 시리즈가 젊은이들 사이에서 선풍적인 인기를 끈 이유는 주인공들이 마법으로 여러 공간을 넘나들며 움직이고, 그것이 심리적으로 흥미로운 움직임을 유발시키기 때문이다.

이처럼 움직임은 삶 그 자체를 나타낸다. 우리 몸은 끊임없이 움직인다. 심지어 꼼짝 않고 생각만 할 때도 마찬가지다. 심장이 요동치고 피가 흐른다. 폐가 수축하고 팽창하기를 반복한다. 영양분이 소화기관을 따라 움직인다. 신경 충동neural impulses은 빠른 속도로 뇌를 드나든다. 바이러스나 박테리아는 인체 면역체계의 철저한 감시 속에 돌아다닌다. 그러니 인체가 운동 없이 가만히 있으려면 죽는 수밖에 없다.

즉 아이들이 움직이지 않은 채 입 다물고 가만히 앉아 있기만을 바라는 교사나 부모는 숲 속에서 나무를 돌보는 것이 더 나을 것이다. 우리 아이들의 모든 움직임을 존중하자.

로버트 실베스터

로버트 실베스터Robert Sylwester는 오리건 대학의 교육학과 명예교수로 재직 중이며, 과학 기술의 발전을 교육에 접목시키고자 애써 왔다. 그동안 20여 권의 책을 저술하고 다양한 교과과정 프로그램을 개발해 왔으며, 언론에 200편 이상의 글을 기고해 왔다. 최근 발간한 책으로는 『The Adolescent Brain: Reaching for Autonomy』(2007)와 『How to Explain in a Brain: An Educator's Handbook of Brain Terms and Cognitive Processes』(2005)가 있다. 여러 인지과학 연구를 통합한 공로로 미국 교육 신문 협회가 수여하는 '우수 업적상Distinguished Achievement Awards'을 두 차례나 수상하였고, 그의 연구 논문은 《Educational Leadership》에 실렸다. 뇌와 스트레스에 관한 연구와 이론을 교육에 접목한 연구결과를 각종 학회와 교원 연수 모임에서 1,600회 이상 발표해 왔다. 2000년부터 2009년까지 인터넷 저널 《Brain Connection》에 매달 글을 기고했으며, 현재는 《Information Age Education Newsletter(http://i-a-e.org)》에 정기적으로 글을 기고하고 있다.

3장

청소년의 뇌

"청소년기 뇌는 어디가 잘못된 것이 아닙니다. 계속 변화하고 있을 뿐입니다."
– 제이 기드, 엘리자베스 윌리엄슨 『Brain Immaturity Can Be Deadly』

알고 있었나요?

- 십 대의 두뇌는 새로운 것에 특히 민감하게 반응한다.

- ADHD(주의력결핍 과잉행동장애)는 나쁜 학생이나 나쁜 부모, 나쁜 교사 때문이 아니다. ADHD의 원인은 뇌에 있다.

- 십 대가 문제를 필요 이상으로 복잡하게 생각하고, 지나치게 이상적으로 생각하고, 말과 행동이 일치하지 않는 것은 전두엽의 폭발적인 성장 때문이다.

- 두정엽의 발달로 십 대인 운동선수는 더 빨라지며, 음악하는 십 대의 리듬감은 더 좋아진다.

- 운동은 소뇌를 발달시켜 십 대의 인지 처리 기능이 향상되도록 돕는다.

- 피드백은 뇌의 효율성을 높인다.

- 십 대는 새로운 것에 끌리는 한편 체계화되고 조직화되는 것을 바라기도 한다.

십 대와 관련된 사회적 통념은 거의 대부분 사실이 아니다. 십 대는 어디로 튈지 모르고, 성性에 열광하고, 예측할 수 없으며, 논리적으로 설득하기 어려운, 괴물 같은 아이들이 아니다. 그들은 사실 아주 똑똑하다. 다만 불규칙적인 속도로 급성장하는 뇌의 발달에 미처 적응하지 못했을 뿐이다. 사춘기는 뇌가 놀라울 정도로 많이 발달되는 시기여서 십 대는 추상적으로 생각하고, 유창하게 말하며, 멋진 동작으로 운동하는 능력을 키울 수 있다. 물론 이들은 숙제 마감일을 넘기고 변명을 둘러대거나 교사의 등 뒤에서 교묘하게 장난을 치는 데에 자신의 발달된 능력을 써먹기도 하지만, 우리 모두가 다 그렇게 자란다! 하지만 학교나 가정에서 십 대가 온전히 이해받고, 포용되고 있지는 못한 것 같다. 다음은 한 고등학교의 평범한 모습이다.

고등학교 복도에서 웃고 떠들던 십 대들이 영어 교실로 들어서자 갑자기 좀비처럼 무기력해진다. 어깨를 축 늘어뜨리고 발을 질질 끌면서 들어와 체념한 듯한 표정을 서로 주고받으며 지겨워 죽겠다는 듯이 눈알을 이리저리 굴린다. 그들은 입을 꾹 다물고 앉아서 교사가 들어오길 기다린다.

교사 역시 학생들과 똑같은 태도로 교실에 들어온다. 학생들을 향해 반갑게 웃지도 않고, 친근한 말을 건네지도 않는다. 교실 앞으로 터벅터벅 걸어간 교사는 50분짜리 강의를 바로 시작한다. 한 학생이 옆자리 친구에게 기대며 속삭인다.

"아, 제발 나 좀 죽여 줘. 당장!"

교사는 아포스트로피(')의 다양한 쓰임새에 관해 쉼 없이 웅얼거리지만, 아무도 집중하지 않는다. 공상에 잠겨 있거나 아예 잠이 든 학생도 있다.

주의력과 관련된 문제는 흔히 ADHD라 불리는 주의력결핍 과잉행동장애를 지닌 학생들에게 특히 중요하다. 이러한 학생들은 자신뿐만 아니라 부모와 교사들까지도 힘들게 한다. 산만하고 충동적이고 따지기 좋아한다고 알려진 ADHD 학생들은 교실에서 공부하는 데 필요한 기본 토대가 부족하다.

집중력 부족은 ADHD를 앓는 학생들이 직면하는 주요 장애물 중 하나로 학업은 물론 교우 관계와 과외 활동, 직장 등 삶의 모든 측면에 부정적인 영향을 미친다. 교사가 무슨 질문을 던져도 그들은 '모르겠다'라는 대답밖에 할 줄 모르는 것 같다. 매사에 모른다는 대답은 그들이 집중하지 못한다는 단적인 증거다.

"숙제 해 왔니?"

"모르겠는데요."

"왜 교실을 돌아다니니?"

"모르겠는데요."

"그 애한테 왜 말을 거니?"

"모르겠는데요."

ADHD로 인한 과잉행동은 본인은 물론 주변 사람들까지 괴롭힌다. 쉼 없이 시달림을 당한 교사들은 ADHD가 있는 학생의 행동을 흔히 '난리 법석을 피운다'라고 표현하며 다음과 같이 말한다. "그 아이들은 가만히 앉아 있지 않고, 아무 말이나 불쑥 내뱉으며, 교사의 말에 귀 기울이지 않아요."

ADHD가 있는 학생은 원인과 결과를 인식하는 데에도 어려움을 느낀다. 대부분의 십 대들은 숙제를 제때 제출하면 더 많이 배울 수 있고, 더 높은 점수를 받으며, 스트레스를 덜 받을 것이라는 점을 알지만 ADHD증상이 있는 십 대는 그런 인과 관계를 인식하지 못한다.

한 가지 일에만 집중하는 태도는 ADHD가 있는 아이에게 주로 나타나는 증세다. 한 가지 일에만 집중할 때, 그 집중의 대상은 흔히 빠르고 즉흥적인 반응을 요하는 것이기 십상인데 컴퓨터 게임이 대표적인 예다. ADHD를 지닌 아이들이 그런 일에 한번 빠지면 헤어나질 못한다. 고도로 집중해 있는 ADHD 아이를 방해하면 아주 난리가 난다.

ADHD 아이와 그렇지 않은 아이는 뇌가 상당히 다르다. ADHD를 앓는 십대의 뇌 크기는 또래보다 3~4% 정도 작다. 다행히 뇌 크기 차이는 지능에 별로 영향을 미치지 않는다. 그런데 사고나 감정과 관련된 뇌 부위인 기저핵basal ganglia과 의사결정 센터인 전두엽 부위의 활동 정도가 일반 학생보다 낮다. 그래서 집중하고 감정을 조절하는 능력이 떨어지는 것이다. 또한 신경세포 간에 정보 메신저 역할을 하는 도파민이 너무 많이 방출되어 주의력과 충동 조절에 문제가 발생하는 것이다(Bloom, Beal, & Kupfer, 2006).

적용해 보아요!

✔ 방해물을 줄이자. 교사라면 ADHD 증상이 있는 아이들을 교실 앞쪽에 앉히고, 책상 위에 아무것도 꺼내 놓지 않도록 지도하자. 그리고 학생들이 많이 지나다니는 자리에 있는 책상에 ADHD 학생을 앉히지 말자.

✔ ADHD 아이에게는 한 번에 한 가지씩 지시하자.

✔ 수업에 적극적으로 참여시키고 가능하면 ADHD 학생이 몸을 움직일 기회를 만들어 주자.

✔ ADHD 학생에게는 목표나 과제를 작은 단위로 나누어 제시하자.

✓ 학습에 컴퓨터를 활용하자. ADHD 아이들은 컴퓨터에 관심을 보일 것이다.

✓ 일정 계획표를 활용하고 공부 요령을 가르쳐서 ADHD 아이들의 무질서한 마음 상태를 정리해 주자.

✓ ADHD 아이가 부적절한 행동을 보이거나 자제력을 잃을 경우에는 일단 밖으로 격리 조치하자.

✓ 기대치를 조정하자. ADHD 아이가 갑자기 용납할 수 없는 행동을 하더라도 충격받지 말자.

✓ ADHD 아이들이 아무리 날뛰더라도 침착함을 유지하자. 그들의 자제력이 떨어질수록 어른이 더 자제력을 발휘해야 한다.

✓ ADHD 아이가 자제심을 잃었더라도 언쟁을 벌이지 말자.

✓ 교사는 교실에서 본 행동들과 관련하여 부모와 의사에게 정확한 정보를 제공하자. ADHD 학생들의 문제를 치유하는 데 교사도 적극적으로 나서야 한다.

청소년기 특징 2 나무보다 숲을 보는 시각의 발달: 전두엽 발달의 시작

전두엽은 뇌 앞쪽에 있으며 대뇌 피질에서 가장 넓은 면적을 차지한다. 이마 바로 뒤에 자리 잡은 전두엽은 인지과정을 책임진다. 말하기, 읽기, 쓰기, 수학, 음악을 모두 전두엽이 처리한다. 또한 분석하고, 적용하고, 평가하는 활동도 전두엽이 맡고 있다. 중학생을 지도하는 사람들은 어떻게 하면 학생들의 고등사고 능력을 촉진하고, 인지 활동을 자극하며, 전두엽을 활성화시킬지 고심한다. 청소년기 성장 과정을 제대로 알아야 그에 맞는 지도법을 잘 마련할 수 있는데, 신경과학 덕분에 아동기, 청소년기, 성인기에 따른 전두엽의 극적인 변화를 지켜볼 수 있는 기회를 가지게 된 것이다.

어린이들은 추상화 능력이 발달하지 않아서 세상을 있는 그대로 바라본다. 한번은 유치원을 방문했다가 우연히 아이들끼리 나누는 대화를 듣게 되었다. 유치원을 찾은 어느 부부를 놓고 남편과 아내 중 누가 더 나이가 많은지 아이들끼리 논쟁이 붙었다. 한눈에 보아도 남편이 더 나이 들어 보였지만, 아이들은 전혀 다른 시각에서 그들을 바라봤다. 마침내 레티라는 아이가 확신에 찬 목소리로 선언했다.

"여자 키가 더 크니까 여자가 더 늙었다고 봐야 해."

그러자 웅성대던 아이들은 레티의 말이 맞다며 수긍해 버렸다. 같은 날, 기븐스 선생님은 아이들을 교실 앞쪽에 모아 놓고 그날이 대통령의 날*Presidents' Day이라고 말했다.

"여러분, 대통령의 날에 누구 생일을 기념하는지 알고 있나요?"

하지만 아무도 대답하지 않았다. 선생님은 하는 수 없이 계속했다.

"그중에 한 분은 링컨이란다."

갑자기 뒤쪽에서 한 아이가 손을 번쩍 들었다. 미카라는 남자아이였다.

"혹시 그 사람이 우리한테 줄 생일 기념 컵케이크를 가져온 건가요?"

참으로 귀엽고 순진하다. 하지만 이런 순진무구한 생각으로 현실 세계를 살아가는 데는 한계가 있다. 어린이들은 과거라는 개념을 잘 알지 못한다. 아이들

---

* **대통령의 날Presidents' Day** 미국의 공휴일 중 하나

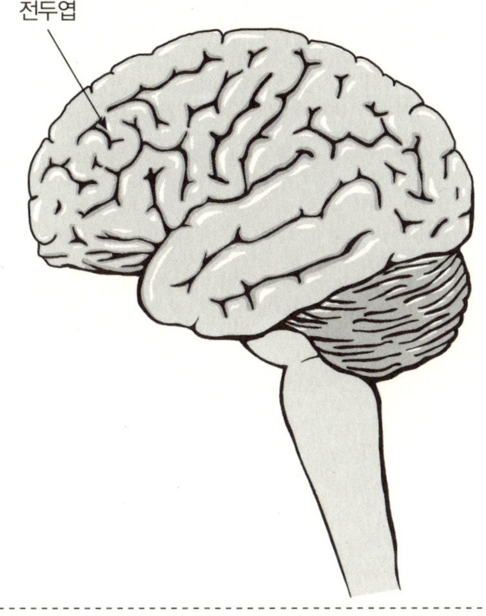

출처: 데이비드 A. 수자(2003), 『영재의 뇌는 어떻게 학습하는가』 (원제: 『How the Gifted Brain Learns)

의 머릿속에 에이브러햄 링컨은 살아 있고, 나비는 애벌레에서 나온 것이 아니며, 침대 밑에는 정말로 괴물이 살고 있다. 그래서 어른의 뇌가 어린이들의 생활을 인도하고 조직해 줄 필요가 있는 것이다. 어린이에게는 그들을 위험에 빠지지 않도록 보살펴 줄 수 있는 어른의 정교한 전두엽이 필요하다는 말이다.

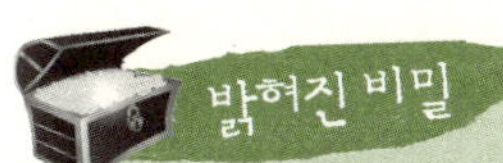

오랫동안 어른들은 십 대가 자기도취에 빠져서 남을 배려할 줄 모르고 세상 물정도 모르고 산다고 생각해 왔다. 하지만 십 대는 멍청한 어른들이

기회만 준다면 자신이 세상의 온갖 문제를 단숨에 해결할 수 있을 거라고 확신한다. 그들은 지구가 이토록 오염되도록 놔두지 않을 것이며, 수많은 사람들이 굶어 죽는 판에 차고에까지 냉장고를 추가로 설치하는 것은 부도덕하다고 여긴다. 즉 십 대가 전권을 쥐게 된다면 해변은 쓰레기 하나 없이 깨끗해지고 세상은 지금보다 훨씬 더 살기 좋아질 것이다!

전두엽이 성숙하면서 십 대는 점차 도덕적으로 옳은 것을 따지고 관념적인 사고를 할 수 있게 된다. 어린이의 뇌는 '내 쿠키가 친구 것보다 더 적은 건 아닌가?'라는 식으로 매 순간 당면한 구체적인 문제만 따진다. 그러나 청소년기에는 뇌의 인식과 관심의 폭이 확대된다. 십 대들은 타인의 생각을 가늠하고, 시간의 경과를 인식하게 되면서, 세상에는 자신만 존재하는 것이 아니고 행동에는 결과가 따른다는 사실을 불현듯 알아차린다. 그들은 세상을 있는 그대로 바라보는 데 그치지 않고, 세상이 어떻게 변화해 나갈 것인지에 대해서도 인식하기 시작한다.

어른과 청소년, 어린이와 청소년을 구분 짓는 전두엽은 청소년기에 발달하기 시작한다(Giedd, Blumenthal, Jeffries, Castellanos et al., 1999). 청소년기 초기에 십 대는 추상적으로 생각하기 시작하고, 구체적인 현실과는 상관없는 개념을 따질 수 있다. 십 대는 다음과 같은 질문을 가정하고 논할 수도 있다.

"만약 열대 우림 지역에서 수백만 종의 식물이 자라고, 우리가 복용하는 의약품의 원료가 대부분 열대 우림 지역에서 발견된 식물에서 얻어진다면, 열대 우림 지역의 삼림 파괴가 미래에 어떠한 영향을 미칠 것인가?"

또한 이들은 시민권에서부터 사형 제도에 이르는 다양한 사회 문제를 논하면서, 사안을 분석하고, 추론하고, 심사숙고하여 판단 내리기도 한다.

교육자들이라면 중고등학교 학생들을 고등사고 기술에 노출시켜야 한다는 점을 알고 있는데, 신체 발달 역시 그에 못지않게 중요한 역할을 한다는 것 또한 알아야 한다. 더 나은 뇌를 만들려면 생물학적 성장과 치밀한 교육적 전략이 잘 결합되어야 한다. 십 대를 컴퓨터에 비유해 보자. 십 대를 우리가 원하는 온갖 소프트웨어에 노출시킨다 해도 그들의 하드 디스크가 업그레이드 되기 전에는 미미한 효과밖에 얻을 수 없다(Epstein, 2001). 추상적 사고 기능을 습득하는 것을 도와줄 소프트웨어로는 다양한 가설을 세워 탐구하게 하고, 폭넓은 개념을 가르치고, 과학적 추론과 심사숙고한 의사결정을 권장하는 활동들을 들 수 있다. 물론 부모와 교사의 인내심과 이해심이 있어야지만 이러한 발달과정을 가만히 지켜보고 기다려 줄 수 있다. 로마 제국이 하루아침에 이루어지지 않았듯이, 십 대의 뇌 또한 마찬가지다.

신경과학자와 교육 심리학자는 십 대들 모두가 똑같은 시기에 추상적 사고능력을 발달시킨다고 보지 않는다. 그렇기 때문에 초등학생뿐만 아니라 중고등학생도 여전히 교구재를 활용하는 구체적인 학습법이 유용하다(Neimark, 1975).

기하학적 사고 모델을 설계한 피에르 반 힐Pierre van Heile은 고등학생에게 기하학을 가르치면서 중요한 연구를 실시하였다(Mason, 1998). 연구결과, 나이가 많은 학생들도 기하학을 처음 배울 때는 손으로 조작할 수 있는 교구재가 유용하다는 사실을 알아냈다. 어른들은 고등학생 정도라면 직접 만져 보는 활동을 하지 않고서도 복잡하거나 익숙하지 않은 개념을 익힐 수 있을 거라고 기대한다. 그러나 그러한 기대는 해당 영역에 대한 학생들의 좌절과 실패만을 불러올 뿐이다. 즉 기하학 분야를 배울 때 손으로 조작하는 교구재를 제공받으면 학생들은 추상적 사고로 빠르게 이행하게 되는데 이는 다른 분야에도 적용할 수 있다. 쾌활한 성격의 10학년 샤나는 수업과 관련해서 이렇게 말했다.

"역사 선생님은 일방적으로 강의만 해요. 저는 그런 스타일은 질색이에요. 역사 시간만 되면 딴생각이 든다니까요. 그러지 않으려고 애써 보지만 별수 없어요. 그런데 생물 선생님은 항상 우리를 수업에 참여시켜요. 저번에는 해부 실험도 했어요. 냄새는 별로였지만 신체를 이해하는 데 크게 도움이 됐어요."

열여덟 살인 제이슨은 아주 진지한 학생인데, 구체적인 사례로 배우는 것이 어려운 수학을 이해하는 데 큰 도움이 됐다고 말했다.

"저는 수학 시간이 즐겁습니다. 우리는 단순히 문제지를 풀거나 선생님 말씀을 일방적으로 듣기만 하지 않습니다. 실물을 갖고 공부하면서 직접 보고, 만져 보는 것이 이론을 이해하는 데 도움이 될 때가 많습니다."

위선과 의사우매성: 뇌의 과도기

청소년기에는 전두엽이 발달하는 동안 추상적 사고만 발달하는 것은 아니다. 이 시기에는 인지능력도 발달하여 바람직한 행동이 나타나기 시작한다. 십 대는 이제 이상적인 세계를 마음속에 그릴 뿐만 아니라 세상이 돌아가는 방식도 이해할 수 있다. 이 단계에서 청소년은 과거 세대, 특히 그들의 부모 세대를 비판적으로 바라본다. 그런데 중학생 정도의 시기에는 이러한 성향이 말로만 드러난다. 중학생들은 설득력 있게 말은 잘하지만 대부분 생각을 실천으로 옮기지는 않는다. 조단은 재활용의 필요성을 역설하고 카지아는 미디어에서 여성을 묘사하는 방식을 비판하지만, 요란하게 말로만 떠벌리는 경우가 대부분이다. 주변 환경을 깨끗하게 유지해야 한다는 의식이 투철해 보이던 중학생이 쓰레기를 버린 벌로 청소 당번을 맡는 일이 벌어진다는 것이다.

그랬던 아이들이 고등학교에 들어가면 이상理想을 행동으로 옮기기 시작한다. 십 대 후반기에 이르면 사회나 타인을 위해 헌신하는 봉사 단체에 가입해 활동하기도 한다. 노인 가정을 방문해 서머타임*에 맞춰 시계를 조정해 주거나, 빈곤 가정 아이들에게 공부를 가르치거나, 자선 모금 걷기 행사에 참여한다. 라스는 매주 무료 급식소에서 자원봉사를 하며 보람을 느낀다고 말한다.

"불우한 이웃을 도울 수 있어 기분이 아주 좋습니다. 뭔가 중요한 일을 하는 것 같아요."

마크는 유대인 교회에서 자신보다 어린 2학년과 3학년 아이들을 가르친다.

"저는 지역사회 봉사 차원에서 아이들을 가르칩니다. 아이들과 어울리는 것이 아주 즐거워요. 제가 좋은 롤모델이 된다고 생각하면 뿌듯한 마음도 듭니다. 아이들이 당장 알아주지 않아도 괜찮아요. 언젠가는 제가 긍정적인 영향을 주었다는 걸 기억하리라 믿으니까요."

하지만 청소년은 이상적인 행동을 펼치는 와중에도 위선적으로 행동할 때가 있다. 입으로 내뱉은 것을 실천하기가 그만큼 쉽지 않은 것이다. 데이비드 엘킨드(David Elkind, 1978)는 이러한 특성을 '청소년기의 위선adolescent hypocrisy'이라고 짚어 말한다. 그리고 이 위선은 성격적 결함 때문이 아니라 지적 미숙 탓이다. 뇌 발달 측면에서, 그들의 위선적 행동은 전두엽의 발달 및 축삭을 감싸는 수초의 생성과 나란히 진행되는 것이다. 그들의 뇌는 아직 매끄럽게 포장된 도로가 아니다. 움푹 파인 곳과 흙먼지 날리는 길, 음침한 뒷골목이 여전히

---

* **서머타임** 여름에 긴 낮 시간을 효과적으로 이용하기 위하여 표준 시간보다 시각을 앞당기는 시간. 여름 시간, 여름 알뜰 시간, 일광 절약 시간이라고도 한다.

많다.

아니타는 솔직한 태도가 대단히 중요하며, 자기는 절대로 거짓말하지 않겠다고 친구들 앞에서 일장 연설을 했다. 하지만 엄마가 누구랑 영화 보러 가냐고 물었을 때, 아니타는 남자아이들 이름을 쏙 빼놓고 말했다. 린지와 켈시와 메기는 학생 봉사 단체인 SALSA(Serve & Learn Student Association)에 가입했다. 그들은 지역 사회에 봉사할 수 있게 됐다며 무척 즐거워 했다. 그들은 첫 번째 프로젝트인 공공도로 청소를 앞두고 들뜬 기분을 가라앉히지 못했다. 누가 그들을 태워다 줄지, 어떤 작업복을 입을지, 점심 도시락으로 무엇을 준비할지 시시콜콜 의논하고 계획하였다. 그런데 아이들과 동행했던 메기의 엄마는 그날 그들의 행동에 어안이 벙벙했다. 그날 아이들이 어떻게 행동했느냐는 질문을 받자 메기의 엄마는 이렇게 대답했다.

"아이들은 열심히 참여하면서 즐거운 시간을 보냈죠. 하지만 저는 십 대를 도무지 이해하지 못하겠어요. 아이들은 뙤약볕 아래에서 두 시간 동안 열심히 쓰레기를 주운 다음에 쉬면서 간식을 먹었어요. 그런데 다 먹고 나서 과자 봉지를 바닥에 아무렇게나 버리더군요. 도대체 생각이 있는 애들인지 의심스러워요."

과도기 청소년의 뇌를 설명하는 또 다른 말로 '의사우매성意思愚昧性, pseudostupidity'이라는 교육심리학 용어가 있다(Elkind, 1978). 전두엽이 발달하면서 십 대는 한 문제를 다양한 관점에서 바라볼 수 있게 된다. 더 이상 한 가지 정답만 있는 게 아니라 온갖 가능성을 상상할 수 있다. 꽤나 멋지게 들리지만, 이것이 십 대의 삶을 오히려 더 복잡하게 만든다. 어떤 문제가 생기면 그들은 생각하고, 생각하고, 또 생각하느라 아무런 답도 도출하지 못한다. 풀기 어려워서가 아니라 문제를 너무 복잡하게 만들기 때문이다. 그들은 답이 코앞에 있는데도 가능한 모든 해결책을 신경 쓰느라 뻔한 것도 결정하기 어려워 한다.

중학교에서 수학을 가르치는 암스트롱 선생님이 학생들에게 간단한 과제를 냈다. 이쑤시개를 사용해 기하학에서 다루는 기하급수적 증가의 사례를 만들어 보는 과제였다. 이쑤시개와 종이와 풀만 있으면 과제를 할 수 있었다. 이쑤시개 하나를 둘로, 둘을 넷으로, 넷을 여덟로, 두 배씩 늘리는 게 뭐가 어렵겠는가! 학생들은 과제를 하면서 기하급수적 증가가 얼마나 급격히 이뤄지는지 터득할 것이다. 그런데 그날 밤 9시 30분, 암스트롱 선생님은 한 학부모에게서 다급한 전화를 받았다. 아들이 이쑤시개가 더 필요하다며 어쩔 줄 모르고 있다는 것이다. 아이는 기하급수적 증가가 얼마나 늘어나는지 보려면 백 배까지는 곱해야 한다고 생각했지만 집에는 그만큼의 이쑤시개가 없었고, 약국과 상점도 모두 문을 닫아 구할 수가 없다는 것이었다. 그 아이에게는 이 과제가 여느 과제보다 훨씬 더 어려운 프로젝트로 느껴졌을 것이다.

의사우매성은 주변 사람들과의 관계에서도 나타난다. 옷장에 코트를 걸라는 간단한 요구에도 청소년의 머릿속은 한없이 복잡해진다.

'저 사람이 지금 나를 통제하려고 하는 걸까? 내가 거부하면 어떻게 될까? 저 사람은 나를 통제할 생각이 없는데 괜히 내가 그런 생각을 하고서 거부하려 드는 건 아닐까? 아, 어떻게 하지?'

십 대는 이런 상황에서 대개 성질을 부린다. 전혀 악의 없이 한 말도 십 대에게는 논쟁의 불씨가 된다. 때로는 불안발작anxiety attack을 일으키기도 한다. 누구에게나 호감을 살 것 같은 아만다는 새 학교로 전학한 뒤 걱정이 태산이었다. 교사가 보기에 아만다는 극단적일 정도로 학급 친구들의 환심을 사려고 애썼다. 걸핏하면 선물을 나눠 주고, 친구들이 하는 말에 무조건 동의하고, 주목을 받으려고 별짓을 다했다. 그저 있는 그대로의 모습만으로도 충분한데 말이다.

십 대의 위선적 행동에 대한 대응법, 현실 세계에 참여시키기!

십 대의 위선적 행동을 막을 최선의 방책은 그들을 현실 문제와 지역 사회 커뮤니티에 참여시키는 것이다. 실제로 일이 돌아가는 방식을 경험하게 하고 행동에 따른 결과를 눈으로 보여 주면, 말로만 떠드는 것과 실제로 행동에 옮기는 것 사이의 차이를 알아차릴 것이다.

적용해 보아요!

✔ 지역 사회 복지단체를 조사하거나, 무료 급식소나 쉼터에서 봉사활동을 하거나, 어린 학생의 공부를 봐주는 등 아이들을 다양한 프로젝트에 참여하게 하자.

✔ 아이들이 지역의 선거와 관련된 활동에 참여할 수 있도록 방법을 알려 주자.

✔ 지역 사회 인사를 만날 수 있게 하자. 재향 군인, 지역 예술가, 맹인 안내견을 훈련시키는 교관 등 아이들이 관심을 가지는 대상이라면 누구든지 상관없다.

✔ 모의국회나 모의재판에 참여시키자.

✔ TV나 책에 나오는 인물의 경험과 아이들의 삶을 비교하게 하자.

✔ 쓰레기 처리장이나 쓰레기 매립지를 방문하고, 쓰레기를 아무데나 버리는 문제나 쓰레기 재활용 방안을 주제로 토의하게 하자.

✔ 인터넷을 교육적으로 활용하자. 인터넷에서 논란이 되는 주제에 대해 토론하여 그것이 아이들의 생각을 어떻게 변화시키는지 경험할 수 있

도록 하자. 인터넷 상의 대화를 통해 문제의 해결책을 찾도록 격려하고, 해결책을 실천하기 위해 긍정적으로 행동하는 데 청소년이 에너지를 쏟도록 유도하자.

청소년기특징 4 급속 성장, 질적 성장의 에너지 충전: 두정엽의 성장

두정엽은 좌·우뇌에 각각 있으며, 뇌의 정수리에서 뒤통수에 걸쳐 있는 부분이다. 두정엽의 앞쪽과 뒤쪽은 하는 일이 다르다. 앞부분은 통증, 압박, 온도 감각에서 메시지를 받아 '추운가? 웃옷을 입어야 하나?', '바지가 너무 조이나?'와 같은 생각을 하게 한다. 두정엽은 몸 구석구석으로부터 정보를 받아 이를 감지하지만 몸의 모든 부위에서 온 정보를 똑같은 비중으로 취급하지는 않는다. 예를 들어 입술과 혀는 외부 자극에 특히 민감하여 두정엽에 접근하는 영역이 다른 기관보다 광범하다. 두정엽의 뒷부분은 논리와 공간인식을 책임지며 주변 환경과의 관계에서 손과 발, 머리의 위치를 계속 파악한다. 덕분에 우리는 리듬을 유지하면서 몸을 움직이고, 발을 헛디디는 실수를 피할 수 있는 것이다.

두정엽이 회백질을 생성하고 불필요한 뉴런을 제거하는 시기가 청소년기 초기이므로 이 시기는 학습에 아주 중요하다. 이때 두정엽이 성장하면서 운동과 악기 연주가 특히 능숙해진다. 육상경기 선수인 케이틀린은 1,500미터 달리기에서 자신의 최고 기록을 5초나 단축했다. 와이엇의 피아노 연주는 아주 능숙해지고 우아해져서 듣는 모든 이들에게 감동을 주었다. 두 사람은 십 대 시절에 기량이 크게 향상되는 과정을 겪은 것이다.

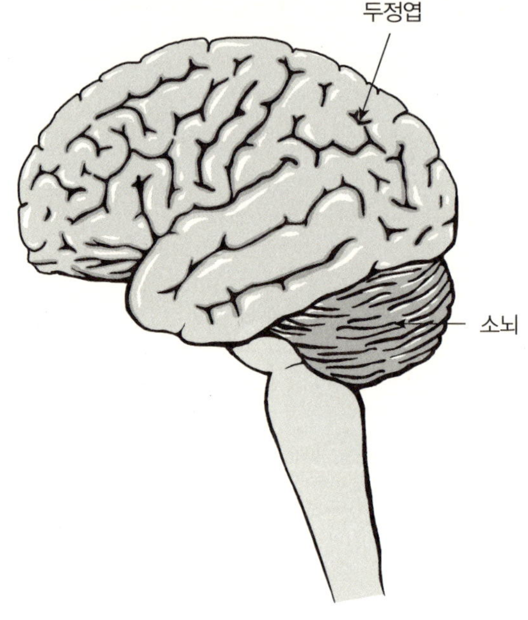

출처: 데이비드 A. 수자 (2003), 『영재의 뇌는 어떻게 학습하는가(How the Gifted Brain Learns)』

운동선수들 사이에서는 이러한 성장이 자주 목격된다. 고교 농구 2군 팀은 1군 팀과 맞붙은 경기에서 처음에는 고전을 면치 못하겠지만, 꾸준히 연습하고 실력을 다지면 1년 뒤에는 1군 팀으로서 경기에 참가할 수도 있다. 특히 고등학교 1학년을 가르치는 교사나, 그 아이들을 돌보는 부모들은 이 시기 학생들의 급격한 변화와 성장에 익숙할 것이다. 3월 입학 때만 해도 어수룩하고 소심했던 아이들이 2학기에는 자신감 넘치는 청년으로 성장하는 경우가 적기 않기 때문이다. 자신의 사물함 위치를 물어보지 못해 교과서를 몽땅 들고 다녔던 고등학교 1학년 남학생도 1년 뒤에는 교장 선생님께 스스럼없이 찾아가 수업을 바꾸고 싶다고 당당히 말하곤 한다.

십 대가 지하실이나 차고를 점령해서 밴드 연습을 하는 것은 단순히 부모를 골탕 먹이려는 속셈 때문만은 아니다. 십 대가 난데없이 밴드 연습에 빠져드는 것과 같은 일은 두정엽의 활동이 십 대에 갑자기 활발해지기 때문이라는 연구결과가 있다.

두정엽은 공간 인식과 동작의 유연성을 통제한다. 십 대의 뇌는 새로운 뉴런을 형성하고, 불필요한 시냅스 연결을 제거하며, 손가락과 팔, 다리의 통제 기능을 미세하게 조정하느라 분주하다. 십 대 아이는 기타의 까다로운 코드를 연주할 수 있고, 높이 뜬 공이 어디로 떨어질지 예측할 수 있다는 사실에 고무되어 갑자기 몸을 쓰는 일에 관심을 쏟는다. 연습이 비로소 빛을 발하는 것도 이 시기이다. 연습을 할수록 더 완벽해지니 몸으로 배우는 것이 훨씬 더 재미있어진다.

그래서 매주 하던 음악 수업이 싫다고 툴툴거리던 아이가 갑자기 하루 내내 기타를 뜯고 노래를 불러대는 일이 일어난다. 토요일 오전 애니메이션 프로그램이 끝나면 늘 투덜대던 아이는 이제는 농구공을 튕기거나 테니스공으로 벽치기를 하는 데 온종일 시간을 쏟는다.

청소년기 특징 5 운동능력과 동반성장하는 사고력: 소뇌의 성장

꽃양배추(콜리플라워)의 머리처럼 생긴 소뇌는 뇌 뒷부분에 있으며, 뇌의 여러 부위 중에서 가장 많은 뉴런을 갖고 있다. 소뇌는 뇌의 다른 부위와 더불어 움직임을 관장하는 영역으로 자전거 타기나 조깅, 공중제비 돌기와 같은 운동을 할 때 균형감, 자세, 대근육 운동을 조절한다. 20대 초반에 이르러서야 소뇌는 비로소 완전히 성장하는데 청소년기에 가장 변화가 심하다. '더 폴리스(The Police)'라는 밴드의 리드 보컬인 스팅은 "당신의 움직임 하나하나를, 당신의 걸음걸이 하나하나를 지켜볼래요."라고 노래하는데 그 노랫말이 원래 소뇌의 역할을 지칭한 것은 아니지만 소뇌가 하는 역할을 설명하는 데에는 딱 맞는다. 소뇌는 우리가 하는 모든 행동을 인도하고 조정하기 때문이다. 최근에는 신경과학이 발달되어, 소뇌가 인지과정을 조정하는 데도 관여한다는 사실이 밝혀졌다. 소뇌가 사고력이 요구되는 과제를 더 쉽게 수행하도록 해 준다는 것이다. 신체 움직임의 균형을 잡아 주고 움직임을 이끌어 주는 것처럼 사고과정 또한 순조롭게 진행되도록 소뇌가 도와주는 것이다. 그래서 우리가 직면한 과제가 복잡하면 복잡할수록 이를 해결할 소뇌의 역할 또한 더 커진다(Giedd, Blumenthal, Jeffries, Castellanos et al., 1999).

'운동하는 사람은 머리가 나쁘다'는 말은 이제 통하지 않는다. 미식축구팀의 공수 전략을 기록한 플레이북은 어마어마하게 복잡하다. 당신이라면 긴장감이 감도는 경기 도중에 그 많은 전술을 머릿속에 떠올려서 상황에 맞게 펼칠 수 있겠는가?

새로운 연구에 따르면, 미식축구 선수들은 체력 단련을 많이 할수록 플레이북의 내용을 더 잘 기억하게 된다고 한다. 국립 정신보건연구소의 제이 기드 박사(Giedd, Castellanos, Rajapakse, Vaituzis, & Rapoprot, 1997) 역시 오랫동안 뇌의 '운동 센터'로만 알려져 왔던 소뇌가 사고과정을 조정하고 의사결정을 하는 데에도 중요한 역할을 한다는 사실을 발견했다.

십 대는 운동이 필요하다! 말이 안 된다고 생각할 수 있겠지만 체육 과목의 수업시간과 교내 운동 시합을 줄이는 것은 학과 공부의 성적을 높이는 데에 바람직한 방법이 아니다. 문제를 효율적으로 해결하고 적절한 계획을 수립하려면 소뇌가 활발하게 작동해야 하는데, 규칙적인 신체 활동이 없으면 십 대의 뇌는 소뇌의 뉴런이 다른 영역의 뉴런만큼 중요하지 않다는 신호로 받아들인다. 그러면 덜 중요한 뉴런은 제거될 위험에 처한다. 튼튼하고 건강한 소뇌가 없다면, 복잡한 과정의 수학 문제를 풀거나 사색적인 수필을 쓰는 일은 훨씬 더 어려워질 것이다.

소뇌는 운동 피질과 협력한다. 피질은 의식 차원에서 움직이기로 결정하면 그러한 메시지를 소뇌에 전달한다. 소뇌는 뉴런을 통해 신체 근육으로 연결된다. 소뇌는 어떤 동작을 실행하는 데 어떤 근육이 필요한지 계산하고 그 근육에 움직이라는 메시지를 보내어 움직임을 유발한다. 그런 다음에도 소뇌는 그 움직임을 계속 모니터링하고 조정한다. 간혹 걸으면서 껌 씹는 일을 동시에 하지 못하는 사람이 있는데 그것은 소뇌가 완전히 다른 두 개의 근육 그룹을 동시에 조종해야 하기 때문이다.

소뇌는 축구를 하거나 학교에 걸어가는 일 외에도, 파티를 계획하거나 연구보고서를 작성하거나 신중한 결정을 내리는 데 관여하는 사고 기능도 관장하는 것으로 보인다(Giedd, Blumenthal, Jeffries, Castellanos et al., 1999). 이해하는 능력과 달리 읽기 능력은 소뇌에 저장되며, 노랫말이나 "당신의 눈동자에 건배를!"처럼 좋아하는 영화의 명대사도 소뇌에 저장된다(Leonard, 1999). 청소년은 신체 기능을 익힐 때와 마찬가지로 인지적 처리 능력을 향상시키기 위해서는 꾸준히 연습해야 한다.

학생들에게 사고력 발달 기회를 주는 교사는 학생들의 소뇌 정보 처리 능력을 키울 수 있다. 또한 체계적으로 짜인 체육 수업에 참여하거나, 과외 활동에 참여하거나, 악기를 연주하는 식으로 운동 감각을 많이 단련한 십 대는 청소년기 소뇌의 신경 연결을 강화할 수 있다. 피질에 있는 뉴런과 마찬가지로 소뇌의 뉴런도 사용하지 않으면 퇴화되기 때문에 사용 여부에 따라 뉴런이 강화되거나 제거된다.

그런데 안타깝게도 체육 시간은 학년이 높아질수록 점차 감소한다. 청소년은 어린아이보다 적정한 체육 활동 수준을 유지하기가 더 어렵다. 각 교육 자치구들은 재정문제로 체육 활동에 대한 졸업 요건을 완화하고 있다. 한때 체육 이수학점으로 1학점을 요구하던 자치구가 이제는 0.5학점으로 낮추려 한다. 아직은 대부분의 학교가 방과 후 스포츠 프로그램을 유지하고 있으며 학생들이 자꾸만 줄어드는 자유 시간을 활용해 따로 운동할 수도 있지만 정규 체육 수업이 줄어드는 것은 결국 학생의 심신조화와 인지력에 좋지 않은 결과를 초래할 것이다.

도전적인 인지 활동에 참여하는 청소년은 사고 기능을 조정하는 뉴런을 늘리고 강화하게 된다(Giedd, Blumenthal, Jeffries, Castellanos et al., 1999). 예술이나 과학 프로젝트, 시뮬레이션, 문제해결 활동 등 뇌기반 학습전략을 아이들에게 시도하면, 지식을 수동적으로 받아들이는 역할만 부여받은 아이들보다 소뇌를 훨씬 더 강하게 키울 수 있다. 초등학교 교사들은 학습을 지원하기 위해 신체 움직임을 많이 활용하는 교수법을 사용하지만, 중학교 교사들은 그런 교수법을 불편하게 생각한다. 하지만 학생들은 그런 수업 방식을 열렬히 지지한다.

"수학 선생님은 우리가 몸을 써서 수학 공식을 배울 수 있게 하셨어요. 그렇게 배우니까 확실히 도움이 됐죠."

"미국학 수업에서 선생님은 우리에게 여러 인물들을 연기해 보라고 하셨어요. 친구들이 연기하던 모습이 아직도 생생하게 기억나요."

십 대 남학생과 여학생 간에 가장 차이 나는 뇌 영역이 바로 소뇌라는 사실은 흥미롭다. 남학생의 소뇌가 여학생보다 약 14% 정도 더 크며, 그 차이는 성인이 되어서도 유지된다(Raz, Gunning-Dixon, Head, Williamson, & Acker, 2001). 남자와 여자의 소뇌 크기 차이는 진화의 소산으로 보인다. 여자가 집에서 불씨를 지키는 동안 남자는 밖으로 돌아다니며 사냥을 했다. 과거에 남자들이 주로 맡던 역할을 소뇌가 관장했기 때문에, 그들의 소뇌가 더 발달하게 된 것이다. 일반적으로 뇌 구성 요소의 크기는 각 구성 요소가 정보를 처리하는 양에 비례한다. 이러한 추정이 맞든 아니든 간에, 소뇌가 더 큰 남자아이들이 교실에서 더 활동적으로 움직이는 것으로 봐서는 그럴듯한 설명이다. 여자아이들은 얌전히 앉아서 교사의 말에 주의를 기울이는 반면, 남자아이들은 금세 팔다리를 꼼지락거리고 엉덩이를 들썩들썩하지 않는가! 그래도 남학생과 여학생 모두 신체 움직임을 통해 얻은 인지능력의 혜택을 보는 건 공통적인 사실이다.

건전한 마음과 건강한 신체

한 연구팀이 시카고에 있는 초등학교와 중학교에 다니는 학생들을 대상으로 능동적인 학습의 장점을 심층 연구하였다. 이들은 수업에 능동적으로 참여하는 학생들의 교실과, 주로 반복 연습에 의존하며 수동적으로 참여하는 학생들의 교실을 비교하였다. 결과는 놀라웠다. 연구가 이뤄진 4년 동안 학생들의 적극적인 수업 참여를 이끈 교실은 아이오와 기초학력검사Iowa Tests of Basic Skills에서 읽기와 수학 점수가 크게 향상되었다(Smith, Lee & Newmann, 2001).

그렇지만 능동적인 학습이 항상 순조롭게 이뤄지는 것은 아니다. 교사는 제한된 수업시간, 더 오랜 준비 시간, 부족한 자료, 그리고 가장 큰 난관인 학생들이 참여하지 않을 가능성 등 여러 가지 난관에 부딪힌다. 그러니 교사는 마음의 여유를 가져도 된다. 학생의 참여도를 높여 줄 창의적인 방법도 좋지만, 그저 강의와 토론을 적절히 섞어 주기만 해도 교실 분위기는 확연히 달라지기 때문이다. 학생들의 능동적인 참여를 이끌기 위해 어떠한 방법을 활용하든, 학업성취도가 향상되는 것을 보면 위험을 감수한 보람을 느낄 것이다.

여러 가지 난관에도 능동적인 학습을 시도한 교사들은 모두 뿌듯한 결과를 얻는다. 한 예로, 고등학교에서 수학을 가르치는 밀러 선생님은 해마다 학생들이 기울기 개념을 잘 이해하지 못해 걱정이었다. 그래서 문제지만 풀던 수업 대신, 능동적인 학습방법을 활용해 보기로 결정했다.

"학교에 설치된 장애인용 경사로와 축구장과 계단의 기울기를 아이들한테 측정하게 했습니다. 저도 수업이 즐거웠고, 아이들 또한 그랬으리라 생각합니다. 무엇보다 반가운 소식은 단원을 마치고 치른 시험에서 아이들이 기울기를 훨씬 더 잘 이해하는 것으로 나왔다는 사실입니다."

그렇다, 능동적인 학습이 효과를 본 것이다. 그러니 학습에 움직임을 결합시켜라. 앉아 있는 시간을 줄이고 움직이는 시간을 늘려라. 모의실험을 하고, 온몸으로 말하는 몸짓 게임을 하고, 활력 넘치는 분위기를 조성하라. 자연 현상이나 문학 속 캐릭터의 감정을 춤으로 표현하게 하라. 학생들을 전혀 새로운 인물의 감정 속으로 뛰어들게 하라. 재미없는 초청 강사, 대체 교사, 또는 학점을 따지러 온 학생과 실랑이를 벌이는 교사 역을 맡게 하라. 노래를 작곡하게 하라. 콜라주나 타임캡슐, 보드 게임을 만들게 하라. 과학 실험을 실시하라. 면봉과 공작용 색종이, 마시멜로와 이쑤시개를 들고 바쁘게 움직여라!

적용해 보아요!

✓ 아이들에게 자기만의 타임캡슐을 만들게 하자. 그리고 타임캡슐을 안전한 곳에 묻거나 보관해 두었다가 1, 2년 뒤에 꺼내게 하자. 그리고는 타임캡슐을 집으로 가져가게 하자. 아이들은 자신을 돌아보고 미래를 계획할 뜻깊은 시간을 보낼 것이다.

✓ 학교에서는 모의국회를 열고 학생들에게 각 지역 대표를 맡기자. 자료는 개별적으로 수집하고, 프레젠테이션은 함께 하도록 하자.

✓ 사회, 영어, 수학 과목의 수업과 관련된 보드게임을 만들자. 팀별로 협

심하여 창의적인 게임을 만들고, 다른 팀과 서로 교환해서 게임을 즐기도록 하자. 게임을 직접 만들어 놀면 교육적이기도 하고 즐겁기도 하다.

✓ 정치적 이슈에 대한 의견을 잘 드러낼 수 있는 차량용 스티커를 디자인하게 하자. 이것은 학습에 창의성을 결합하는 활동이다. '가장 작은 차에 어울리는 차량용 스티커' 등 다양한 기준을 정해 가장 멋진 스티커를 골라 보자.

✓ 인근에 있는 역사 유적 건물을 탐방하게 하자. 현장학습을 나가면 아이들은 지역 사회와 역사를 보는 시야를 넓힐 수 있다. 아울러 현장에서 익힌 지식은 기억하기 쉽고 오래 기억된다. 다양한 공간을 돌아다니다 보면 소뇌도 더 활발하게 작동할 것이다.

✓ 재활용 재료로 콜라주를 만들게 하자. 공작 활동은 사회 문제에 대한 자신의 견해를 소통하면서 자신의 예술적 감성도 표출할 수 있다.

✓ 균형 잡힌 식생활에 대한 광고를 만들게 하자. 아이들은 어떤 정보가 소비자에게 가장 중요한지, 어떤 문구가 눈길을 사로잡을지, 그리고 메시지를 어떻게 전달할지 분석하고 결정하면서 고등사고 능력을 개발할 것이다.

✓ 자신의 삶이나 학교, 지역 사회에 관한 안내 책자를 만들게 하자. '나는 누구인가? 무엇을 지지하는가?'를 고민하고 먼저 또래나 부모, 교사나 지역 주민 등 대상 독자를 선정하게 하자. 대상 독자 선정에 따라 책의 내용이 어떻게 달라질지 학생들끼리 토론하게 하자.

✓ 텔레비전 토크쇼나 재미있는 게임쇼 형식을 활용해 학습하게 하자. 아

이들이 직접 문제를 출제하고 점수를 매기며 사회자나 게스트, 게임 참가자를 돌아가며 맡게 하자. 물론 어른인 당신도 참가할 수 있다!

✓ 체육 교사의 경우: 학생들이 자신의 체력, 지구력, 유연성을 측정한 뒤에 그에 맞는 신체 단련 프로그램을 스스로 고안하게 하자. 학생들은 목표를 설정하고, 다른 사람이 아닌 자기 자신과 경쟁하게 될 것이다. 이 방식은 동료애와 협동심을 높이고, 체력도 길러 준다.

✓ 지역 사회가 직면한 어려움을 조사하고 해결책을 고안하여 교육청에 제안하게 하자. 이런 활동은 학생들에게 추상적인 사고를 할 기회를 줄 뿐 아니라 그들이 가진 지식을 바탕으로 지역 사회의 문제해결에 기여할 기회를 준다. 실질적인 기여의 경험은 학생들에게 동기를 부여하고 진정한 자존감을 키워 줄 것이다.

청소년 맞춤 지도법 1 | 아이들의 주의를 사로잡아라

첫 번째 목표는 아이들의 주의를 끄는 것이다. 아이들의 주의를 끄는 데 실패한다면, 그들이 무언가를 배울 가능성은 희박해진다. 주의력은 중요한 두 가지 목적에 기여한다. 그중 첫째가 생존이다. 우리 조상들은 낯선 사람, 천둥번개, 야생 동물과 같은 위험 요소에 주의하며 안전을 도모했다. 다행히 학교에서 생존의 위협을 주의해야 할 경우는 거의 없다. 그 대신 두 번째 목적, 즉 기분 좋은 상태를 유지하는 일에 주의력을 쏟는다. 오늘날 십 대는 혀에 피어싱을 한 예쁜 여학생, 초콜릿을 2단으로 쌓은 아이스크림, 라디오에서 흘러나오는 신나는 록

음악에 정신을 판다. 우스운 이야기, 끔찍한 사고 소식, 첫눈과 같은 것들도 십
대의 주의를 끈다.

뇌에는 온갖 감각으로부터 정보가 쏟아져 들어온다. 우리가 보고, 듣고, 만
지고, 냄새 맡고, 맛보는 모든 것이 눈이나 코, 귀 등의 감각 수용기sensory
receptor로 흘러 들어간다. 옷깃에 스치는 바람에서 교실의 회색 벽, 라디오에
서 흘러나오는 배경 음악까지 모두 감각 정보화되는 것이다. 뇌 아래쪽에 있는
뇌간은 호흡이나 혈압, 심장 박동 등 의식으로 조절할 수 없는 불수의적不隨意
的 생체작용을 조절하는데 뇌간 깊숙한 곳에 있는 망상체reticular formation는
모든 감각에서 들어오는 정보를 수집하고 각성 상태를 조절하는 신경세포 체계
이다. 예를 들어 교사의 행동과 말을 보고 듣는 것은 의식적 수준의 인지작용이
다. 한편 교실 벽이나 신고 있는 양말의 색깔이 눈에 들어오는 것은 무의식적
수준의 인지작용이다. 들어오는 모든 데이터에 뇌가 의식적으로 집중하기란 불
가능하다. 옆에 앉은 예쁜 여자애에게 반해서 관심을 기울이는 동안에는 자기
머리에 쓴 야구 모자의 느낌을 의식하지 못할 것이다. 치아 사이에 낀 시금치에
서 코트에 일어난 보푸라기까지 뇌가 받아들이는 정보가 엄청나게 많은데 사실
그 대부분을 기억하지 못하는 것이다! 그 많은 정보를 다 기억하고 처리하려면
뇌는 분명 과부하에 걸려 버릴 것이다.

십 대는 교실 뒤쪽에서 누가 겨드랑이로 방귀소리를 낸 것에 즉각적으로
강한 관심을 기울이는데, 광합성 작용에 관한 지식에도 이와 비슷한 정도

의 관심을 가지게 할 수 있다!

청소년의 뇌는 우리가 사는 세상을 많이 알고 싶어함에도 불구하고 정작 교실에 들어오는 교사에게는 관심이 별로 없다. 청소년의 뇌는 무엇보다도 새로움과 예측 불가능성에 관심이 높기 때문이다. 이 두 요소가 없다면 어떤 강의나 슬라이드 쇼도 학생들의 주의를 수업시간 내내 잡아둘 수는 없을 것이다.

행동 신경과학자 린다 스피어 박사(Linda Spear, 2000)는 새로움을 추구하는 십 대의 성향을 연구했다. 그 결과, 사춘기 동안 뇌에서 어떤 물리적 변화가 일어나느냐에 따라 십 대의 관심사는 크게 달라진다는 사실이 발견되었다. 다행히 새로움과 놀라움이란 요소는 어떤 수업에도 집어넣을 수 있다. 광합성에 관하여 장황한 설명을 늘어놓는 대신 식물과 태양등 조명을 직접 조작하게 하자. 해부도의 빈칸에 글자를 채워 넣게 하는 대신 개구리를 직접 해부하게 하자. 예상치 못한 것에 흥미를 느끼는 십 대의 타고난 호기심을 자극하면 교실의 학습 분위기를 높일 수 있다!

십 대에게 학교를 어떻게 생각하느냐고 물으면 십중팔구 이렇게 대답할 것이다.

"지겨워요."

"짜증나요."

"학교는 정말 형편없어요."

물론 친구나 이성 교제, 점심시간, 낙서 같은 것은 지겹지 않다. 청소년의 뇌는 새로운 것과 재미있는 일을 찾아 몰두하는데(Koepp et al., 1998; Spear, 2000) 그런 요소가 전혀 들어 있지 않은 교실 강의를 들으며 앉아 있는 것이야말로 십대의 집중력을 시험하는 일이다. 주의를 끌 만큼 재미있는 것이 적기 때문이다. 언뜻 보면 삶과 무관해 보이는 내용에 주의를 기울이라고 문제집은 강요하며, 강의는 수업 내용을 전달하는 데 효율적인 방식이지만 대개는 별 재미가 없다. 선다형이나 OX 형식의 객관식 테스트는 재미가 없으며 실생활에 적용하기도 극히 어렵다. 그런데도 강의와 문제집은 수업 내용을 전달하는 수단으로 여전히 각광받고 있다. 감정 구조와 인지 구조는 기억력을 증진시키는 강력한 무기인데, 이것을 고려하지 않고 지식 위주로만 지도하면 아이들이 배움을 늘려 가야 할 시간이 무의미하게 지나가고 마는 것이다.

학생들을 기분 좋은 경험에 참여시켜 이들의 주의를 끄는 전략은 교사와 십대 모두에게 좋다. 사람은 누구나 기분 좋은 경험을 원하기 때문이다. 관객을 즐겁게 만드는 방법을 아는 사람은 교육적 메시지를 전달하는 데도 성공할 가능성이 높다. 재기발랄한 중학교 3학년 학생 사이먼의 예를 보자. 그는 미국의 한 도시에 대한 프레젠테이션을 하면서 학생들의 주의를 확실히 끌었다. 사실 학생들은 이미 필라델피아에서 포틀랜드 사이에 있는 온갖 도시에 대해 십여 차례나 수업을 들은 터였다. 그래서 이번에도 별 관심 없는 대도시에 대한 장황하고 지루한 강연을 예상하며 마지못해 앉아 있었다. 그럼에도 불구하고 사이먼은 씩씩한 걸음으로 교실 앞으로 나와 이야기를 꺼냈다. 사이먼은 초점 없이 앉아 있는 학생들에게 정원의 접이식 의자에 앉아 카페라테를 마시며 먼 산을 바라보는 모습을 상상해 보라고 말했다.

"아주 상쾌한 아침입니다. 여러분은 지금 어디에 있을까요? 아스펜? 솔트레이크시티? 아뇨, 미아누스입니다."

사이먼은 아주 진지한 목소리로 말을 이어갔다.

"여러분은 미아누스에서 재미있게 할 수 있는 일이 뭔지, 그곳에 사는 사람들은 어떤 모습일지 궁금할 것입니다. 오늘 제가 여러분께 말씀드리려는 것이 바로 이것입니다."

교실에 있는 모든 눈이 사이먼에게 고정되었다. 학생들은 처음에는 믿을 수 없다는 듯 놀란 눈치였지만 곧 환호를 질렀다. 설혹 그의 말 속에 사실과는 다른 내용이 있다고 하더라도 두말할 필요도 없이 사이먼은 반 학생들의 주의를 끄는 데 성공한 것이다.

물리를 가르치는 번트 선생님도 마찬가지였다. 그는 어느 날 인라인 스케이트를 타고 교실에 들어와 학생들의 기분을 들뜨게 했다. 그리고 혼자 스케이트를 타는 것으로 모자라 학생들에게도 스케이트를 신겼다! 그런 다음 질량이 다른 두 물체의 힘과 속도를 알아보기 위해 서로 밀고 당기도록 했다. 생물학 수업시간에는 젊은데다 우람한 체격을 가진 존스 선생님이 분자의 회전을 설명하기 위해 직접 재주넘기를 선보였다. 이 두 수업시간에 조는 학생이나 딴생각에 빠진 학생은 단 한 명도 없었다. 다들 교사와 수업 내용에 주의를 집중했다. 학생들은 수업에서 시도한 활동으로 재미를 느꼈을 뿐만 아니라 의미있는 수업 내용을 익힐 수 있었을 것이다.

그렇다고 주의를 끄는 활동이 반드시 재미있어야 한다거나 학생의 참여를 유도해야 하는 것은 아니다. 고등학교 교장인 호프만 선생님은 한 초청 연사가 어떻게 전체 학생들의 주의를 집중시켰는지 설명해 주었다. 그 연사는 자기 동생이 음주 운전자의 차에 치여 죽었다는 이야기로 분위기를 숙연하게 만든 다음, 자신이 바로 그 운전자였음을 밝혔다. 학생들은 그의 이야기에 완전히 빠져들었고, 다른 학생들에게도 그 이야기의 메시지를 전달하였다. 다들 이야기의 주인공이 자기 자신인 양 동화되었는데 심지어 교장 선생님에게 전화를 걸어 자신의 자녀가 그 이야기를 듣고 얼마나 달라졌는지 이야기해 주는 부모들이 있을 정도였다.

학생의 주목을 끌어당겨요!

교사가 만약 학생의 이목을 집중시킨 상태라면, 이제는 그것을 유지하는 일만 남았다. 이를 위해서는 새로운 것을 보여 주는 것도 하나의 방법이고, 신체 감각을 활용하거나 호기심을 불러일으키는 것도 방법이 될 수 있다. 십 대를 가르칠 때는 모든 면에서 새로움을 자극해야 한다. 말하는 속도나 어조를 바꿀 수도 있고 긴 나팔바지를 입고 교실을 휘젓거나 다양한 색 분필을 활용해 칠판에 필기할 수도 있다. 교실에 꽃을 들고 들어가거나 레몬 향을 더해 보아도 좋다. 온갖 감각을 학습 현장에 동원하자.

레이놀즈 선생님은 9학년 영어 수업시간에 불어로 시를 소개하였다. 학생들의 놀란 표정을 보면서 선생님은 고등학교 시절에 썼던 불어책을 다시 꺼내든 보람을 느꼈다. 애먼슨 선생님은 입법부가 법안을 통과시키는 방법을 설명하면서 게시판 주변에 전구를 매달았다. 그리고 찬성하는 경우에는 초록 불을 켜고 반대하는 경우엔 빨간 불을 켜는 식으로 국회의 회의 모습을 흉내냈다.

그러나 교사가 꼭 연기자가 되어야 할 필요는 없다. 아이들 스스로 새로운 방법을 찾아 시도해 볼 수 있도록 격려하면 된다. 자리를 평소와 다르게 배치하거나 몸을 쓰는 과제를 내 주자. 아이들이 공부하는 모습을 비디오로 녹화해 보여 주거나 각자의 주의를 끄는 것이 무엇인지 스스로 찾아 보게 하는 것도 좋다.

아이들의 주의를 끌고 유지한다는 말은 그들이 다른 방해물에 관심을 빼앗기지 않고 교사를 바라보며 교사의 말에 집중한다는 뜻이다. 교실 벽에 걸어 놓은 그림이나 사진을 떼는 것이 좋다는 말이 아니다. 습관적으로 헛기침을 하거나 목걸이를 만지작거리는 등 학생들의 신경을 거스를 만한 습관이 교사 자신에게 있지는 않은지 생각해 보자. 수업시간 내내 교사가 연필로 책상을 몇 번 두드리는지, '오케이'라는 말을 몇 번 하는지 세는 일에 어떤 학생이 집중력을 사용하는 것을 당신은 전혀 원하지 않을 것이다. 우리가 바라는 것은 그런 식의 집중이 아니기 때문이다.

적용해 보아요!

✓ 신문이나 잡지에 실린 만화, TV에 방영된 만화 영화를 잠시만 보여 주어도 아이들의 기분이 좋아질 것이다.

✓ 수수께끼를 내자. '천장의 전구를 빨리 갈아 끼우려면 몇 명이 필요할까?'와 같은 것이다. (답은 세 명이다. 한 명은 전구를 끼우고 한 명은 사다리를 잡고 있고 다른 한 명은 피자를 시킨다.) 학생들에게 수수께끼를 직접 내 보라고 해도 좋다.

✓ 유행하는 노래를 들려주고 왜 그 노래를 좋아하는지 물어보자. 학생들은 자신의 관심사를 물어보면 집중한다.

✓ 최신 유행하는 광고를 보여 주자. 아마도 아이들은 수업 중에 그런 것을 보리라고는 생각하지 못했을 것이다.

✓ 학생들을 차례로 불러내 그 주에 배운 내용과 관련된 어휘를 칠판에 적게 하자.

✓ 교사나 부모가 중고등학교 시절 겪었던 일을 들려주자. 학생들은 자신들과 비슷한 학창 시절을 겪은 어른에게 친근감을 느낄 것이고, 이야기를 잘하면 아이들의 감성을 자극할 수 있을 것이다.

✓ 사탕을 나눠 주고 사탕을 이용해 글을 쓰도록 하자. 아이들이 사탕을 맛있게 먹으면서 오늘 배운 내용 중에 사탕에 비유할 만한 것이 무엇인지 써 보게 할 수 있다.

✓ 찰흙, 깃털, 고무 포장재를 나눠 주자. 공작 활동은 호기심을 자극하고 촉각을 활성화시킨다.

✓ 책상의 배치를 주기적으로 바꾸자. 공간 내부에 있는, 모든 물건의 위치를 바꿔도 좋다. 아이들이 앉는 자리만 바꾸는 것이 아니라 1년에 몇 번씩 전체적인 배치를 바꾸면 아이들은 더 큰 새로움을 느낀다.

✓ 학생들을 수업에 참여시켜라. 이따금 학생을 일으켜 세워 중요한 정보를 설명하게 하거나 핵심 개념을 대답하게 하라.

✓ 분위기를 조성하고 수업에 감정을 불어넣기 위해 시를 들려주자.

✓ 이민 청소년을 위한 봉사 프로젝트를 시작하도록 돕자. 또래 친구를 직접 돕는 활동은 의미 있는 일이다. 그런 프로젝트는 학생들의 흥미를 자극하는 데에도 좋다.

✓ 과제나 프로젝트를 훌륭히 완수하면 깜짝 파티를 열어 축하해 주자. 팝
콘을 만들어 나눠 주거나 밖에서 신나게 놀게 하자!

청소년 맞춤 지도법 2 ─ 고전적인 지도법들을 다시 검토하라

연구를 통해 전통적인 수업 요소 중 일부는 뇌 발달에도 도움이 되는 것으로 검
증되었다. 로버트 마자노(Marzano, Pickering, & Pollock, 2001)와 미국 중부지역
교육 · 학습 연구소Mid-continent Research for Education and Learning(McREL)의
연구진들은 교실에서 활용할 수 있는 10대 필수 전략을 제시하였다. 이러한 전
략을 활용한다면 십 대는 구체적인 사실 정보에 따라 학습하면서 동시에 추상
적으로 사고할 수 있는 능력 또한 키울 수 있을 것이다.

❶ 아이들이 학습한 내용을 요약정리하게 하자. 요약 기술은 정보를 분석하
면서 요점을 찾아내 간추리는 것이다. 학습 도중이나 수업이 끝나기 전
에 정보를 꼼꼼하게 살펴 간추리면 이해도가 높아진다. 배운 내용을 완
성된 짧은 문장으로 만드는 방식만 고집할 필요는 없다. 그날 공부한 여
러 개념을 서로 연결시키거나, 그날 다룬 내용을 요약하는 신문 헤드라
인을 쓰거나, 다음 시간에 무엇을 배울지 예측하는 방식도 좋다. 디지털
매체를 활용하여 요약 내용을 문자로 보내게 해도 좋다. 물론 휴대폰이
필수 조건은 아니다. 종이에 써도 좋다.

❷ 유사점과 차이점을 파악하게 하자. 뇌는 유사점에 따라 정보를 저장하고,

차이점을 이용해 정보를 분별하여 검색한다. 이것은 간단한 정보처리 방식이지만 시험에서 학업 성취도를 높이기 위해 흔히 활용하는 내용 정리 전략 중 하나다. 정보를 비교하고 분류하려면 고등사고 능력이 필요하다. 학생들은 먼저 정보를 분석하고 평가해야 그것을 어느 범주에 넣을 것인지 알 수 있기 때문이다. 벤다이어그램이나 도표, 그림 등을 이용하면 유사점과 차이점을 시각적으로 구별하기 쉽다.

❸ 은유와 비유를 활용하자. 은유와 비유는 고등사고 능력을 활성화시키는 효과적인 글쓰기 방법이다. 다음 문장의 빈칸을 채우는 방식이 얼마나 많은지 생각해 보라.

"청소년은 ________와(과) 같다. 왜냐하면 ________ 때문이다."

이 과제를 냈더니 경력이 있는 교사 한 분은 이렇게 썼다.

그림 3.3 유사점과 차이점을 정리한 벤다이어그램

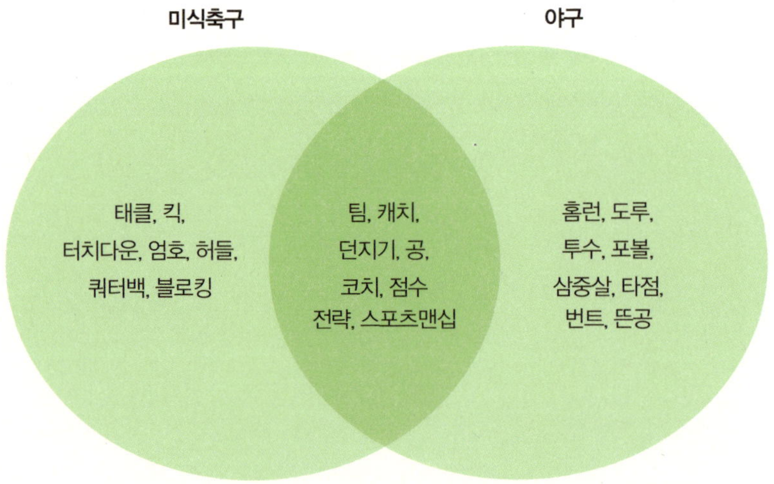

"청소년은 TV 쇼와 같다. 아주 재미있을 때도 있지만, 가끔은 누가 저런 걸 만들었을까 의아할 때도 있기 때문이다."

학생들은 다음과 같은 문장의 빈칸 채우기를 좋아할지도 모른다.

"인터넷과 ________의 관계는 뇌와 ________의 관계와 같다."

④ **자료를 비언어적 방식으로 제시하자.** 지식은 시각적·언어적으로 저장된다. 이상적인 학습을 위해서는 두 방식을 통합해야 한다. 그래픽 오거나이저*graphic organizer, 몸짓, 다중 지능 등을 두루 활용한다면 기억 기반을 강화시킬 수 있을 것이다.

⑤ **가설을 세우고 검증하게 하자.** 아이들이 그들의 지식을 직접 활용할 기회를 주는 것이 좋다. 탐구를 하기 위해 가설을 세우는 활동은 더 나은 뇌를 만드는 데 도움이 된다. 학교 급수 시설의 수질을 조사하거나, 신입생들과 졸업반 학생들의 생활 습관을 비교하거나, 학교 환경을 더 푸르게 조성할 방법을 연구해 보게 하자. 반드시 답을 찾아내야 하는 것은 아니다. 중요한 것은 답이 아니라 답을 찾아가는 과정이다!

⑥ **노력을 강조하고 성과를 인정하자.** 성과는 노력의 산물임을 가르치고 역경을 이겨낸 사람들의 사례를 들려주면서 이들을 본받도록 격려하자. 아이들이 기울이는 노력과 도전 정신 그 자체를 칭찬하자. 무엇보다도 아이들의 내적 동기가 가장 중요한데, 인정하고 칭찬할 때는 사탕이나 스티커 같은 외적 보상을 주기보다는 성취감을 주고 긍정적인 자아상을 수립하게 돕는 것이 좋다.

---

* **그래픽 오거나이저graphic organizer** 추상적인 아이디어나 정보 관계를 그림이나 표로 시각화한 것. 10장에서 자세히 다룬다.

⑦ 숙제를 내 주어 연습하게 하자. 어떤 기술이나 기능을 반복하면 기억하는 데 도움이 된다. 시냅스를 다시 점화하면 기억이 강화되어, 이후에 쉽게 기억이 떠오르기 때문이다. 숙제는 아이들로 하여금 배운 내용을 기억하고 연습하게 한다. 숙제는 다양한 형태로 내 줄 수 있는데, 암기하기(예 리보솜ribosome, 사이토플라즘cytoplasm, 프로테인protein을 'Robots Can Produce'로 암기), 다음날 공부할 수업 내용을 예습하기, 복잡한 내용 이해하기(예 에너지원을 비교하고 대조하기), 속도 높이기(예 플래시 카드) 등이 있다. 숙제 내용의 난이도와 숙제를 하는 데 드는 시간은 연령에 알맞게 내 줘야 한다. 열다섯 살 아이의 뇌 역량은 열여덟 살 아이의 뇌 역량과 같지 않음을 명심하라. 또한 부모의 도움은 적을수록 좋다. 숙제는 부모가 하라고 내 주는 과제가 아니기 때문이다.

⑧ 협동 학습을 활성화시키자. 학습과정에서 아이들이 서로 좋은 영향을 주고받을 수 있도록 하는 것이 좋다. 그룹을 소규모로 유지하고 구성원에 변화를 주자. 계속해서 '평범한 그룹'이나 '문제 그룹'에 있고 싶은 아이는 없기 때문이다. 최고의 학습전략인 협동 학습법으로 인터넷을 기반으로 하는 탐구활동을 하도록 한다면 아이들은 분명 새로움을 느낄 수 있을 것이다.

⑨ 목표를 세우고 피드백을 제공하자. 교사가 세운 목표는 학습 방향을 설정하는 데 도움이 되며 아이들은 그 목표를 자신의 목표로 삼을 때 주인의식을 가지게 된다. 장기 목표와 단기 목표는 따로 수립하는 것이 좋다. 목표에 대하여 피드백하는 것은 학습 방향을 바르게 조정하는 효과가 있는데 즉각적이고 구체적으로 피드백을 제공하는 것이 좋다.

⑩ 단서, 질문, 선행조직자*advance organizer 등으로 수업을 시작하고 강화하라. 즐거운 분위기로 수업을 시작하되, 전에 학습한 내용과 관련된 질

문이나 단서를 던져 학생들의 기억을 되살린 다음 그날 배울 내용을 개괄적으로 설명하자. 이때 처음부터 시시콜콜한 내용까지 알려 주어 머리를 복잡하게 만들지 말고 가장 중요한 내용에만 집중시키자. 세부 사항은 양념이지 주요리가 아니다. 학생들이 생각 없이 앉아 있거나 겉으로 보이는 것만 수동적으로 받아들이지 않도록 질문을 던져서 학생들이 학습내용을 항상 구체적으로 분석하고 새로운 각도에서 바라보도록 유도하자.

"어떻게 그걸 할 수 있었니?"

"다음에는 어떤 식으로 할 계획이니?"

"왜 그런 선택을 했지?"

"무엇을 근거로 그런 결론을 내렸지?"

"무언가 다른 수업에 적용할 만한 것을 배웠니?"

질문을 던진 다음에는 학생들에게 생각할 시간을 주자. 그들의 답변은 기다린 보람을 안겨 줄 것이다.

나는 생각한다. 고로 나는 배운다!

아이를 지도할 때 뇌와 관련하여 세 가지 사항을 기억해야 한다. 뇌는 한 번에 여러 가지 일을 처리할 수 있고, 도전적인 일을 즐기며, 능동적으로 학습할 때 시냅스를 만든다는 점이다. 즉 복잡한 사고 기능과 상호작용을 유도하는 교수전략은 뇌가 좀 더 효율적으로 작동할 기회를 제공한다.

---

* **선행조직자**advance organizer 새로운 학습을 받아들일 수 있는 안전한 인지적 구조를 마련하기 위하여 학습할 자료를 제시하기 전에 전체 내용이나 요점을 포괄적, 추상적으로 압축해 제시하는 언어적 설명을 말한다.

그러므로 청소년의 추상적 사고 능력을 활용해 지도하자. 고등사고 능력을 많이 활용할 수 있도록 문제해결 학습Problem-based Learning(PBL), 연구 프로젝트, 실험, 조사, 데이터 분석, 설득하는 글쓰기, 프레젠테이션, 드라마를 이용하고 꼭 음악이나 미술 수업이 아니더라도 작곡, 시각적 분석을 과제로 제시하자. 또 어떤 날은 사물함에 마리화나를 넣어 두거나 화장실 벽에 낙서를 할 경우 법적으로 어떠한 처벌을 받게 될지 예측하게 하고, 실제로 어떠한 처벌을 받는지 현직 변호사나 경찰관으로부터 설명 듣도록 할 수도 있다. 정치 문제를 주제로 만화를 그리거나 유행가 가사에서 인생철학을 찾거나 TV 쇼를 분석하게 하고 이성 교제, 부모, 섹스, 음주, 마약, 친구, 직업 등 다양한 주제로 토론하게 하자.

적용해 보아요!

✓ 아이들이 축구팀의 새로운 공격 전략이나 학생회 임원에 출마한 친구를 위한 선거 캠페인을 짜 보게 하자. 이러한 주제로 컴퓨터에서 정보를 수집함으로써 디지털 기기를 선용할 수 있다.

✓ 교사는 머릿속에 떠오르는 생각을 학생들 앞에서 소리 내어 크게 말하자. 작문 과제의 주제를 정하거나 삼각법 문제를 풀어 줄 때 생각나는 바를 학생들에게 말로 얘기하라.

✓ 범죄 사건이 일어났다고 가정하고 그 사건을 수사하게 하자. 이런 유형의 TV 프로그램을 만드는 일은 경찰이나 형사를 꿈꾸는 아이들의 관심을 끌 것이다.

✓ 두 명씩 짝을 짓거나 소그룹을 정해 주고 학생들이 서로 가르치게 하라. 상호교수법은 아이들에게 실력을 발휘할 기회를 줄 수 있는 좋은 교수법이다.

✓ 셰익스피어 작품의 한 장면을 현대물로 각색하게 하자. 그런 다음 두 글 간의 유사점과 차이점을 파악하고 설명하라.

✓ 아이들이 지역사회 인사를 만날 기회를 마련하자. 예를 들어 사업주와 인터뷰를 통해 청소년 근로자 고용에 대해 알아보거나, 지역 원로와의 대담을 통해 중요한 사건에 대한 어른들의 역사적 관점을 알아보게 하자. 또는 국회의원이나 시의회 의원을 따라다녀 보게 하자.

✓ 교사는 학생들의 다중지능을 이용하고 개발하도록 하자. 미국이나 각 대륙의 출산율을 표로 만들거나, 새소리를 듣고 적거나, 게임을 만들거나, 박물관을 견학하는 활동을 제공하자.

✓ 교사는 텔레비전의 정치 토론 프로그램을 시청하고 분석하자. 뉴스를 15분 정도 시청하고 어떤 주제가 십 대에게 가장 큰 영향을 미칠지 미리 파악하자. 산불, 테러와의 전쟁, 줄기세포 연구, 운동선수의 스테로이드제 복용 등 논란이 많은 사안을 주제로 글을 쓰게 하면 좋다. 인터넷을 검색하여 긴급 현안을 파악하고 수업에 활용하자.

✓ 학급 친구를 대상으로 설문 조사를 하고 데이터를 수집하여 분석하는 과제를 내 주자(예 학교의 스포츠 프로그램이 애교심이나 학업 성취도에 미치는 효과).

✓ 자선 활동을 위해 복권이나 추첨 경품과 같은 게임을 개발하게 하자.

수익금을 예측하고 게임이 어떻게 돌아갈지 시뮬레이션을 만들어 보게 하자.

✓ 학급 신문을 발행하게 하자. 시의적인 사회 문제(예 생물학자들은 어떠한 환경 정책을 지지하는가?), 역사(예 제1차 세계 대전), 허구적인 관점(예 제인 에어가 현대에 산다면 어떤 책을 읽을까?) 등 다양한 주제를 다루도록 돕자. 눈길을 확 끄는 헤드라인을 뽑고 머리기사도 작성하도록 하자. 카툰, 연예계 정보, 금융 정보, 상담 코너도 자유롭게 만들어 내도록 돕자.

✓ 외국어 교사일 경우: 해당 외국어를 쓰는 나라에서 학생들이 관광 가이드를 한다고 가정하고 그 나라에 대한 정보를 수집하게 하자.

✓ 중학교 교사일 경우: 특별한 테마가 있는 단원은 직접 체험할 기회를 제공하자. 전통 복식을 다룰 때는 전통 의상을 입도록 하고, 역사 유물을 배울 때는 박물관이나 유물 발굴 현장을 탐방하도록 하자. 환경 문제를 다룰 때는 지역 쓰레기 처리장을 방문하자.

피드백으로 학습에 영양분을 공급하라

뇌는 견제와 균형이라는 시스템에 따라 작동한다. 뇌는 방금 한 행동을 기초로 다음에 하게 될 인지적 움직임을 선택한다(Bangert-Drowns, Kulik, Kulik, & Morgan, 1991). 우리가 받은 정보를 명확하게 파악하고 수정하려면 피드백이 필요하다. 피드백은 뇌로 하여금 알고 있다고 생각한 것을 다시 조정하고 재평가하게 한다. 학생들에게 잘한 게 뭔지 잘못한 게 뭔지를 설명해 주고 바로잡아

주는 것이 가장 훌륭한 피드백이다. 상황을 어떻게 개선할지 또는 수정할지 제안하면서 긍정적인 피드백을 주면 스트레스를 이겨내는 데도 도움이 된다. 스트레스를 받아 아드레날린이 과잉 분출될 때 "괜찮아.", "잘했어.", "넌 해낼 거야."와 같은 말을 들으면 마음이 차분해진다.

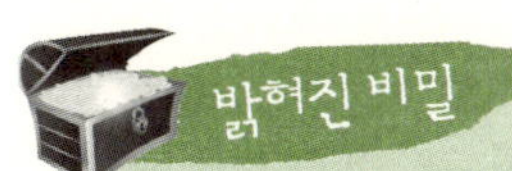

아이들에게 피드백을 주는 것과 관련하여 어른들이 그동안 생각하던 바를 재고해 볼 시점이다. 십 대가 피드백을 갈망하는 이유는 성적에 자신이 없다거나 관심을 받고 싶어서가 아니라 학습을 끝낼 수 있기 때문이다. 학습은 새로운 뉴런이 성장하고 새로운 시냅스 연결이 이뤄진다는 뜻이다. 한마디로 말해 뇌가 자극에 반응하는 것이다. 끊임없이 주변의 자극에 반응하는 일은 생명체의 기본 작용이다. 비가 오는 외적 자극에는 피할 곳을 찾고, 냄비가 뜨거우면 얼른 손을 뗀다. 배가 고프다는 내적 자극이 있으면 밥을 먹고, 세균이 침투하면 면역체계를 활성화시킨다. 또한 습득한 지식에 따라 뇌를 재구성한다.

피드백은 자극의 한 형태이다. 뇌가 피드백 자극을 전혀 받지 못하면, 학습 중인 정보에 반응할 까닭이 없다. 특히 십 대에게 피드백이 중요한 이유는 피드백에 따라 그들의 뇌작용이 변하기 때문이다. 만약 학생들이 스스로 한 학습에 대해 아무런 피드백을 얻지 못하면, 그들의 뇌는 어떤 뉴런을 키울지 또는 어떤 뉴런을 솎아낼지 결정하는 데에 어려움을 겪는다. 하지만 긍정적인 피드백을 받으면 뇌에 세로토닌이 분비되어 차분하

피드백은 뇌가 시냅스를 형성하고 가지치기를 진행하는 청소년기에 특히 필요하다. 아이들은 새로운 정보를 처음 접하면 곧바로 이해하는 데에 어려움을 느낀다. 뇌는 시행착오를 거치며 배우기 때문이다. 뇌가 새로운 정보를 받으면 어떤 뉴런은 활성화되고 어떤 뉴런은 활성화되지 않는다. 피드백은 학습 사이클을 완성하기 때문에 뇌로 들어온 원래 정보만큼이나 중요하다. 피드백은 십 대의 뇌가 어떤 뉴런을 작동시키고 어떤 뉴런의 스위치를 꺼야 할지 결정하도록 도우면서 동시에 잘못된 정보를 조정하고 수정하도록 돕는다. 뇌는 올바른 반응을 학습할 때까지 이런저런 결합을 시도한다. 아마도 뉴런 활동을 늘리는 것보다 없애는 것이 더 많을 것이다.

피드백이 유용하려면 시기적절하고 구체적이어야 한다. 피드백 때문에 영어 선생님에게 잔뜩 실망한 어느 아이는 이렇게 말한다.

"한 학기 내내 겨우 보고서 하나 썼을 뿐이에요. 그것도 학기 초에 작성해서 제출했는데 학기가 끝날 무렵 돌려받았어요. 보고서 겉장에 달랑 B라고 적혀 있더군요. 다른 평가는 없었어요. 너무 실망감을 느꼈어요. 선생님은 우리가 쓴 보고서를 제대로 읽지도 않았을지도 몰라요. 우린 뭘 고쳐야 하는지도 모르니, 실력이 향상될 여지가 없었죠."

이런 상황은 피드백에 있어서 최악의 시나리오로 어떤 학교에서는 교사가 과제물을 제때 돌려주지 않는 문제가 되풀이되기도 한다. 제출한 과제물을 몇 주

동안 돌려받지 못하면 학생들은 의욕이 떨어진다. 아무런 설명도 없이 점수만 달랑 적힌 보고서를 받을 때에도 마찬가지다(Marzano et al., 2001).

교사가 다중 평가 전략을 활용하면 과제를 평가하고 돌려주는 일을 제대로 할 수 있다. 공식 평가나 비공식 평가를 다양하게 활용하면 학생들과 활발히 소통할 수 있다. 종이를 나눠 주고 학생들이 잘 이해하지 못한 부분에 관해 질문을 쓰게 하자. 질문이 적힌 종이를 교실 전체에 돌리면서 각자 아는 질문에 한 가지씩 대답을 적게 할 수도 있다. 사진이나 영상을 첨가한 포트폴리오 과제물을 평가하는 과정에 학생들을 참여시킬 수도 있다.

즐거운 피드백

수행에 기반을 둔 평가는 학생들의 실제 활동을 평가하거나 실생활에 가까운 상태에서 평가를 내리기 때문에 교사가 만든 객관식 평가나 표준화된 시험과 다르다. 이러한 평가는 수행, 즉 학생의 능동적인 참여를 강조하고 일주일에서 한 달까지 장기간에 걸쳐서 이루어진다. 교사와 학생들은 강점과 약점에 신경 쓰면서 수행 과정을 평가하는데, 이때 발생하는 피드백은 시냅스 연결을 강화하도록 돕는다. 학생의 수행 과정과 결과를 평가할 수 있는 도구는 참으로 다양하다.

✓ 광고	✓ 사설	✓ 진정서
✓ 고민 상담	✓ 에필로그	✓ 라디오 프로그램
✓ 자서전	✓ 실험	✓ 판매 전략

✓ 영화	✓ 동화	✓ 스크랩북
✓ 캠페인	✓ 안부 카드	✓ 책이나 영화의 속편
✓ 일기	✓ 도표	✓ 시뮬레이션
✓ 프레젠테이션	✓ 그림	✓ 연설
✓ 패러디	✓ 헌사	✓ TV 광고

적용해 보아요!

✓ 새로운 단원을 학습하기 전에 배경지식을 확인하기 위해 학생들에게 짤막한 질문지를 나눠 주고 빈칸을 채우게 하거나 간단한 토론을 실시하자. 이러한 형성 평가formative assessment를 시행하면 수업을 어디에 서부터 시작할지 그리고 어떤 학생을 더 도와줘야 할지 정할 수 있다.

✓ 그날 다룰 내용 중에 중요한 용어나 개념을 골라 제시하고 학생들에게 그와 관련하여 떠오르는 것들을 적게 하자. 예를 들어 행정학 수업에서 학생들은 '자주권'이라는 용어를 보고 나면 미국 인디언, 인디언 보호 구역, 민족 자결, 권리 등의 단어를 열거할 것이다. 그런 다음, 학생들 끼리 짝을 지어 주고 각자 적은 목록을 비교하게 하자. 공통으로 적은 항목과 그렇지 않은 항목을 비교하면서 논의하게 하자.

✓ 수업을 시작하기 전이나 비디오를 틀기 전에 빈칸이 있는 요약문이나 빈 종이를 나눠 주자. 그리고 수업을 들으면서 빈칸을 채우게 하자. 이 러한 활동은 학생들의 집중력을 키우고 중요한 개념의 이해를 돕는다.

✓ 당신이 정해'준 항목을 기초로 학생들에게 메모리 매트릭스memory

matrix를 만들게 하자. 예를 들어 부의 출처, 부의 생산, 부의 분배, 인구 중심지 등의 항목을 기준으로 봉건제도와 상업주의를 비교할 수 있다. 이를 통해 학생들은 어떠한 정보가 중요한지, 무엇을 더 공부해야 할지 바로 알아차릴 것이다.

✓ 그날 수업 중에 다룬 내용과 관련하여 60초 보고서를 작성하게 하자. 1분은 아주 짧은 시간이지만 학생들이 수업 요점을 파악했는지, 아니면 별로 중요하지 않은 부차적인 내용에 집중했는지 단번에 알아차리기에는 충분한 시간이다.

✓ 그날 학습한 개념 한 가지의 장단점을 표로 작성하게 하라. 장점과 단점을 적으려면 단순히 사실을 암기하는 데서 벗어나 정보를 분석해야 하기 때문에 이러한 훈련을 하면 의사결정 역량을 키울 수 있다.

✓ 개념 지도concept maps를 활용하자. 개념 지도는 개념과 사실 간의 관련성을 보여 주는 그림으로 단순히 개념의 사전적 정의만 암기하는 것이 아니라 그 개념을 제대로 이해하고 활용할 수 있는지 여부를 보여 준다.

✓ 학생들의 포트폴리오를 보관하자. 각 작품마다 간단한 설명을 달아 찾아보기 쉽게 하자. 대개는 해당 작품이 수업 목표와 내용에 어떻게 관련되는지 주석을 달면 된다.

✓ 학생들에게 직접 시험 질문과 답변을 작성하게 하자. 질문을 잘 하려면 자료와 핵심 내용을 확실히 파악해야 한다. 당신은 학생들의 질문을 보면서 학생들의 부족한 면을 파악할 수 있다. 또한 그 질문을 연습 문제

청소년 맞춤 지도법 4) 학습에 체계성을 더하라

뇌는 새로운 정보에 담긴 패턴 파악을 통해 그 정보를 저장한다. 새로운 자료가 들어오면 뇌는 그 지식을 이해하는 데 필요한 배경 정보를 얻기 위해 기존의 신경망을 뒤진다. 새로운 정보가 가진 감각 정보(냄새 등)나 패턴, 관계 중 익숙한 것이 있으면 그것은 새 정보와 이미 저장된 정보 사이의 연결 고리로 작용한다. 만약 아무런 연결 고리도 찾지 못하면 뇌는 새로운 정보를 버린다. 대부분의 공부법과 학습전략이 이처럼 패턴을 해독하려는 뇌의 타고난 욕구에 맞게 만들어졌다. 뇌가 이러한 패턴을 활용하지 못해서 낙심한 아이들은 이렇게 중얼거린다.

"어디서부터 시작해야 할지 모르겠어."

"이런 숙제는 너무 지겨워."

"설명을 들을 때는 알겠는데 돌아서면 까먹는단 말이야."

그러니까 십 대에게는 새로운 정보의 패턴에 쉽게 접근할 수 있도록 돕고 인식의 틀로 사용할 만한 모델과 구조, 질서가 필요하다. 학생들은 과제의 절차나 방법 따위를 체계적으로 계획하기 위해 일정 계획표가 필요하다. 무엇을 할지도 모르는데 성과를 내기는 어렵다. 십 대 초반부터 자기 일정을 스스로 계획하고 정리하면, 나이를 먹어서도 그 습관을 유지할 것이다. 무엇을 얼마 동안 공부할지 결정하게 해서 시간을 안배하는 법을 가르치고, 어렵거나 지겨운 것을 먼저 공부하게 해서 정신력을 기르는 법을 가르치고, 공부할 때 인터넷으로 딴짓하지 말고 시간과 장소를 정해 집중해서 공부하는 습관을 들일 수 있도록 하자.

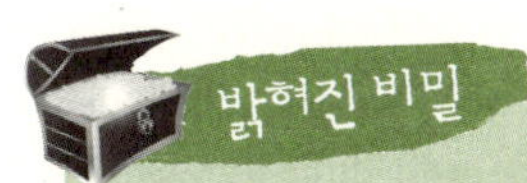

통념과 달리 십 대는 어른과 싸우고 싶어서 툭하면 반항하고 대드는 것이 아니다. 부모와 언쟁하고 싶어서 아침을 안 먹겠다고 하거나 값나가는 물건들을 빌려달라고 요구하는 것도 아니다. 부모나 교사가 침울한 십 대를 잘못 건드릴까봐 일부러 이들과 대면하길 피한다면 그것은 큰 잘못이다. 그보다는 십 대를 바르게 인도할 방법을 찾아야 한다.

뜻밖이라고? 다음과 같은 사항도 유념하자. 십 대는 진학 문제나 장래 계획 등 중요한 문제에서 어른이 안내해 주기를 바라고 실제로 안내받아야 한다(Schneider & Younger, 1996). 청소년이 바르고 건전하게 성장하려면 반드시 어른의 정서적 지원이 있어야 한다. 십 대가 교사의 충고에 거부감을 보인다고 해서 어리석게 그냥 물러서지 말자. 반항하는 것처럼 보

교사와 부모는 당연히 십 대가 삶의 질서를 확립할 수 있게 도와주어야 한다. 우리는 십 대에게 많은 것을 기대한다. 공부를 열심히 하고, 과외 활동에도 적극적으로 참여하며, 집안일을 도우면서 아르바이트로 용돈도 벌기를 바란다. 학생들은 눈코 뜰 새 없이 바쁘다. 많은 청소년이 온갖 활동에 내몰리느라 간식을 먹거나 중간에 옷 갈아입을 시간조차 없다. 그런데도 십 대는 맡은 역할을 꽤 잘해내지만, 만약 우리가 공부법을 알려 주고 그들에게 필요한 도움을 제공한다면 그들은 더 잘 해낼 수 있을 것이다.

수업을 들을 때 효과적으로 학습할 수 있는 방법을 지도하자. 중요한 정보는 강조하고 반복하기, 코넬식 노트 정리법, SQ3R(Survey, Question, Read, Recite, Review – 훑어보기, 질문하기, 읽기, 회상하기, 검토하기), 요약하기 등 다양한 필기 방법을 알려주고, 한 가지 스타일을 충분히 연습하여 수업을 들을 때 자동적으로 필기할 수 있도록 하자. 기억을 잘하여 장기적으로 공부 시간을 줄이려면 필기한 내용을 24시간 내에 복습해야 한다. 또한 뇌는 말보다 이미지를 더 잘 기억하기 때문에 그래픽 오거나이저나 그림, 차트, 그래프 등의 도구로 패턴을

구성하는 것이 아주 효과적이다.

나는 코넬식 노트 정리법을 선호한다. 정보를 다양한 방식으로 표현할 수 있고, 학생들이 다양한 필요와 목적에 구애받지 않고 사용할 수 있기 때문이다.

[청소년 맞춤 지도법 5] 암기 비법과 시험 전략을 제공하라

우리는 뭔가 도움이 되고 의미 있는 정보를 선호하지만, 살다 보면 따분하기 짝이 없고 의미도 찾기 힘든 정보를 억지로 암기해야 할 때가 많다. 이럴 때 학생들의 경우에는 연상용 단서를 이용하는 암기법을 활용하면 유용하다. 이 암기법은 연상되는 이미지나 글자로 정보를 기억하는 기법이다(Carney & Levin, 2000). 예를 들어 태양계 행성의 이름이나 각 달의 일수는 연상단어 암기법으로 쉽게 기억할 수 있다. 운율 맞추기나 두문자어頭文字語는 학생들이 기계적으로 외울 때 애용하는 학습전략이다.

교사가 연상단서를 제공해도 되지만, 이 암기법이 효과를 보려면 아이들이 연상단서를 직접 고안하는 것이 좋다. 그리고 어린아이에게는 청각 연상단서를 주는 것이 더 좋다. "모음 둘이 나란히 걸으면 첫 번째 모음만 말한다(When two vowels go a-walking, the first one does the talking.)."라는 식으로 비법을 알려 준다. (영어 단어 dream의 ea, train의의 ai 중에서 첫 번째 모음인 e와 a만 발음하고 두 번째 모음은 발음하지 않는다는 사실을 이렇게 설명한 것이다.) 반면에 청소년은 어린아이보다 지능이 높기 때문에 다음과 같은 시각 연상단서나 청각 연상단서를 모두 활용할 수 있다(Wang & Thomas, 1995).

- 체세포 분열의 4단계: PMAT

  prophase(전기), metaphase(중기), anaphase(후기), telophase(말기)
- 4대양의 이름: I Am A Person

  Indian(인도양), Arctic(북극해), Atlantic(대서양), Pacific(태평양)
- 전자궤도 8개의 명칭: Sober Physicists Don't Find Giraffes In Kitchens

  S, P, D, F, G, I, K
- 학용품을 내 방의 특정 장소와 결부시키자. 책가방은 책상에, 악기는 침대에, 체육복은 서랍장과 연결하는 식이다. 아침에 등교하기 전에 방안을 훑어보라. 학교 준비물을 다 챙겼는가? 체육복을 챙기지 않았을 경우, 서랍장을 보면 체육복이 떠오를 것이다.

- 아나폴리스Annapolis가 메릴랜드 주의 주도라는 사실을 기억하기 위해 사과 두 개two apples를 상상하자. 미네소타Minnesota 주의 세인트 폴St. Paul을 떠올리기 위해서는 성인聖人, saint이 홀짝이며sipping 소다수soda를 마시는 모습을 상상하자.

- 뇌신경 12개의 이름을 기억하도록 하기 위해 열두 개의 단어로 이뤄진, 운율감 있는 다음 문장을 생각하자. On Old Olympus Towering Tops, A Finn And German Viewed Some Hops. 뇌신경 12개의 이름은 다음과 같다. olfactory(후신경), optic(시신경), oculomotor(동안신경), trochlear(활차신경), trigeminal(삼차신경), abducens(외전신경), facial(안면신경), auditory(청신경), glossopharyngeal(설인두신경), vagus(미주신경), spinal accessory(척수 액세서리 신경), hypoglossal(설하신경)

시간 관리 전략과 시험 치르기 전략도 아이들에게 가르치면 좋다. 아이들이 정보를 기억하고 달력에 예정일을 표시하는 식으로 체계를 확립한다면 뒤죽박죽인 머릿속을 훨씬 더 질서 있게 관리할 수 있다.

공부 기법은 뇌를 체계적으로 연결하도록 돕는다. 시간은 없는데 공부할 것이 너무 많으면 아이들은 어쩔 줄 몰라 당황한다. 무엇부터 시작해야 할지 모르거나 정보를 충분히 이해할 시간이 부족하면 제대로 공부하지 못한다. 그러나 공부 전략을 알아 두면 좌절하거나 포기하지 않고 학업에 매진하여 성과를 올릴 수 있다. 아이들이 학업을 감당하고 주도적으로 공부하도록 돕기 위해 다음과 같은 전략을 알려 주자.

효과적인 공부 전략

- 필기를 잘하자. K-W-L 전략(아는 것What I KNOW, 알고 싶은 것What I WANT to Know, 배운 것What I LEARNED), 요약하기, 코넬식 노트 정리법 등 선호하는 필기 방법을 한 가지 선택하여 필기의 달인이 되자.

- 이미 가지고 있던 지식을 활용하자.

- 공책이나 쪽지나 컴퓨터에 정보를 체계적으로 정리하자.

- 공부 시간을 미리 계획하자. 자기 방 책상이든 학교 도서관이든 원하는 곳에서 매일 한두 시간씩 공부하는 습관을 들이자. 매시간 10분씩 휴식을 취하고, 계획을 반드시 이행하자.

- 공부한 뒤에는 요약하고 정리하자.

- 공부한 내용과 과정을 점검하자. 무엇을 더 보완해야 할지, 무엇이 이해가 안 가는지 따져 보자.

- 과제 기록장을 활용하자. 규모가 큰 과제는 항목별로 작게 나누고, 각 항목을 마칠 때마다 체크하자.

- 공부의 방해 요소를 제거하자. TV를 끄고, 채팅을 멈추고, 걸려 오는 전화는 음성 메시지로 받았다가 나중에 확인하자.

- 긍정적으로 생각하자. '생각을 바꾸면 인생이 바뀐다.'라는 말도 있지 않은가!

- 공부가 잘 될 때는 힘든 과제를 수행하자.

효과적으로 시험을 치르는 전략

시험에 대한 압박은 모두를 힘들게 한다. 이러한 압박감에서 해방되려면 교사는 가르치는 방식을 바꾸고, 학생은 자신에게 가장 효율적인 학습법을 활용하며, 부모 역시 평소와는 다르게 자녀들을 대해야 한다.

- 시험 준비는 수업 첫날부터 시작하자. 복습, 숙제, 독서, 출석은 모두 시험을 준비하는 중요한 과정이다. 불안감을 줄이는 최선의 방책은 철저히 준비하는 것이다.
- 나만의 공부 전략을 마련하자. 혼자 할지 아니면 그룹으로 할지, 암기 카드를 만들지 아니면 형광펜으로 강조할지, 이런 여러 방법들을 적절히 결합할지 등 나한테 맞는 방법을 먼저 결정해야 한다.
- 시험 치기 전에 배를 든든히 채우자. 뇌가 제대로 작동하려면 음식이 제공하는 에너지가 필요하다.
- 시험지를 받자마자 빠르게 읽어보면서 질문의 요점을 파악하자.
- 시험 치는 동안에는 긍정적으로 생각하자. 불안한 마음이 들기 시작하면 심호흡을 하거나 스트레스를 줄일 자기만의 전술을 활용하자.
- 가장 쉬운 문제부터 풀자. 가장 어려운 과제부터 도전하라고 했던 공부 전략과 반대로 접근한다.
- 모의시험을 쳐보자. 시험을 치는 일은 고등사고 기술이 필요한 일이다. 미리 시험을 쳐 보면 공부한 내용을 복습하는 효과도 있다.

🌿 십 대를 바꾸는 힘

"안녕!"

발을 질질 끌며 들어오는 학생들에게 교사가 반갑게 인사를 건넸다. 교사는 학생들에게 어젯밤 파티가 즐거웠냐고 묻기도 하고, 뒤지던 게임에서 막판에 동점을 기록한 사실을 칭찬하기도 하며 일일이 알은체를 했다. 학생들은 자리에 앉아 기분 좋게 재잘거렸다. 교사는 빈 상자를 돌리며 연필, 종이, 어제 본 영화표 등 사소한 물건을 아무거나 넣으라고 주문했다. 학생들이 물건을 넣으며 상자를 돌리는 동안, 교사는 스토리텔링의 예에 어떤 것이 있을지 학생들에게 질문을 던졌다. 물건을 다 채운 상자가 교실 앞쪽에 돌아오자, 교사는 자신의 증조할머니가 여성 참정권 운동에 참여했던 이야기를 꺼내며 스토리텔링을 시작했다. 이따금 상자에서 꺼낸 소도구를 이야기에 등장시키기도 했다. 학생들은 교사의 이야기에 완전히 빠져들었다. 잠시 후, 교사는 협동학습 과제를 위해 학생들을 모둠별로 나누고 상자에서 꺼낸 물건들을 몇 개씩 나눠 주었다. 학생들은 받은 물건들을 활용하여 스토리텔링을 시작했다. 시간이 지나고 교사가 정리하라는 신호를 보내자 학생들은 벌써 끝날 시간이 됐냐며 놀라워 했다.

아이들을 학습에 몰입시키는 힘은 교사에게 있다. 그리고 가정에서 아이들을 지도하는 부모에게 있다.

셰릴 G. 파인스타인

셰릴 G. 파인스타인Sheryl G. Feinstein 박사는 사우스다코타 주의 수 폴스(Sioux Falls)에 있는 오거스타나 대학에서 교육학과 부교수로 재직 중이다. 『Secrets of the Teenage Brain』 2nd Ed. (2009), Corwin; 『The Praeger Handbook of Learning and the Brain』2 vols. (2006), Praeger; 『Parenting the Teenage Brain: Understanding a Work in Progress』; 『Teaching the At-Risk Teenage Brain』; 『Inside the Teenage Brain: Understanding a Work in Progress』(2009), Rowman & Littlefield; 『101 Insights and Strategies for Parenting Teenagers (2009, 가을)』, Healthy Learning Publishers; 『Tanzanian Women in Their Own Words: Stories of Chronic Illness and Disability』(2009), Lexington Press 등 다수의 책을 출간했다.

오거스타나 대학에서 교수 활동을 하는 것 외에도 미네소타 주에 있는 사춘기 소년을 위한 교정 시설과 정서·행동 장애 청소년을 위한 별도 시설에서 상담 활동을 하고 있다. 2007년에서 2008년까지는 풀브라이트 장학금으로 탄자니아 이링가 주에 있는 추마이니 대학에서 강의를 하며 그 지역의 청소년을 연구했으며, 2006년 여름에는 영국 옥스퍼드 대학에서 선임 연구원으로 활동했다. 오거스타나 대학에서 강의하기 전에는 미네소타 주에서 K-12 학구의 행정관을 역임했고, 사우스다코다 주의 여러 공립학교와 미주리 주의 한 사립학교에서 학생들을 가르쳤다. 연락 가능한 이메일 주소는 'sheryl.feinstein@augie.edu'이다.

THE BRAIN

학교생활과 뇌

독서하는 뇌

"단어란 참으로 놀랍다. 말로 할 수도 있고, 귀로 들을 수도 있으며, 눈으로 볼 수도 있고,
글로 쓸 수도 있다. 뇌에는 이런 다양한 처리과정을 연결해 주는 일련의 경로가 있으며,
이러한 경로는 대도시의 교차로처럼 각 사고체계를 이어 주고 조절한다."

신경영상기법neuroimaging을 이용한 과학 연구가 엄청나게 쏟아져 나오고 있어서 교사들은 이를 실제 교실수업에 적용하려면 어디부터 공부해야 할지 난감할 수 있다. 4장과 5장의 목표는 뇌를 공부하되 교육하는 데 필요한 수준에서 이해하자는 것이다. 우리 뇌에서 읽기 해독 경로reading decoding pathway가 어떻게 발달하는지 살펴보면, 강의식 교수법이 얼마나 중요한지 알게 될 것이다. 오늘날 교육 제도는 아이들이 읽기를 배울 수 있도록 짜여 있다. 하지만 아이들이 읽기를 학습에 활용할 수 있도록 가르치는 방법은 그다지 알려진 바가 없다. 4장에서는 읽기를 배운 학생들이 읽기를 활용해 이해력을 향상시킬 수 있도록 하는 교수전략에 초점을 맞출 것이다. 구체적으로는 읽기와 쓰기와 철자법을 통합하고, 어휘력을 개발하기 위해 마련된 뇌의 '단어 형성 영역word form area'을 파악하며, 분석적 어휘를 분석하는 방법analytical word analysis

에 대해 알아볼 것이다. 또한 뇌가 의식적인 여과 시스템을 통해 정보의 과부하로부터 학생들을 지켜 내는 방법도 살펴본다. 끝으로 수업에서 시각화 전략을 시도해 보라는 당부도 빠뜨리지 않을 것이다. 학생들이 읽기를 하는 동안 마음속에 떠오르는 이미지에 대해 서로 이야기를 나누면, 해당 정보를 머릿속에 기록하고 기억하여 나중에 떠올릴 수 있는 가능성을 크게 높일 수 있기 때문이다. 실제 수업 사례가 연구결과를 보다 의미 있게 뒷받침해 줄 것이다. 학생들이 어느 수준 이상으로 읽기에 능숙해지면 그때는 고급 읽기 전략을 구사하는 것이 바람직하다.

읽기 기능의 발달

초등학교 저학년 때 읽기를 배우지 못하면 고학년이 됐을 때 옆에서 아무리 격려하고 도와줘도 공부를 잘하기 어렵다. 저학년 때 술술 읽고 해독할 줄 아는 능력을 키워 두어야 나중에 읽기를 활용한 학습이 가능하다. 그러기 위해서는 구어 경로oral language pathway를 조정해야 한다. 아이의 뇌에 해독 경로를 구축하는 일은 저학년 시기의 주요 과제이다. 만약 학생이 자동적이고 유창한 읽기 능력을 습득하지 못한 채 고학년이 되거나 중학교에 들어간다면, 비록 조금 늦었더라도 어떻게든 바로잡아야 한다.

초등학교 저학년 때 아이들은 말소리의 최소 단위인 음소phonemes를 발음 규칙과 함께 익히면서, 말을 소리 내는 뇌의 경로에서 몇 개의 신경회로를 파생적으로 발달시킨다. 그런 읽기 교육을 받은 대부분의 학생들은 말을 소리 내는 경로를 자연스럽게 읽기 해독 경로로 전환시킨다(Nevills & Wolfe, 2009). 그런데 일부 학생들은 말을 하는 데에 관여하는 신경회로를 읽기 해독 경로로 전환하기 위해 반복 연습과 검사를 필요로 하며, 소수의 학생들은 뇌가 자동 읽기 경로를 개발할 수 있도록 교사가 집중적으로 개입하고 도와줘야 한다. 그렇다면 말하기와 듣기를 위한 구어 경로와 단어를 읽고 파악하는 데 사용하는 경로는 서로 어떻게 다른 것일까?

뇌의 시각 센터에서 시작되는 읽기

말을 하기 위해서는 측두엽과 두정엽, 전두엽을 아우르는, 귀 쪽 부근의 한 신경회로가 활성화되어야 한다. 그리고 이때 말로 표현할 주제의 시각적인 영상을 떠올리기 위해 시각 연합 영역visual association area의 도움을 받는다. 그에 비해 읽기는 일단 외부의 시각 정보를 입력받은 다음, 그 정보를 다른 신경회로로 보내 전체 내용을 이해하기 때문에 뇌의 시각 센터visual center에서 활성화가 시작된다. 말하기와 마찬가지로 읽기에서도 뇌의 측두엽, 두정엽, 전두엽이 활성화되지만 처음에 자극이 입력되는 곳이 귀가 아니라 눈이다.

글을 읽으려면 우선 각각의 철자를 그것의 소리와 연결시켜야 하고, 이 소리들을 결합해 하나의 소리 덩어리로 구성할 수 있어야 한다. 그 소리 덩어리가 어떤 의미를 지닌 단어라는 판단이 서면 뇌는 그 단어가 어떤 의미를 지니고 있는지 확인하고 싶어한다. 그리고 단어의 의미를 알게 되면, 문장 속에서 그 단어의 앞뒤에 위치한 다른 단어들의 의미를 새롭게 확인하게 된다.

문자를 소리와 연결하는 각회Angular Gyrus

묵독 경로silent reading pathway는 서서히 발달하는데, 이 경로에는 각회(일명 모이랑)라는 조직이 포함된다([그림 4.1] 참고). 각회는 대뇌피질 뒤쪽에서 후두엽, 두정엽, 측두엽이 만나는 지점에 있다. 이곳은 시각단어 인식체계와 나머지 언어처리 체계 사이의 가교 역할을 하기에 안성맞춤인 위치다(Nevills & Wolfe, 2009). 게다가 각회는 구어경로의 일부인 헤쉴이랑Heschl's gyrus (일명 가로측두이랑)에 가까이 붙어 있다. 문자는 각회에서 해석되면서 소리로 전환된다. 우리는 이 소리를 음소라고 부른다. 그런데 어렸을 때는 음성언어와 문자를 연결하지 않고 그저 음성언어를 듣고 말하기만 한다. 아이들은 유치원과 초등학교 저학년 시절에 단어의 소리를 이용하는 놀이를 많이 한다. 그들은 노래를 부르거나 자장가를 듣거나 다음과 같은 언어 게임을 벌인다.

"'bake'의 b를 m으로 바꾸면 뭐라고 말해야 할까?"

"'dog'처럼 g로 끝나는 단어에는 무엇이 있을까?"

그림 4.1 뇌의 묵독 경로

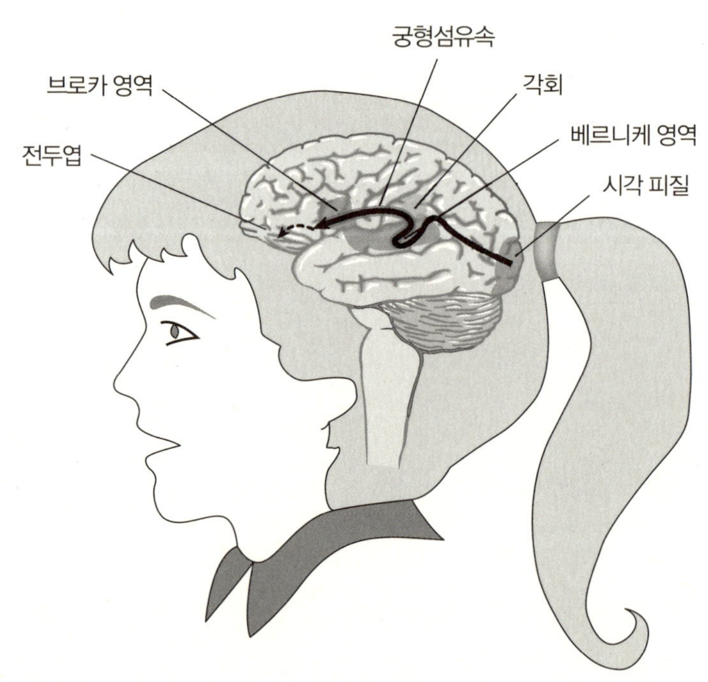

"'swim'의 가운데 소리는 뭘까? i가 이 경우와 똑같은 소리로 발음되는 다른 단어에는 어떤 것들이 있을까?"

아이들은 주로 유치원 시절에 이런 게임을 하거나 엉뚱한 말놀이를 이어나가는 등 다양한 구어 활동에 참여한다. 그러면서 각회를 경유하는 경로를 개발하도록 도와줄 장래의 교육을 준비하는 것이다. 구어 활동을 통해 아이들에게는 새로운 회로가 형성되고 활성화되며, 점차 실제 단어를 해독하고 문자를 소리에 연결할 수 있게 되는 것이다.

단어 놀이의 의미

글을 유창하게 읽으려면 우선 음성언어를 듣고 마음대로 조작할 줄 알아야 한다. 음성언어의 최소단위를 음소phoneme라고 부른다. 음소는 학생들이 문자와 소리의 대응관계를 모를 때 배우는 소리다. 예를 들어 사람의 뇌가 두 개의 반구hemisphere로 이루어져 있음을 알고 있다면 'hemisphere'라는 단어가 어떤 철자로 이루어졌는지 따지지 말고 어떻게 소리 나는지만 생각해 보자. 'Hemisphere'라고 발음할 때 구분되는 개별 소리의 수를 세어 보라. 가장 작은 소리 단위인 음소로 쪼개면 아마 'h-e-m-i-s-f-e-r'라는 8개의 개별 소리로 파악할 수 있을 것이다. 이번에는 뇌를 뜻하는 'brain'을 예로 들어 보자. b를 빼고 t로 바꾸면 'train'이라는 단어가 생긴다. 끝소리를 ps로 바꾸면 터벅터벅 걷는다는 뜻의 'traipse'가 된다. 이런 식으로 문자를 보지 않고 머릿속에서 말소리를 조작할 수 있게 되면, 뇌에서는 읽기를 대비한 새로운 사고 경로를 구축하게 된다. 그러므

읽기를 촉발하는 철자법과 글쓰기

단어의 철자를 제대로 아는 것과 쓰기 사이의 관련성은 명확하지만 철자법 지도와 성공적인 읽기 사이의 관계는 확실히 규명되지 않았다. 말라테샤 조쉬Malatesha Joshi, 레베카 트라이만Rebecca Treiman, 수잔 케리커Suzanne Carreker, 루이자 모츠Louisa Moats (2009) 등 여러 저자와 연구자는 철자법의 규칙과 예외를 분명하게 가르쳐야 한다고 주장한다. 단어를 구성하는 소리와 철자와의 관계를 아는 것이 읽기 이해력과 직접적인 상관관계가 있다고 믿기 때문이다. 올바른 철자법으로 글을 씀으로써 언어를 숙달하게 된다는 것이다. 아이들은 머릿속에서만 따졌던 소리를 문자로 쓰기 시작하면서 글을 쓰기 위해 적절한 단어를 고르고 그들이 읽는 단어의 의미를 생각하게 된다. 이 연구자들은 읽기 프로그램과 종합적인 철자 체계를 함께 가르쳐야 한다고 주장한다(Joshi et al., 2009).

철자법 교육을 살펴보면 학생들이 철자법 교육과 글쓰기와 읽기를 하나의 의미 생성 시스템으로 통합하는 데 뇌를 어떻게 사용하는지 알 수 있다. 철자법 교육이라고 하면 흔히 단어를 반복해서 외우고 쓰면서 기계적으로 암기하는 비선언적 기억nondeclarative memory (암묵적 기억)을 떠올릴 것이다. 하지만 오늘날 철자가 서투른 사람들을 살펴보면 대부분 철자를 익힐 때 소리와 철자 간의 관계는 배우지 않은 채 단어 전체를 하나의 그림처럼 인식하고 단순 반복적으로 쓰면서 익힌 것이 그 원인이다.

영어의 경우, 철자 체계를 종합적으로 가르치면 철자와 발음의 관계를 충분히 예측할 수 있다. 소리와 철자 간의 관계를 알고, 고대 영어·그리스어·라틴어 등 단어의 어원을 이해하고, 철자법이 적용되지 않는 단어의 개별 소리를 파악하면, 웬만한 단어는 쉽게 익힐 수 있다. 영어 단어의 약 4%에 해당하는 소수의 단어만 뇌의 시각기억 체계를 이용하여, 즉 철자와 소리 간의 규칙을 생각하지 말고 가르치면 된다. 철자법에 맞지 않는 단어는 기계적 반복학습으로 외워야 하겠지만 나머지 대다수 단어는 읽기 교재에 나오는 단어들을 활용해 가르치면 된다.

단어 해독과 철자법 교육을 결합한 일련의 교육은 유치원 때부터 시작된다([표 4.1] 참고). 유치원 시절에는 하나의 소리에 하나의 철자를 대응시키면서 철자의 이름을 익힌다. 또한 일견 단어*sight vocabulary를 익히기 시작한다. 미국에서 1학년에 입학하면 일반적인 자음과 모음 및 그것들을 사용한 글자들을 배운다. 그리고 쉬운 교재를 읽을 수 있도록 소리의 공통적인 패턴을 배운다. 또한 발음 규칙의 몇 가지 예외 사항도 배운다. 2학년이 되면 좀 더 복잡한 글자 패턴과 끝소리의 공통적인 패턴을 배울 준비가 된다. 다음절어多音節語, 강세가 없는 모음, 공통적인 접두사와 접미사는 3학년 때 배운다. 4학년 학생들은 라틴어에서 유래한 접두사, 접미사, 어근을 배운다. 그리스어가 결합된 형태는 5학년에서 7학년 사이에 배운다(Joshi et al., 2009). 아동의 뇌는 구어 경로

---

* **일견 단어** sight vocabulary 또는 sight word라고 불리며 1. 보는 순간 바로 인지하고 자동적으로 읽는 단어, 문장 속에서 자주 접하는 흔한 단어로 a, the, of, and 등 2. 발음 규칙을 따르지 않고 발음대로 철자가 쓰이지 않아 읽기를 배우는 사람들이 읽기 어려운 단어. 3. 그림으로 설명할 수 없는 대명사, 부사, 전치사, 접속사, 자주 쓰는 동사 등을 가리킨다.

를 구축하면서 점차 철자법 체계를 습득하여 생각을 글쓰기로 표현하게 된다. 철자법 체계를 습득하는 일은 발달과 동시에 확장하는 속성을 지니고 있는 읽기 체계reading system에도 대단히 중요하다.

표 4.1 단어 해독과 철자법을 결합한 프로그램(미국)

유치원 한 글자의 발음과 그 글자의 명칭, 일부 시각 단어를 익힌다.

1학년 자음과 모음 및 그 말소리를 만드는 문자, 쉽게 해독되는 단어, 일부 예외 사항, 확장된 시각 단어가 추가된다.

2학년 철자법과 글쓰기에서 좀 더 복잡한 글자 패턴, 단어 끝소리의 공통적인 패턴이 파악되고 적용된다.

3학년 읽기와 철자법 지도에서 다음절어, 강세가 없는 모음, 공통적인 접두사와 접미사가 발견된다.

4학년 읽기, 쓰기, 듣기, 말하기에서 늘어나는 어휘력에 라틴어에서 비롯된 접두사, 접미사, 어근이 추가된다.

5학년~7학년 내용이 있는 교재와 읽기 교재에 그리스어나 다른 언어에서 비롯된 단어가 발견된다(Joshi, Treiman, Carreker, & Moats, 2009).

들을 때보다 읽을 때 이해가 더 잘 되는 이유

단어란 참으로 신기하다. 말로 할 수도 있고, 귀로 들을 수도 있으며, 눈으로 볼 수도 있고, 글로 쓸 수도 있다. 뇌에는 단어를 전달하기 위해 다양한 감각과 사고 체계를 연결하는 일련의 경로가 있다. 이러한 경로는 대도시의 입체 교차로 같은 역할을 한다. 자동차들은 마치 뉴런처럼 사방에서 몰려오고, 이때 운전자들은 다양한 목적지를 향해 나아간다. 뇌에 들어온 단어들도 그와 마찬가지다. 읽기는 우리 눈이 단어를 나타내는 글자를 볼 때 시작되고, 말하기는 기억체계에서 묘사되는 생각이나 영상에서 출발하여 운동피질을 통해 이해 가능한 소리로 표출되는 것이다. 쓰기는 말하기와 비슷하게 시작되지만, 글을 쓰는 손의 운동제어를 통해서 이루어진다. 듣기는 귀로 들은 것을 기억체계에 저장하기 때문에 글로 쓰거나 따라 말하지 않는 한 당신이 무슨 말을 듣고 있는지 아무도 모른다.

우리는 사실 읽기, 쓰기, 듣기, 말하기의 네 가지 활동에 서로 다른 유형의 어휘를 사용하고 있는데 그 이유를 이해하려면 어휘와 관련된 온갖 활동을 살펴봐야 한다. 이들은 서로 밀접하게 연관되어 있으며, 학습자에게 매우 중요하다. 어떠한 유형의 어휘에 쉽게 접근할 수 있고, 어떠한 유형의 어휘가 더 큰 용량을 차지하는지 생각해 보자. 당신은 대화를 나눌 때와 읽을 때 중 어느 때에 복잡한 단어들을 더 많이 이해할 수 있는가? 왜 그렇다고 생각하는가?

말할 때 사용하는 어휘보다 읽고 쓸 때 훨씬 더 많은 어휘를 활용한다는 사실은 학생들도 거의 직감적으로 알고 있을 것이다. 읽거나 쓸 때 뇌가 자동 항법 모드로 조종되는데 이때 뇌는 장기기억에 저장된 방대한 어휘 사전에 접근할 수 있다. 하지만 말할 때는, 알고 있는 어휘 중에 발음이 가능한 어휘에만 뇌가 접근할 수 있다. 말하는 동안에는 듣는 사람이나 관객의 피드백을 해석하느라 뇌가 고난도의 단어를 찾을 여력이 없기 때문이다.

뇌의 묵독 (해독) 경로

단어의 소리, 철자, 그 자체 철자의 순서를 통해 그 단어의 정체를 잘 파악할 수 있도록 하면서 읽기를 종합적으로 지도하면, 구어의 처리 경로가 보강 및 재구성되어 묵독 경로silent reading pathway가 형성된다([그림 4.2] 참고). 혼자 힘으로 처음 글을 읽게 된 날을 기념하고 싶다 해도, 우리는 정확한 날짜는커녕 대략적인 나이조차 기억해 내지 못할 것이다. 우리는 초등학교에 입학한 뒤 어느 순간 책을 집어 들고 누구의 도움 없이도 그것을 읽어낼 수 있었다. 뇌가 글을 읽을 수 있도록 발달하는 과정은 그야말로 경이롭다. 신경과학에 따르면, 특정 신경체계를 이루는 신경회로의 축삭에 미엘린이 형성되면 그 신경체계가 더욱 효율적으로 작동할 수 있다고 한다. 또한 해당 경로의 축삭 주변에 교세포가 발달하면 읽기 해독 경로가 성숙한 단계로 발달하며, 그 체계는 읽기를 구축하

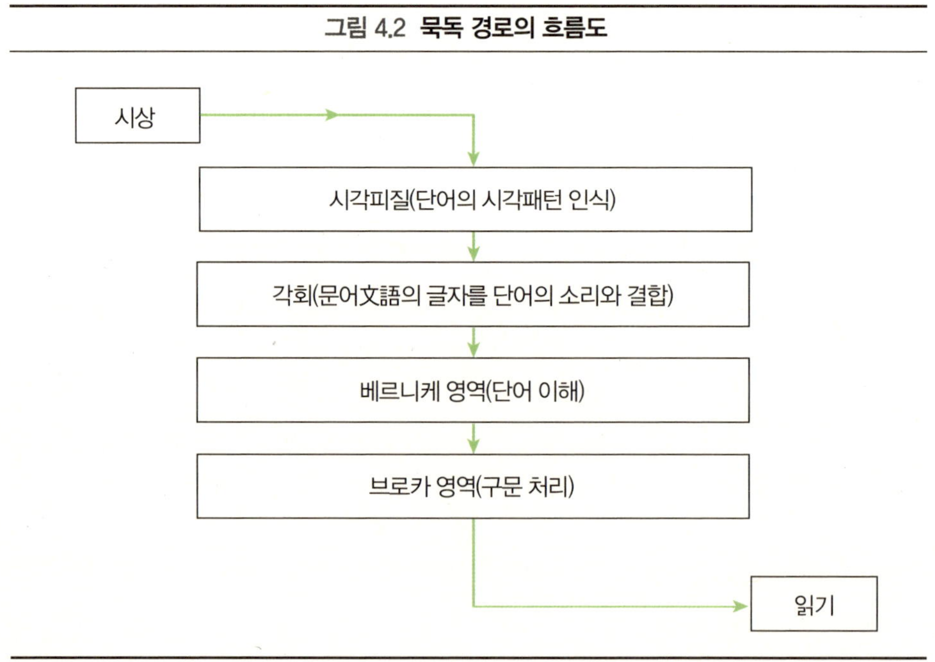

그림 4.2 **묵독 경로의 흐름도**

는 과정이 완료된 것이다. 읽기 해독 경로가 교세포로 코팅된 축삭을 가지면, 읽기는 자동화된다. 소리 내서 읽거나 조용히 읽으면서 읽기를 연습하고, 발음과 철자법 프로그램으로 철자법을 익히고, 단어와 구에 규칙과 예외 사항을 적용해 보고, 시각기억을 통해 시각 단어를 연습하던 그 모든 노력이 드디어 결실을 맺는다. 체계가 완전히 잡혔으니, 초등학교 고학년 학생은 더 이상 읽는 방법을 배우는 데 초점을 맞추지 않아도 된다. 물론 앞으로 더 다듬고 고쳐야 하겠지만 말이다. 이제 더 어려운 내용을 학습하는 일에 읽기 체계를 활용할 준비가 된 것이다.

이해하면서 읽기

초등학교 교사는 읽기를 가르치는 '원리'를 알고 있을 것이다. 지난 10년에서 15년 동안 교과서 출판사와 교육자들은 관련 연구를 부지런히 검토했고, 가르치기 위한 새로운 프로그램과 접근 방식을 배웠으며, 지도법에 새로운 읽기 절차를 꾸준히 적용해 왔다. 신경과학 분야의 전문가들은 임상적으로 읽기 치료를 받는 학생들의 뇌에서 읽기가 일어나는 과정을 정밀 촬영한 결과, 읽는 데 어려움이 있던 학생들도 체계적으로 가르치면 읽을 수 있다는 사실을 입증하였다. 이들은 뇌의 단어 식별 영역word identification area에서 미엘린 형성이 늘어났다는 증거도 확보하였다. 미엘린 형성이 늘었다는 말은 단어를 식별하는 과제를 하면서 그 단어와 관련된 두뇌 영역을 개발하고 활용했다는 뜻이다(Keller & Just, 2009). 직접적이고 체계적인 지도를 통해 과학적으로 가르치면 학생들이 정확하고 신속한 단어 해독자가 되는 데 필요한 기술을 익힐 수 있다. 학생들은 시각 단어를 연습하고 암기한다. 그와 동시에 읽을 때는 '누가, 무엇을, 언제, 어디서, 왜'라는 질문에 답하면서 낮은 수준의 이해력을 개발한다. 이런 읽기 교육과 기술 습득 과정의 대부분은 주로 학교에서 이루어진다. 우리는 기본적으로 학생들이 어떻게 읽기를 배우는지 알고 있다. 간혹 읽지 못하는 학생이 있다면 어떻게 도와줘야 하는지도 알고 있다.

불과 1990년대 초까지만 해도 감히 위와 같이 단언하긴 힘들었다. 하지만 그때 이후로 온 나라가 '독서 강국(a nation of readers)'을 만들고자 읽기 교육에 심혈을 기울여 왔다. 그러나 읽기 교사의 최종 목표는 학생들에게 단어를 읽히고 해독시키는 것이 아니다. 초등학교 고학년과 중고등학교 학생들을 가르치려면 수준 높은 교수 기법을 이용해야 한다. 교사는 기본적인 읽기 능력을 개발시키는 데 그치지 않고 학생들의 호기심 가득한 뇌와 높아진 학습 역량까지 충족시켜야 하는 것이다. 특히 나이가 많은 학생들일수록 읽기를 점점 더 복잡한 과제로 느낄 것이다.

읽는 뇌를 더욱 발전시키기

어린이에게 읽기를 가르치는 과정은 언어 교과에서 가장 많이 연구한 부분이고, 또 가르치기도 가장 쉽다. 지도 방법이 확실히 정립되어 있는 편이기 때문이다. 하지만 초등학교 고학년에서 고등학교로 갈수록 아이들의 뇌가 다양한 과제를 수행할 수 있어야, 많은 내용이 담긴 각종 정보를 배우고 이해하면서 읽을 수 있다. 그런데 연구자와 교수 설계자들은 이 부분을 충분히 인지하지 못한다. 학생들은 복잡한 어휘를 익히기 위해 방대한 단어 네트워크를 구축하고, 점점 더 길어지는 문장 속에서 단어 이해력을 높이며, 분석하고 종합해서 질문에 답하기 위해 뉴런을 뇌의 다양한 영역에 연결해야 한다. 그렇다면 이런 수준의 읽기는 과연 어떻게 가르칠 것인가?

자동구사능력automaticity과 유창성, 이해력이 수반되는 읽기는 초등학교 고학년 시기에 개발된다. 전문적인 읽기에 필요한 일련의 고등 사고 기술은 다음과 같다.

- 고급 어휘 개발하기
- 정보를 신속하게 생각해서 처리하기
- 구phrase와 문장의 집합collective sentences을 깊이 이해하기
- 단어 규범과 단어 네트워크에 익숙해지기
- 출판물을 평가하고 분석하기
- 체계적으로 생각하고 문제를 해결하기
- 글쓰기와 말하기를 위한 사고 통합하기
- 다양한 자료 출처에 접근하여 연구 보고서 작성하기
- 읽기에 의해 고무된 생각과 개념을 전달하기
- 정보 및 의사소통 체계로서 각종 디지털 기기 활용하기

읽기 능력에 필요한 뇌 영역을 활성화시키려면 각종 디지털 기기의 장점을 최대한 활용하는 것이 좋다. 다행히 교육자들과 제휴해서 연구하는 신경과학자들이 이러한 교육적 요구를 연구 가능한 분야로 보기 시작했다.

읽는 동안 머릿속에서 벌어지는 일들

단어를 발음하고 뜻을 파악하는 일은 초등학교 저학년 때 해야 한다. 학교

공부는 점점 더 복잡해지고, 학년이 높아질수록 학생들이 읽어야 할 분량은 크게 늘어난다. 대학생은 2~3일 만에 수백 페이지에 달하는 교재를 읽어야 할 때도 있다. 중고등학교 학생들이 상급 학교에서 필요한 읽기 능력을 갖추고, 후에 직장인이 되어 전문 기술서나 회사의 각종 서류를 읽고 이해할 능력을 갖추려면 무엇을 어떻게 준비해야 할까? 엄청난 양의 인쇄물을 읽어 내려면 평소에 다양한 자료를 읽고, 또 읽고, 또 읽어야 한다. 읽기를 위한 어휘력을 키우는 동안 뇌에서는 단어 형성 다발이 생긴다. 학생들은 점차 텍스트 내용에 따라 단어가 지닌 다양한 의미를 구별해서 파악할 수 있게 된다.

당신은 앞서 예로 든 'hemisphere(반구)'라는 단어가 다음 문장에서는 뇌를 가리키는 것이 아니라 우리가 사는 지구를 가리킨다는 사실을 알 것이다. "The northern and southern hemispheres are divided by an imaginary line called equator(북반구와 남반구는 가상선인 적도에 의해 나뉜다.)." 당신이 글을 읽는 동안 뇌의 다양한 영역 속 뉴런이 발화한다. 측두엽은 소리를 파악한다. 단어에 대한 감정이 두정엽을 흥분시킨다. 단어의 시각적 심상이 후두엽에 만들어진다. 이 모든 활동이 일어나는 10억분의 1초 동안, 전두엽은 이것들을 종합해 읽고 있는 내용을 이해하도록 도와준다. 뇌를 통해 여러 경로들이 지나가고 연결되면서 당신은 단어의 뜻이 무엇인지, 읽은 내용 중에서 얼마나 기억할 것인지 파악한다. 간단히 설명할 수는 없지만 읽기에 능숙해지면 당신의 뇌는 이 모든 일을 동시에 자동적으로, 무의식적으로 수행한다.

단어 형성 영역의 발달

아이들이 높은 수준의 읽기 능력을 개발하려면, 읽기에 맞춰 그들의 뇌가 무의식적으로 어떻게 작동하는지 다시 살펴봐야 한다. 샐리 셰이위츠(Sally Shaywitz, 2003)는 단어가 만들어진 구조와 철자, 발음과 의미를 살피기 위해서는 단어 형성 체계word form system를 활용해야 한다고 주장한다. 뇌의 후두엽과 측두엽이 만나는 지점에 이런 체계에 관련된 뉴런이 모여 있는 신경절ganglion이 있다. 어떤 단어가 마음속에 떠오르면, 그 단어 및 그 단어와 관련해서 저장된 모든 정보에 관한 일련의 뉴런이 활성화된다. 글을 잘 읽는 사람은 묵독하면서 의미가 통하도록 해석하기 위해 한 단어를 파악하면 곧바로 다음 단어를 파악하는 식으로 단어 형성 영역에서 화학적, 전기적 반응을 촉발하며 본문 내용을 빠르게 읽어 나간다. 글을 제대로 읽어내려면 단어를 상기하는 능력뿐만 아니라 후두엽과 측두엽 사이에 있는 단어 형성 영역에서 무의식적으로, 전광석화처럼 빨리 읽기 활동을 해 내는 능력을 갖추어야 한다.

교사는 읽기를 지도하고 사색적인 대화를 나누면서 학생들이 방대한 단어 형성 영역을 구축하도록 이끌어야 한다. 물론 4학년에서 12학년 동안에도 어휘를 배우고 공부하는 일은 여전히 중요하다. 교사이자 저자인 자넷 앨런(Janet Allen, 2009)은 일리노이 읽기 협회 학회Illinois Reading Council Conference에서 단어 네트워크상에 연결을 만드는 기법을 제시하였다. 교육자들은 단어 네트워크를 흔히 '배경 정보'라고 알고 있다. 교사는 먼저 교재 지문에서 중요 단어와 고유 명사와 관용구를 선택한다. 선택하는 어휘는 15개에서 20개 정도가 적당하다. 학생들은 짝을 이뤄서 각 단어나 구로 문장을 완성한다. 각 문장은 제시된 어휘 중에서 2개까지 포함할 수 있다. 그런 다음, 학급 전체를 대상으로 문장을 발표하게 하여 누구나 볼 수 있도록 적어 놓는다. 학생들이 문장을 말하면 칠판에 받아 적되, 어휘가 잘못 사용된 것이 아니라면 굳이 문장을 손보지 않는다. 내용상 맞지 않는 문장은 그냥 받아 적되, 학생들더러 베끼거나 따라 읽게 하지 않는다. 학생들이 작은 실수에 연연해서 수업에서 훨씬 더 중요한 부분을 놓치는 일이 없도록 하기 위해서이다.

학생들은 날마다 지문을 읽고 나서 앞서 발표한 문장이 맞는지, 틀리는지 판단하기 위해 각 문장을 다시 살펴본다. 학생들은 교재의 1/3 정도를 읽거나 책의 세 장章을 읽은 다음, 한 번 더 문장을 살펴본다. 읽은 내용을 깊이 생각하면서 단어를 다시 배치하거나 문장을 수정한다. 이런 유형의 풍부하고 상호적인 어휘 활동은 상호작용을 높이고, 배경 정보를 구축하며, 나중에 떠올릴 단어 네트워크를 강화시킨다. 앨런은 어떤 과목에서도 이러한 교수전략을 활용할 수 있다고 말한다. 예를 들어 생물학 수업시간이라면, 미리 공부할 단어를 교사가 선택해도 되고, 교재의 저자가 미리 정해 준 목록을 활용해도 된다. 또한 교재에 굵은 글씨로 강조된 단어를 선택해도 된다(Allen, 2009).

분석적 vs. 상황적 단어분석

유창하고 정교한 활동 패턴이 수반되는 읽기는 묵독을 하거나 소리내어 읽는 초기단계의 읽기와는 다르다. 고급 독자는 모르는 단어를 분석해야 할 때만 읽기 해독 경로를 활성화시킨다. 주엘과 뎁스(Juel&Deffes, 2004)가 실시한 연구는 높은 수준의 독자에게 적합한 단어 식별 기법을 설명한다. 오늘날 여러 교실에서 사용하는 읽기 관행과 달리, 이 연구는 '문맥이 주는 단서contextual clue'를 이용하여 단어를 식별하는 방식을 지지하지 않는다. 문맥을 통해 단어의 뜻을 유추하는 전략은 독자의 배경과 경험에만 의존하기 때문에 다음에 그 단어를 다시 만나도 뜻을 알아차릴 가능성을 높이지 못한다는 것이다. 흥미롭게도 뇌의 작동 원리와 상통하는 것은 맥락을 강조하던 읽기 교육의 관행이 아니라, 두 연구자의 주장이다.

학생들에게 어떤 단어의 특징을 알아내는 식으로 단어를 분석한 다음, 감각을 활용해 보라고 지시할 수 있다. 학생들이 그 단어의 모습, 소리, 느낌, 독자의 개별 관심사와 맞아떨어지는 정도를 파악하는 동안, 그 단어는 작업기억 속의 연합회로association loop에 계속 남아 있다. 이런 식으로 집중해서 분석하면, 다음에 말이나 글에서 그 단어를 만났을 때 기억할 가능성이 커진다. 또한 비슷한 단어가 있는 장기기억 저장소로 그 단어를 보낼 가능성도 커진다.

위의 두 연구자가 지지하는 접근법은 상황적 조건anchored condition을 이용하는 것이다. 이 전략에서는 단어의 특성, 첫부분과 끝부분, 어근과 소리에 초점을 맞추어 뇌가 가장 효과적으로 작동하는 방법을 설명한다. 학생들은 같거나 다른 뜻을 지닌 다른 단어를 찾기 위해 그 단어를 면밀히 살핀다(Juel & Deffes, 2004). 예를 들어 'The distinguished scientist tripped on his way to the platform where he was to receive an award(유명한 과학자가 수상을 위해 단상에 오르다가 넘어졌다.).'라는 문장에서 'distinguished'라는 단어는 서로 다른 의미를 지닌 'disgruntled, disgusted, disturbed, distraught' 등과 모습이 아주 흡사하다. 해당 단어의 첫 부분과 끝 부분만 살피면 위의 네 단어 중 하나와 같다고 착각할 수 있지만, 해당 단어의 가운데 부분이 다른 네 단어와의 차이를 만들어 낸다. 학생들은 분석적 접근법과 상황적 접근법을 결합하여, 같거나 비슷한 뜻을 지닌 다른 단어를 생각해 낸다. 예를 들어 'respected, honorable, admired(훌륭한)'처럼 뜻이 서로 비슷한 단어를 식별해 두면, 두뇌는 다음에 이 단어가 나올 때를 대비해 이들을 단어 형태 저장소에 저장시킨다. 전문적인 독자들이 상황적 단어 분석anchored word analysis 방법이나 분석적 단어 분석analytical word analysis 방법을 활용하면, 단어를 의미기억체계semantic memory system나 서술기억체계declarative memory system로 보내 기억할 가능성이 커진다.

🔖 없어서는 안 될 '두뇌 여과 시스템'

기침, 머리 위로 날아가는 비행기, 에어컨 모터 도는 소리, 그 밖에 수많은 방해 거리 등 불필요한 감각 자극은 마치 없었던 것처럼 기억에서 사라진다고 앞 장 章에서 설명했다. 입력 데이터를 위한 뇌의 중심 통제센터인 시상에는 억제성 뉴런inhibitory neuron이 있다. 이 특별한 뉴런은 뇌를 보호하는 역할을 한다. 감각계에서 들어온 모든 입력을 뇌가 다 생각하고 처리해야 하는 것은 아니다. 그중 대부분은 중요한 것에 대한 성가신 방해물에 지나지 않기 때문이다. 신경 과학 분야에서는 또 다른 억제체계inhibitory system를 밝혀내면서 우리 뇌가 과부하를 막기 위해 사용하는 체계가 훨씬 더 복잡하다는 사실을 알아냈다.

불필요한 정보를 여과하는 기저핵과 전전두엽 피질

연구자들은 뇌가 불필요한 정보를 여과하는 동안 기저핵과 전전두엽피질이 특히 활발하게 작동한다는 증거를 찾아냈다. 기저핵basal ganglia은 중요한 움직임을 조절하는 영역이고, 전전두엽피질은 합리적, 이성적 사고와 문제해결에 관여하는 영역이다. 인지과학자들은 기저핵의 기능을 밝혀냈다. 기저핵은 운동피질 아래 자리 잡은 피질하핵subcortical nuclei의 집합체이며, 전두엽피질을 조절하는 일에 관여한다(Nolte, 2002). 또한 기저핵은 자동적인 움직임을 조절하고 억제한다(Carter, 1998; Sylwester, 2005). 놀테Nolte는 기저핵의 다양한 역할과 기저핵의 구조에 숨겨진 전략을 다음과 같이 개괄적으로 설명한다.

"기저핵과 전전두엽 피질이 연결되어 있다는 것이 정확히 어떤 역할을 하는 지는 알 수 없지만, 최근 이러한 연결회로가 손상됐을 때 어떤 결과를 초래하는 지 뿐만 아니라 이 신경연결의 정상적인 기능에 대해서도 어렴풋이 짐작할 수 있을 만큼의 성과를 거두었다(Nolte, 2002)."

놀테(2002)가 언급한 연결은 전두엽과 두정엽과 측두엽 구조에 들어 있을 뿐만 아니라 다른 피질영역 대부분과 체감각피질, 운동피질, 시상, 기저핵에 들어 있는 복합회로multiple circuit 또는 순환회로loop를 말한다. 이 순환회로는 신경전달물질이 뉴런들 간의 연결을 촉발하거나 억제할 때 작동한다. 결론적으로, 기저핵은 운동 활동에 영향을 미치는 기존 역할 외에도 학습을 위한 연결을 강화하는 행동을 할 때, 또는 어떤 행동을 방해하거나 그 행동의 강도를 약화시키기 위해 행동을 억제할 때도 활성화된다.

여과 시스템에 대한 또 다른 연구

2004년 로스앤젤레스 캘리포니아 대학의 러셀 폴드랙Russell Poldrack과 폴 로드리게즈Paul Rodriguez는 분류 학습classification learning에 관심을 두었다. 그들은 기능성 자기공명영상을 활용하여 기저핵과 내측 측두엽medial temporal lobe 간의 상호작용을 조사하였다. 특히 학습하는 동안 내측 측두엽의 활성화와 비활성화가 어떻게 일어나는지 집중적으로 조사하였다. 그들은 학습자의 주의와 몰입이 뇌의 기억체계와 이렇게 관련되어 있는지를 밝히고자 했다. 그 결과, 주어진 과제의 부담스러운 정도와 학습자의 이전 성공적이었던 학습 경험을 토대로 서로 다른 기억체계가 뇌의 주의를 끌기 위해 서로 경쟁한다는 시사점을 얻어 냈다. 또한 기저핵과 상호작용하는 전전두엽이 서로 경쟁하는 기억체계 중 어느 것을 더 활성화시킬지를 조절하는 역할을 맡는다는 것을 발견했다. 이러한 뇌의 기능으로 인해 발생하는 여과작용 혹은 간섭 때문에, 작업기억이나 단기기억의 처리에 중요한 역할을 한다고 알려진 해마의 조절활동이 저해된다.

하지만 폴드랙과 로드리게즈(2004)의 연구는 학습이 일어나는 동안 뇌 구조에서 벌어지는 복잡한 상호작용을 제대로 설명하지는 못한다. 그들 외에 오리건 대학 심리학부의 멕컬로우와 보겔(McCollough & Vogel, 2008)도 학습과 학습자의 반응에 관심을 보였다. 그들은 맥넙McNab과 킹버그Kingberg가 수행한 연구를 분석하고 연구하였다. 맥넙과 킹버그는 연구에서 피험자의 시각 작업기억과 집중력을 조사하였다. 그들은 피험자들에게 집중을 위해 시각 자극을 의식적으로 선택하라고 요구하였다. 즉 피험자들은 특정 색을 지닌 물체를 선택하고 다른 색의 물체는 무시하라고 지시받았다. 집중할 대상을 미리 정해 주고 집중하라고 하면 뇌의 억제체계가 작동해야 한다. 이것은 시상에서 불필요한 정보를 무의식적으로 여과하는 것과는 다르다.

신경과학자들이 사용하는 영상기법은 추가로 다른 체계를 밝혀냈다. 기저핵 영역을 포함하여 전전두엽피질에서 활동이 늘어났다는 사실을 밝혀낸 것이다. 기저핵 구조는 정보를 촉발하거나 억제하기 위해 전전두엽피질과 함께 작용한다고 확인되었다. 지정된 과제를 하려면 피험자들은 작업기억으로 들어오는 정보 흐름을 통제해야 한다. 기저핵은 몸의 움직임을 통제하는 역할에 그치지 않고 '학습에 필요한 의식적 결정'에도 영향을 미친다. 이러한 최근 연구 덕분에 우리는 뇌가 자극을 선별적으로 받아들이고 학습에 중요한 것을 선택할 수 있다는 사실을 알았다.

여과 시스템과 수업

교육자들은 이 연구가 주는 시사점에 흥분하고 있다. 신경과학자들의 연구 덕분에, 교육자들은 수업 중에 제시하는 내용을 학생들이 어떻게 인지적으로 선택하고 몰입하는지 조금씩 알게 되었다. 성공적인 학습을 위해서는 학생들이 배움을 원해야 한다. [그림 4.3]을 보면, 뇌가 불필요한 정보를 처음에는 시상에서 거르고, 다음에는 기저핵과 전전두엽피질에서 거른다는 것을 알 수 있다. 기저핵 시스템이 뇌를 보호하기 위해 경찰관 역할을 하는 것이다. 즉 학습자가 불필요한 소음이나 방해가 되는 외부 자극을 차단하는 의식적 결정을 내리도

그림 4.3 두뇌 여과 시스템

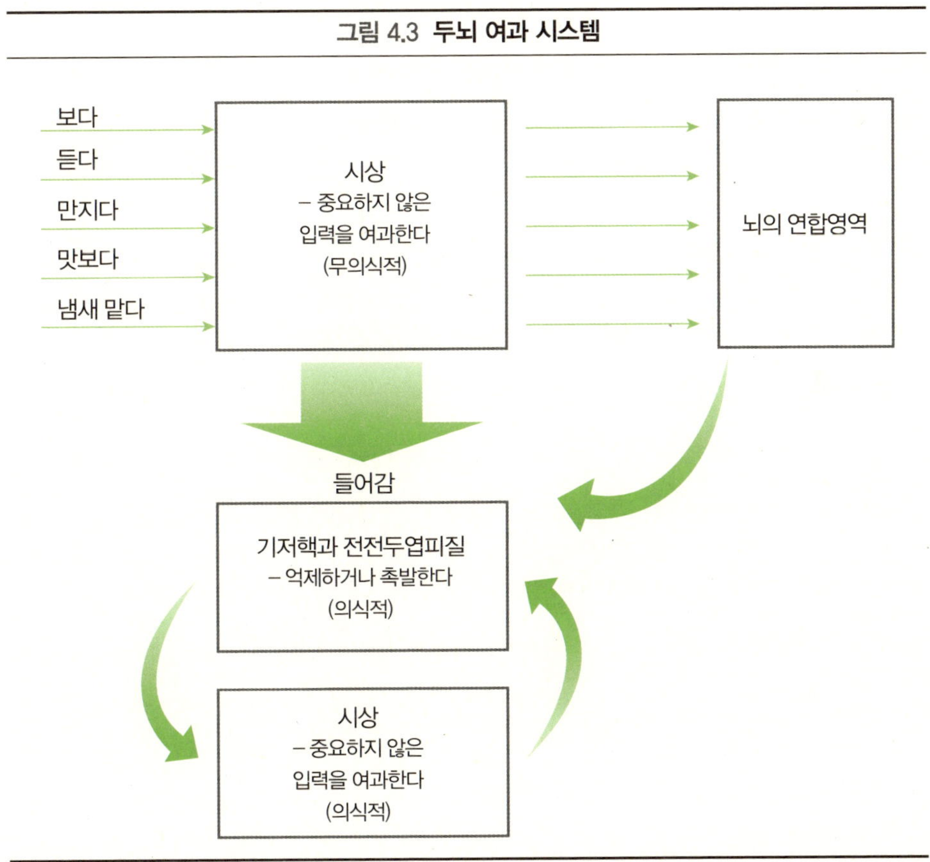

록 한다. 더 많은 고려가 필요해서 선택된 정보는 신경섬유를 타고 다시 시상으로 흘러들어 간다. 정보는 시상에 들어온 뒤, 정보해석을 위해 다시 뇌의 연합영역association area으로 보내진다. 한편 작업기억은 정보를 얼마나 자주 시연rehearse하고 신정보를 구정보에 얼마나 지속적으로 통합시키고, 정교화시키는지에 영향을 받게 된다.

학생들은 더욱 집중하여 노력할 가치가 있는 것을 의식적으로 선택한다. 학생들을 수업내용에 억지로 집중시킬 수는 없지만, 호기심이 넘치는 뇌의 속성에 적합한 학습환경을 조성할 수는 있다. 학생들에게 뇌가 새로운 정보에 어떻게 반응하는지를 가르쳐 주고, 학생들이 받아들인 정보를 각자 시연하고 재확인하는 데 어느 정도의 시간이 필요한지를 추정하도록 돕는 것은 진짜 배움이 일어나게 하는 효과적인 지도법이다. 결국 학생들이 배우겠다고 선택한 정보는 기록하고 기억하고 회상하기 위해 장기기억으로 보내진다.

배워야겠다고 마음먹는 일의 중요성

우리는 앞에서 뇌가 어떤 단계를 거쳐 정보를 소유하고, 통제하여, 장기기억 속에 기억해 둘지 살펴보았다. 각 단계는 R로 시작하는 단어로 표현된다. 즉 recognizing(인식), reducing(감소), recording(기록), remembering(기억), recalling(회상)이다. 뇌가 어떤 식으로 작동하여 장기기억에 다다르는지, 각 단계에서 일어나는 일에 대해 이야기해 보자.

자, 이제 새로운 정보를 하나 더 이야기해 보겠다. 우리는 기억체계가 감각기관을 통해 입력되는 정보의 극히 일부분만 인지한다는 사실을 알고 있다. 정보는 대부분 잊힌다. 그런 정보는 굳이 기억하거나 생각하지 않아도 된다. 그런데 정보를 여과하고 어떤 정보가 기억할 만한 가치가 있는지 판단하는 것을 도와주는 또 하나의 시스템이 있다. 그 영역이 바로 이마쪽에 있는 전전두엽 피질이다. 전전두엽 피질은 기저핵이라는 작은 구조와 함께 활동한다. 신경과학에서는 기저핵 체계를 무의식적인 신체 움직임을 통제하는 곳으로 파악하였다. 새로운 연구결과, 기저핵은 우리가 감각기관으로부터 받은 정보를 시연rehearse하고 기억할 만큼 관심이 있는지 판단하도록 돕는다. 예를 들어 유전학 수업시간에 살아 있는 유기체의 특질을 자손에게 전달하는 생물학적 과정을 공부한다고 하자. 선택은 각자에게 달려 있다. 우리는 어떤 정보를 매우 흥미롭게 여기고 반드시 알아야 할 만큼 중요하다고 생각하여 열심히 공부하기로 마음먹을 수 있고, 또는 그 정보를 지겹다고 생각해서 그냥 흘려들으면서 인지 에너지를 적게 들이기로 마음먹을 수도 있다. 일단 특정 학습 정보를 받아들이기로 선택하면, 의미 있고 흥미로운 정보만 선택하여, 기록하고, 기억하고, 회상하는 일련의 절차를 거쳐 그 정보를 처리할 것이다. 이 주제를 건성으로 배우겠다고 선택하면, 좋은 점수를 받기 어렵고 상급학교나 어른이 된 후 필요할 때 그 정보를 전혀 기억하지 못할 가능성이 커진다.

단어를 시각화하여 의미 이해하기

학생들은 읽으면서 내용을 이해해야 하지만 그 과정이 그리 만만치는 않다. 능숙하게 읽으려면 후두엽과 뇌의 시각 체계가 반드시 활성화되어야 한다. 이번에도 신경과학이 뇌에서 벌어지는 상황에 대한 통찰을 준다. 흥미롭게도 어린 아이의 시력이 발달할 때, 시각 체계가 아주 중요하다. 어린아이들은 우선 물체를 보고, 이름을 붙인 다음, 단어를 발음하도록 배운다. 또한 시각 연합 체계 visual association system가 발달하면서 아이들은 말하기를 배운다. 읽기를 배울 때 아이들은 시각 체계를 통해 개별 문자와 조합된 문자 형태 안에서 임의의 형상을 보고 해석하게 된다. 상징적인 어떤 기호가 입력되면, 그 종이에 쓰인 단어가 무슨 의미인지를 이해하기 위해 이전에 장기기억에 저장된 이미지와 연결하게 된다. 읽기 과정은 후두엽이 제공하는 그림에서 발전된 구어 경로에서 시작한다. 능숙한 독자가 그림에서 무엇이 읽히는지 해석하려고 단어를 다시 뇌의 시각 연합 센터로 돌려보내면서 읽기는 방향을 전환한다. 이 과정은 그리 간단하지 않다. 그림이나 심상만 읽히는 것이 아니라 때로는 감정과 기분까지 불러일으키기 때문이다. 이해하면서 읽으려면 뇌의 물리적 구조와 역량을 훨씬 더 많이 활용해야 한다. 이는 읽기 해독 경로를 통해 단순히 단어를 파악하는 것보다 훨씬 더 발달된 읽기 행동이다.

일찍이 1986년에 낸시 벨Nanci Bell이 이해력의 시각적 측면을 활용하는 교수전략을 주장하였다. 벨의 교수 도구인 『언어 이해와 사고를 위한 시각화와 언어화Visualizing and Verbalizing for Language Comprehension and Thinking』(Bell, 1991)는 교육 분야에서 상당한 관심을 불러일으켰다. 당시는 '읽기 뇌reading brain'와 읽기 뇌의 복잡한 경로에 대해서 알려진 게 별로 없던 시절이었다. 물론 지금은 뇌가 단어를 익힐 때 시각체계를 이용하여 정보를 받아들이고, 그렇게 시각체계에 저장된 정보를 활용하여 새롭게 읽는 단어를 이해한다는 사실이 널리 알려져 있다. 벨의 교수 기법은 잘 읽는 아이들에게 도움을 줬지만, 이해력에 대한 질문에는 답하지 못하였다. 벨은 시각 이미지를 만들어 지문을 이해하는 것과 읽은 내용을 생각하는 것 간에 직접적인 관계를 발견하였다. 학생들에게 읽으면서 마음속에 그림을 그려 보라고 하고 떠오르는 그림을 말로 기술해 보라고 하자. 학생들이 상상한 바를 설명하고자 선택한 어휘를 보면, 같은 지문을 읽어도 비슷하지만 동일하지 않은 이미지를 떠올린다는 사실을 알 수 있다. 장기기억 체계에 저장된 각자의 독특한 기억 때문에 저마다 다른 이미지를 창조한다는 사실을 신경과학 전문가들은 알고 있다. 단어 형성 다발이 활성화되어 저마다 각기 다른 그림을 떠올린다. 시각화와 이미지 형성을 활성화시키는 유도질문의 예를 살펴보면 다음과 같다.

- 당시 사람들 모습이 어떠했을지 생각해 보자. 이 지역에 사는 사람들의 특징을 기술하자.
- 엄마 회색 곰과 아기 곰을 마음속에 그려 보자. 두 동물 간에 내재된 특징을 설명하기 위해 어떤 단어를 사용할 것인가?
- 책에서 읽은 역사적 인물을 마음속에 그려 보고, 친구들에게 그 사람을 어떻게 설명할지 생각해 보자.
- 윌리엄이라는 아이의 이미지를 마음속에 그려 보자. 윌리엄이 돈을 숨기다 들켰을 때 어떤 기분이 들지 설명할 단어를 선택하자.
- '장엄한'이라는 단어는 무슨 뜻인가? 기억나는 장엄한 장면을 기술하자.

이러한 유도질문에는 정답이나 오답이 따로 없다. 서로 생각을 말하면서 활발한 대화가 오갈 것이다. 학생들은 지문을 읽은 후에 마음속에 떠오르는 시각적 이미지를 토대로 추론하거나 예측해야 하기 때문에 깊이 생각해야 한다.

신경과학에서 밝혀진 사실들은 교사와 부모가 청소년기 후반의 학생들을 이해하는 것을 돕는다. 십 대들은 성장함에 따라 인지적 혹은 신체적으로 성숙해 가지만, 그래도 아직은 어디로 튈지 모르는 학습자이다. 중고등학교 교사들은 성인들이 저마다 선호하는 학습방식이 다르듯이 고등학생들도 선호하는 학습유형이 다르다는 사실을 잘 알고 있다. 하지만 교실수업은 학생들의 학습유형 차이를 고려하기보다는 획일적인 학습관행에 젖어 있는 것 같다. 십 대들의 교육에 있어서 교사는 그들 모두의 뇌가 지금 엄청난 변화를 겪는 과정 중이라는 사실을 반드시 명심해야 한다.

파멜라 네빌스

파멜라 네빌스Pamela Nevills는 교육 분야에서 다양한 직책과 지도자 역할을 맡고 있는 교육자이다. 초중등 학교 교사로 첫발을 내디딘 후, 유치원생부터 고등학생까지 다양한 학생들을 위한 프로그램을 관리, 감독하였다. 처음에는 자치구 수준의 프로그램 운영자로 시작했으나 점차 교과과정과 교육 전반을 아우르는 프로그램을 운영하며 교원 양성가로서 전문성을 키웠다. 또한 교원 전문성 개발, 학생 직업 연수 프로그램, 네 개 주에 걸쳐 진행된 수학 연구 프로젝트 지원, 읽기/언어 교육 자료선별 자문활동 등을 펼쳤다. 그 밖에 리버사이드에 있는 캘리포니아 대학의 학생 및 인턴 교사 감독관을 맡고 있으며, 다양한 주제의 방법론 강연가로 활동하고 있다. 패트리샤 울프Patricia Wolfe 박사와 『Building the Reading Brain』을 공동 저술하였다. 캘리포니아 주에서 발행되는 《교직원 연수 저널(Journal of Staff Development)》과 각종 기관의 뉴스레터에 기사를 기고한다. 최근에는 수학과 관련된 신경과학 분야에도 관심을 두고 있다.

네빌스 박사는 아동 교육과 성인 교육을 겸하고 있으며, 신경학, 마인드 이미지 훈련, 교육 신경학에 관한 연구를 하고 있다. 뇌 기능에 대한 정보를 학습과 결합시켜 교사가 학생들을 지도하는 데 필요한 통찰력을 키워 준다. 구체적으로는 교사들이 기억 체계를 이해하고, 학생이 수업에 적극 참여하게 하고, 학생의 관심과 집중력을 유지시키며, 학생이 글을 잘 읽을 수 있도록 뇌 상태를 조직하고, 자동적이고 심층적인 기억을 위한 학습방법을 조직하도록 도와준다. 상담가이자 강연가인 네빌스 박사는 국내외 수많은 전문가들과 교류하고 있다.

박사의 웹사이트는 'pamelanevills.com'이다. 주소는 '1619, Tecalote Drive, Fallbrook, CA 92028'이며, 전화번호는 '(760) 723-8116', 이메일 주소는 'panevills@earthlink.net'이다.

수 개념구조의 발달

- 5세의 수 개념구조
- 7세의 수 개념구조
- 9세의 수 개념구조
- 11세의 수 개념구조

두뇌가 곱셈을 처리하는 원리

- 구구단 배우기는 왜 어려울까?
- 곱셈과 기억
- 우리가 구구단을 가르치는 방식은 직관적인가?
- 언어 능력과 연산 능력의 관계
- 구구단 암기는 유용할까, 유용하지 않을까?

계산하는 뇌

"수학은 진리뿐만 아니라 궁극적인 아름다움도 담고 있다.
조각과도 같은 냉철하고 엄격한 미(美) 말이다."
— 버트런드 러셀

아이들은 적은 수량을 세는 법을 자연스럽게 익힌다. 자발적이든 또래를 따라 하든, 간단한 수를 세어 가며 연산을 익히기 시작한다. 손가락을 동원해서 더하기를 하다가 차츰 손가락을 쓰지 않고 더하는 법을 배우고, 여섯 살이 되면 덧셈의 교환법칙($a+b=b+a$)을 이해한다. 하지만 계산이 복잡해질수록 실수가 늘어난다. 그건 어른도 마찬가지다. 도대체 왜 그럴까?

한 가지는 분명하다. 뇌는 계산을 하는 데 심각한 문제를 안고 있다. 아무리 진화를 거듭해 왔어도 수십 가지 곱셈 연산을 외우거나 두 자릿수 뺄셈에 필요한 다단계 연산을 실행할 능력을 갖추고 태어나지는 못한 것이다. 수량을 근사치로 계산하는 능력은 유전자에 내장하고 있을지 모르지만, 정밀한 기호 계산symbolic calculation 능력은 그렇지 않기 때문에 실수를 저지르기 쉬운 것이다.

> 우리는 수량을 근사치로 계산하는 능력을 유전자에 내장하고 있을지 모르지만, 정밀한 기호 계산에서는 실수를 저지르기 쉽다.

📖 수 개념구조의 발달

아이들은 수 개념구조conceptual structure가 일찌감치 발달하여 유치원에 다닐 때부터 계산을 시도한다. 여러 가지 덧셈과 뺄셈 전략을 금세 익혀 특정 문제에 가장 적합한 전략을 신중히 선택한다. 아이들은 알고리즘을 적용할 때, 그 알고리즘*을 이용하여 계산하는 데 걸린 시간과 계산 결과가 맞을 가능성을 속으로 가늠해 본다. 시글러(Siegler, 1989)는 이러한 전략을 쓰는 아이들을 연구하여, 아이들이 각 알고리즘의 성공률에 관해 상세한 통계적 자료를 모은다고 결론 내렸다. 아이들은 여러 전략을 조금씩 수정하고 보완하면서 각 숫자 문제에 가장 적합한 전략을 파악한다는 것이다.

간단한 예를 하나 살펴보자. 한 남자아이에게 '9-3'을 풀어 보라고 하자. 아마도 아이는 "9 다음은 8인데, 그럼 1이 빠지는 것이고, 그 다음 숫자는 7, 그럼 2가 빠지는 것이고, 그 다음은 6, 3이 빠지는구나… 정답은 6이요!"라고 말할 것이다. 이 경우 아이는 큰 수에서 시작해서 거꾸로 센 것이다. 이번에는 아이에게 '9-6'을 물어보자. 아이는 첫 문제에서 한 것처럼 큰 수에서 작은 수로 거꾸로 세지 않고 더 효율적인 방식으로 작은 수에서 큰 수로 숫자를 셀 것이다. "6 다음은 7, 그럼 1만큼 차이가 나고…. 8이 되려면 2만큼 차이가 나고… 9라면 3만큼 차이가 나는구나… 정답은 3이요!"

그런데 아이는 이러한 계산 방법의 차이를 어떻게 알았을까? 아이는 연습을 통해서 빼기 부호 앞의 수가 뒤의 수와 아주 가깝지 않으면 더 큰 수에서 거꾸로 세는 것이 효율적임을 안다. 반대로 빼지는 수가 빼는 수와 가까우면 작은 수에서 세어 올라가는 것이 더 빠르다. 이러한 전략을 자연스럽게 알고 적용하

---

* **알고리즘** 어떤 문제를 해결하기 위한 수학적이고 논리적인 절차나 방법

면서 아이는 '9-3'과 '9-6'을 계산하기 위해 똑같이 세 단계를 거친다는 사실을 깨닫는다.

아이들이 집에서 연산과 관련된 활동에 많이 노출될수록 좋은 것은 사실이다. 그 과정에서 아이들은 새로운 알고리즘을 익힐 수 있고, 또 다양한 규칙 중에서 가장 좋은 전략을 선택하는 연습을 많이 할 수 있기 때문이다. 대부분 아이들은 유치원에 가기 전에 기초적인 연산에 필요한 알고리즘을 열심히 고안하고 다듬고 선택한다.

어린아이들이 숫자 구조number structures를 어떻게 발전시켜 나가는지 완전히 밝혀내지는 못하였다. 하지만 최근 인지신경과학의 연구 성과 덕분에 연구자들은 유년기에 숫자 구조가 뇌에서 어떻게 발달하는지 연대표를 고안할 정도로 뇌 발달에 관한 단서를 충분히 확보하였다. 샤론 그리핀(Sharon Griffin, 2002)과 동료들은 그러한 연구를 검토하여, 네 살에서 열두 살 아동의 숫자, 시간 단위, 화폐 가치에 대한 지식을 평가하는 검사지를 개발하였다. 그들은 이 검사지를 이용해 학생들을 평가한 자료를 토대로 이 연령대 아동의 숫자와 관련된 개념구조를 일반화하였다. 그들의 연구는 개념구조의 발달이 어떻게 진행되는지 몇 가지 핵심 가정을 중심으로 이루어졌다. 특히 타당성 있는 가정 세 가지를 살펴보면 다음과 같다.

❶ 아이들의 생각은 여섯 살 무렵에 크게 개편된다. 어렸을 때 형성됐던 인지구조cognitive structure가 위계성을 갖추며 통합된다.

❷ 발달 시기 동안 2년마다 인지구조에 중요한 변화가 일어난다. 본 연구 모

델에서는 5세, 7세, 9세, 11세를 대상으로 한다. 이 연령대가 4세에서 6세, 6세에서 8세, 8세에서 10세, 10세에서 12세 등 발달단계의 중간 지점을 나타내기 때문이다.

❸ 이 연구에서 일반화한 숫자 개념구조는 오늘날 선진 문명국 아동 중 약 60%의 발달 추이를 기반으로 한 것이다. 그러므로 남은 아이들 중 약 20%는 더 빨리 발달하고 또 다른 20%는 더 느리게 발달할 것이다.

5세의 수 개념구조

어린아이들은 다섯 살만 돼도 손가락을 꼽아 세거나 순간적으로 파악하는 방식으로 두 가지 개념구조를 형성한다. 하나는 포괄수량global quantity의 차이를 파악하는 개념구조이고, 다른 하나는 처음부터 세어 나가기initial counting로 물체를 헤아리는 개념구조이다([그림 5.1] 참고). 포괄수량의 경우, 아이들은 나무토막을 쌓아 놓은 두 더미에서 어느 쪽이 더 많은지 구별할 수 있다. 또한 두 개의 시간 단위 중에서 더 긴 쪽과 짧은 쪽을 구별하고, 두 가지 화폐 단위 중에서 어느 쪽이 더 큰지 구별한다. 천칭저울을 이용하여 어느 쪽 물체가 더 무겁거나 가벼운지, 저울이 어느 쪽으로 기울어지게 될지도 구별할 줄 안다. 이 연령대 아이들이 자세히 계산하기보다는 한눈에 파악하는 일에 의존하긴 하지만, 물체를 하나 이상 더해 주면 더 커지고 하나 이상을 빼면 더 적어진다는 것을 안다.

이 시기에 수를 세는 기능도 발달한다. 아이들은 각각의 숫자 단어가 정해진 시퀀스로 존재하며, 어떤 특별한 성질의 대상에 하나의 숫자 단어가 부여된다는 사실을 안다. 또한 마지막 숫자 단어가 그 집합의 크기를 가리킨다는 사실도 안다. 대부분 아이들은 1에서 5까지 셀 수 있으며, 10까지 세는 아이도 있다. 하지만 이렇게 수를 세는 능력이 있음에도 아직까지는 한눈에 보고 수량을 파악하는 데 더 익숙하다. 아마 뇌에서 포괄수량 구조와 숫자 세기 구조는 서로 다른 장소에 저장되어 있고, 또 이 두 영역이 아직 강력한 신경 연결을 이루지 못했기 때문일 것이다.

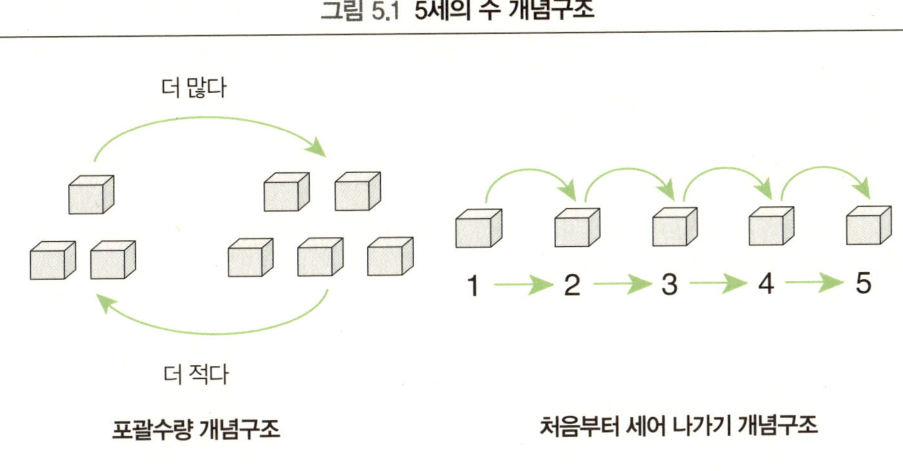

그림 5.1 5세의 수 개념구조

5세 아이들은 두 가지 주요 개념구조를 개발한다. 하나는 한눈에 보고 수량을 파악하는 포괄수량 개념구조이고, 다른 하나는 손가락으로 일대일로 대응하여 적은 수의 물체를 세는 개념구조이다.
(그리핀(Griffin, 2002)의 허락을 받아 개작)

7세의 수 개념구조

7세 정도 아이들은 포괄수량 모델과 처음부터 세어나가기 모델을 통합하여 더 큰 구조로 발전시킨다. 더 큰 구조로는 마음속 수직선mental number line이 있다. 아이들은 이러한 발달 덕분에 실생활에서 수량을 따질 수 있는 주요 도구를 확보하는데 이는 정수whole number를 위한 중심 개념구조central conceptual structure이다. 이처럼 더 높은 수준의 구조를 활용하여 아이들은 계수열counting sequence에서 더 높이 올라갈수록 더 큰 수라는 사실을 인식

한다([그림 5.2] 참고). 더 나아가, 수 자체가 규모를 지닌다는 사실을 파악하여 7이 5보다 더 크다는 사실을 깨닫는다. 아이들은 수직선을 활용해서 앞으로 세거나 뒤로 셈으로써 실제로 물체를 보지 않고도 간단한 더하기나 빼기를 할 수 있다. 이 발달단계를 기점으로 아이들은 수학이 실제 환경에서 일어나는 데 그치지 않고 머릿속에서도 일어날 수 있다는 점을 이해한다.

이제 아이들은 보다 넓고 새로운 범위에서 셈하는 기술을 사용하기 시작한다. 아이들은 수를 셀 줄 알게 되면서 시계의 시침을 읽고, 지폐 크기가 같아도 어떤 것이 액수가 더 큰지 결정할 수 있다. 10센트 동전이 크기는 작지만 5센트 동전보다 금액이 더 크다는 것을 안다. 5세와 달리 7세 아이들은 물체의 수를 결정할 때 포괄수량 모델보다는 숫자 세기에 더 의존한다.

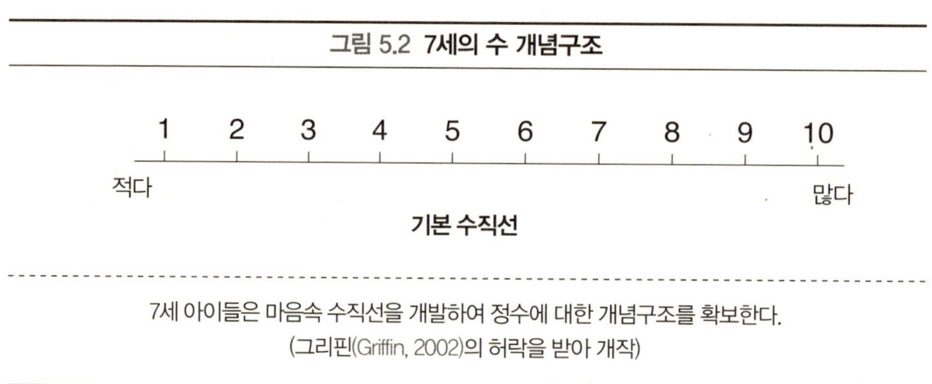

그림 5.2 7세의 수 개념구조

7세 아이들은 마음속 수직선을 개발하여 정수에 대한 개념구조를 확보한다.
(그리핀(Griffin, 2002)의 허락을 받아 개작)

9세의 수 개념구조

9세 아이들은 복잡한 개념구조를 두 개의 마음속 수직선 스키마schema로 구분 짓는다. 아이들은 느슨하게 연계된 두 수직선에 두 가지 양적변수quantitative variable를 나타낼 수 있다. 이제는 십진법의 자리값을 이해하고 두 자릿수 덧셈 문제를 암산할 수 있으며, 두 자릿수 숫자 두 개 중 어느 것이 더 큰지도 안다. 이중 수직선 구조 덕분에 시계에서 시침과 분침을 읽을 수 있고, 지폐와 동전이 포함된 액수도 계산할 수 있으며, 추의 개수뿐만 아니라 받침점에서 거리를 따져야 하는 저울대 문제도 풀 수 있다.

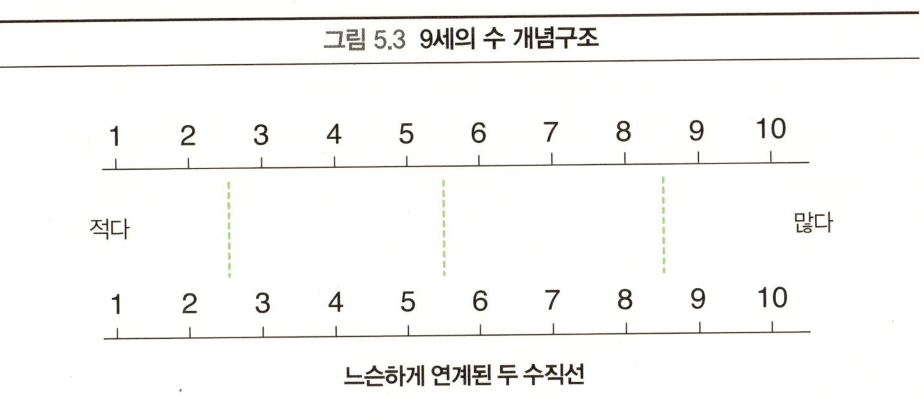

9세가 되면 아이들은 느슨하게 연계된 수직선 두 개로 수를 조작할 수 있다.
(그리핀(Griffin, 2002)의 허락을 받아 개작)

11세의 수 개념구조

11세가 되면 아이들은 잘 연계된 두 수직선 구조를 활용해 두 개의 수량을 처리하거나 세 번째 양적변수를 포함시킨다. 아이들은 이제 정수 체계를 더 깊이 이해한다. 올림수나 내림수를 포함하는 두 자릿수 계산을 암산할 수 있고, 세 자릿수가 포함된 문제도 풀 수 있다. 하나의 변수를 다른 변수에 따라 조정하여 비교할 수도 있다. 이 새로운 구조 덕분에 시간을 분으로 바꿔 3시간과 150분 중 어느 것이 더 긴 시간인지 비교할 수 있다. 25센트짜리 동전을 10센트나 5센트짜리 동전으로 바꿔 계산하여 누가 돈을 더 많이 가졌는지도 쉽게 알아낸다. 또한 받침점에서 거리와 추의 개수를 모두 따져야 하는 저울대 문제도 풀 수 있다.

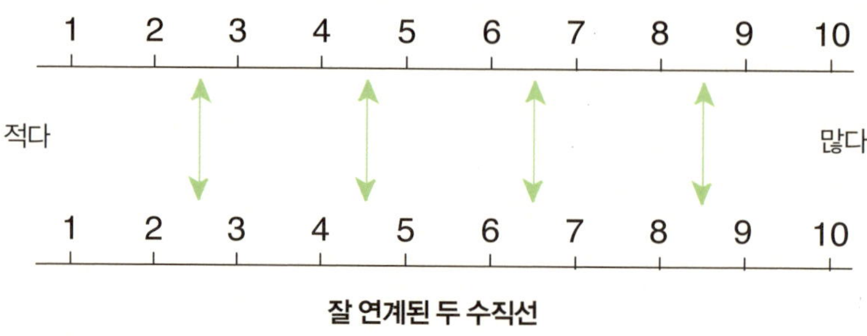

11세가 되면 아이들은 잘 연계된 수직선 두 개로 수를 조작하고 두 자릿수 계산을 암산할 수 있다.
(그리핀(Griffin, 2002)의 허락을 받아 개작)

두뇌가 곱셈을 처리하는 원리

지금까지 우리는 어린아이들이 간단한 덧셈과 뺄셈을 이용해 수를 어떻게 조작하는지 살펴보았다. 아이들이 학교에 들어가면 마침내 곱셈 과정을 접한다. 곱셈은 교사에 따라 연속덧셈이라 부르기도 한다. 곱셈을 수행하는 데 필요한 머릿속 절차는 덧셈과 뺄셈을 수행할 때보다 더 복잡하고, 그 절차도 사뭇 다르다. 영상검사 결과, 뺄셈을 할 때보다 곱셈을 할 때 더 많은 신경네트워크를 활용한다고 한다(Ischebeck et al., 2006). 과거에 인간이 생존하는 데는 덧셈과 뺄셈만 알아도 충분했기에 이런 결과가 그리 놀랍지는 않다. 그래서 결국 인간은 곱셈을 정복하기 위해 새로운 학습도구를 고안해야 했다.

구구단 배우기는 왜 어려울까?

초등학교 때 구구단을 처음 접했던 때를 기억하는가? 구구단을 외우기가 쉬웠는가, 아니면 어려웠는가? 요즘에는 구구단을 얼마나 잘 외우는가? 수년 동안 연습도 불구하고 구구단을 완벽하게 외우지 못하는 사람이 적지 않다. 평균 지능을 지닌 평범한 어른도 열 번에 한 번은 실수를 저지른다. 8×7이나 9×7 같은 한 자릿수 곱셈도 2초나 걸리고, 실수할 확률도 25%나 된다고 한다 (Devlin, 2000). 도대체 왜 그럴까? 우리가 숫자를 다루는 일에 어려움을 겪는 데에는 몇 가지 요인이 있다. 연상기억associative memory, 패턴 인식pattern recognition, 언어가 대표적인 요인이다. 묘하게도 이 세 가지는 뇌가 지닌 가장 강력하고 유용한 능력이기도 하다.

곱셈과 기억

1970년대 말까지 심리학자들은 사람들이 주로 작업기억에서 처리하는 계산 과정으로 간단한 덧셈과 곱셈 문제를 푼다고 생각했다. 1978년 애쉬크래프트 (Ashcraft, 1995) 연구진이 청소년을 대상으로 이 가설을 시험하는 일련의 실험을 시작하였다. 그 결과, 대부분의 성인은 두 자릿수를 더할 때와 곱할 때 양쪽에 똑같은 시간이 걸린다는 사실을 알아냈다. 그리고 자릿수가 늘어날수록 더하기나 곱하기를 계산하는 데 걸리는 시간도 점점 늘어났다. 물론 이때도 대부분의 사람이 더하기나 곱하기를 하는 데 걸리는 시간에는 차이가 없었다. 이를테면 '2+3' 또는 '2×3'의 결과를 알아내는 데 1초도 걸리지 않았지만, '8+7' 또는 '8×7'을 푸는 데는 약 1.3초가 걸렸다. 만약 곱하기가 작업기억에서 처리된다고 하면, 곱할 때 아무래도 계산을 더 많이 해야 하니까 두 자릿수를 더할 때보다 곱할 때 시간이 더 걸려야 하지 않을까? 애쉬크래프트는 여러 차례 실험하여 얻은 일관된 패턴의 실험 데이터를 근거로 다음과 같은 결론을 내놓았다. 우리는 계산 문제를 풀 때 장기기억에 저장된 구구단으로부터 정보를 끌어올 뿐이며 작업기억을 통해서는 아무 것도 처리하지 않는다는 것이다.

셈할 때 사실 작업기억을 사용하지 않는다는 것은 다음과 같은 세 가지 이유에서 어느 정도 납득해 볼 수 있다. 첫째, 수의 크기가 커지면 수를 인식하는 심적 표상mental representation의 정확성이 눈에 띄게 떨어진다. 둘째, 우리가 연산 기능을 습득하는 순서가 한몫을 한다. 우리는 학습이 일어나는 상황에서 제일 처음 나온 것을 가장 잘 기억하는 경향이 있다. 연산을 처음 배울 때 작은 수로 이뤄진 간단한 문제부터 시작했고, 큰 자릿수로 이뤄진 어려운 문제는 나중에 다뤘다. 셋째, 작은 숫자가 큰 숫자보다 문제에 더 자주 등장하기 때문에 큰 수가 포함된 곱셈 문제를 연습할 기회가 더 적었을 가능성이 크다.

어쩌면 당신은 이렇게 말할지도 모른다. "그게 뭐 그리 대수죠? 우리가 지금 연산 문제를 풀기 위해 어렸을 때 외웠던 것을 사용한다는 말인데, 그게 정상 아닌가요?" 물론 정상일 수는 있지만 자연스럽지는 않다. 유치원 연령의 어린 아이들은 제한적이기는 하지만 수에 대한 개념을 타고났기에, 더 큰 숫자를 이해하기 위해 '직관적인 계산 전략'을 개발한다. 작업기억을 사용한다는 말이다. 단 이러한 직관적 과정을 계속 이어 나가지는 못한다. 초등학교에 들어가면 수량에 대한 직관적 이해와 계산 전략을 버리고 뜬금없이 연산을 기계적으로 암기해야 하는 상황에 직면하기 때문이다. 이제 아이들에게 연산 처리 과정은 별 의미 없이 숫자로 나타낸 방대한 데이터베이스를 습득하고 기억 속에 저장하는 일이다. 또한 계산할 때 사용하는 용어들이 일상 대화에서 사용되는 뜻과는 다른 뜻으로 사용된다는 사실도 알게 된다. 이 시기에 많은 아

> 초등학교에 들어가면 수량에 대한 직관적 이해와 계산 전략을 버리고 뜬금없이 연산을 기계적으로 암기하는 상황에 직면하는데 그 과정에서 안타깝게도 대부분 아이들이 연산에 대한 직관력을 잃어버린다.

이들은 힘들어도 암산과 언어 체계상의 대변혁을 꿋꿋하게 이겨낸다. 그런데 그 과정에서 안타깝게도 대부분 아이들이 연산에 대한 직관력을 잃어버린다.

우리가 구구단을 가르치는 방식은 직관적인가?

꼭 그렇지는 않다. 어린아이들은 구구단을 암기하는 데 엄청난 양의 신경 에너지를 쏟으면서 실수와 좌절을 수없이 겪는 것만 보아도 그렇다. 그런데 이 시기는 아이들이 날마다 열 개씩 새로운 단어의 발음과 의미와 철자를 힘들이지 않고 습득하는 때와 맞물린다. 새로운 단어들은 줄기차게 암송하지 않아도 습득된다. 친구의 이름이나 주소, 전화번호, 책 제목도 어렵지 않게 기억한다. 그런데 구구단은 다르다. 아이나 어른이나 구구단을 외우는 것이 왜 이렇게 어려울까?

우선 구구단을 가르치는 방식이 직관적이지 않다는 것을 이유로 들 수 있다. 우리는 흔히 2단으로 시작해 9단까지 진행한다. 이런 식으로 한 단계씩 가르치면 아이들은 결국 72개의 곱셈을 암기해야 한다. 하지만 이렇게 가르치는 것이 가장 좋은 방식일까? 1단과 10단은 아이들이 기억하는 데에 아무런 어려움을 주지 않는다. 이 두 가지는 직관적 번호 매기기 및 십진법 손가락 조작 방법과 일치하기 때문이다. 그렇다면 2, 3, 4, 5, 6, 7, 8, 9를 2, 3, 4, 5, 6, 7, 8, 9로 각각 곱하는 64개의 곱셈만 남는다. 그런데 이 64개 곱셈을 전부 외워야 하는가? 이 장章 서두에서 우리는 아이들이 여섯 살만 되어도 덧셈의 교환법칙을 안다고 언급했다. 3×8이 8×3과 같다는 곱셈의 교환법칙을 설명해 주면 암기할 것은 64개에서 절반을 약간 넘는 36개까지 줄일 수 있다. 2×2, 5×5 등 같은 수로 곱하는 네 쌍은 줄지 않았기 때문이다. 이 정도면 덤벼볼 만하지만, 그렇다고 문제가 해결된 것은 아니다.

일부 비평가들은 학생들이 구구단을 암기하려고 애쓰지 않는다고 말한다. 전자계산기가 널리 쓰이는데 굳이 이것을 외워야 하느냐고 반박하는 사람도 있다. 하지만 어떤 주장도 다음과 같은 의문을 풀어 주지는 못한다.

"다른 것은 쉽게 기억하는 데 왜 구구단 암기는 이렇게 힘들어 할까?"

이 시점에서 기억의 본래 속성인 '패턴 및 연상'을 바탕으로 구구단 암기의 어려움에 대해 따져 보도록 하자.

인간의 뇌는 패턴을 인식하는 데 도가 텄다. 인간의 기억 회상은 흔히 연상을 통해 이루어진다. 즉, 하나의 생각이 장기기억에 있는 다른 생각을 촉발시킨다. 누가 엄마라고 말하면, 측두엽에 있는 연상영역이 우리의 마음속에 이미지를 만들어 낸다. 장기저장소가 활성화되면서 엄마랑 처음으로 동물원에 갔던 날이 떠오른다. 뇌의 변연계는 우리의 기억에 감정을 실어 준다. 코끼리가 그만큼 육중하고 기린이 그만큼 크다는 사실을 처음 알고서 잔뜩 신이 났던 그때의 감정이 떠오른다. 또 다른 연결고리가 생겨나면서, 아이를 데리고 동물원에 처음 갔을 때 느꼈던 기대와 설렘이 떠오른다. 패턴을 감지하고 연상하는 능력은 뇌가 지닌 가장 큰 강점 중 하나이며, 이것을 흔히 연상기억associative memory이라고 부른다. 실제로 인간은 얼굴을 보지 않고서도 다른 사람을 인식할 수 있다. 연상기억 덕분에 멀리 떨어져 있는 사람을 보고도 걸음걸이나 자세, 목소리, 체형만으로 자기가 아는 사람이라는 것을 정확하고 빠르게 알아차릴 수 있다.

연상기억 덕분에 우리는 여러 가지 단편적 데이터를 연결할 수도 있다. 유사점을 활용할 수도 있고, 한 상황에서 습득한 지식을 새로운 환경에 적용할 수도 있다. 그런데 구구단 같은 영역에서는 연상기억 때문에 난관에 봉착하기도 한다. 구구단을 외울 때는 다양한 정보가 서로 끼어들지 못하도록 막아야 하기 때문이다.

데블린(Devlin, 2000)은 구구단에서만큼은 연상기억이 문제를 일으킬 수 있다고 지적한다. 우리가 구구단을 '말'로 기억하기 때문에 개별 항목들이 서로 끼어들어 헷갈리게 만든다는 것이다. 컴퓨터는 6×9=54, 7×8=56, 8×8=64가 별개의 항목이라는 사실을 감지하는 데 아무 문제가 없다. 반면에 우리 뇌는 패턴을 탐색하는 능력이 뛰어나서, 이러한 항목을 소리 내어 말할 때 유사점을 운율에서 감지하고 세 가지 수식을 별개 항목으로 인식하지 않는다. 그 결과, 6×9라는 질문은 45, 54, 56, 58 등 다양한 패턴을 활성화시켜 작업기억 속으로 보낸다. 그래서 올바른 답을 선정하기가 어려워지는 것이다.

드하네(Dehaene, 1997)도 데블린과 마찬가지로 덧셈과 구구단을 외울 때 부딪히는 문제점을 강조한다. 그는 연산식이 임의적이거나 서로 독립적이지 않다고 주장한다. 오히려 연산식들이 '언어학적으로' 서로 밀접하게 관련되어 있다 보니 잘못된 운율이나 혼란스러운 말장난이 야기된다는 것이다. 언어가 혼란을 어떻게 야기하는지 설명하기 위해 드하네가 사용한 것과 비슷한 예를 하나 살펴보자. 다음에 제시한 세 가지 이름과 주소를 기억해야 한다고 가정하자.

- 칼 데니스는 앨런 브라이언가에 살고 있다.

- 칼 게리는 브라이언 앨런가에 살고 있다.

- 게리 에드워드는 칼 에드워드가에 살고 있다.

이렇게 서로 뒤섞인 내용을 기억하기란 쉽지 않다. 그런데 이런 표현은 구구단의 변형에 불과하다. 앨런, 브라이언, 칼, 데니스, 에드워드, 프랭크, 게리는 각각 숫자 1, 2, 3, 4, 5, 6, 7을 나타낸다고 보고, '살고 있다'는 말을 '등호'로 바꾸어 가운데에 놓아 보자. 그러면 다음과 같은 세 가지 곱셈식이 나온다.

- $3 \times 4 = 12$
- $3 \times 7 = 21$
- $7 \times 5 = 35$

이렇게 놓고 보니 아이들이 구구단을 처음 접할 때 왜 그리 어려워하는지 알 만하다. 패턴이 서로 간섭하는 것이 문제를 일으키는 것이다. 패턴 간섭 때문에 우리의 기억은 덧셈과 곱셈 연산을 구분하는 데 어려움을 겪는다. 예를 들어 '2×3=7'이 틀린 것은 금세 알지만 '2×3=5'가 틀린 것을 알려면 시간이 더 걸린다. 덧셈에서 보면 그 결과가 정답이기 때문이다. 1990년으로 거슬러 올라가 밀러(Miller, 1990)는 한 연구에서 곱셈 학습이 덧셈을 간섭한다는 사실을 알아냈다. 3학년 학생들은 곱셈을 배우고 나서 덧셈을 하는 데 걸리는 시간이 더 길어졌고, '2+3=6' 같은 실수가 나타나기 시작했다. 후속 연구에서도 대부분 아이들이 덧셈과 곱셈 연산을 장기기억 속에 올바로 정립하는 데 어려움을 겪는다는 사실을 확인하였다.

우리 뇌는 수백만 년 동안 생존에 필요한 기능을 갖추면서 진화를 거듭해 왔다. 아주 피상적인 정보에 지나지 않더라도 패턴을 인식하고 의미 있는 연결을 만들며 신속하게 판단하고 간섭하는 것도 다 그러한 기능 덕분이다. 우리 뇌는 언어를 사용할 뿐 아니라 손가락 조작으로 일대일 대응을 나타낼 수 있기 때문에 아주 기초적인 계산은 쉽게 처리한다. 하지만 곱셈과 같이 정확한 계산에 필요한 연산을 조작하는 기능을 갖추진 못하였다. 이러한 연산작업은 우리 종種이 생존하는 데 반드시 필요하지는 않았기 때문이다. 뇌전도 electroencephalographs(EEGs)를 활용한 뇌 연구결과를 보면, 숫자 비교 같은 간단한 연산 작업은 뇌의 다양한 영역에서 국지적으로 이루어짐을 알 수 있다. 하지만 곱셈 작업은 넓게 분포된 여러 신경 영역이 연합해서 수행해야 한다. 이는 곱셈과정에 많은 인지적 작업이 요구된다는 사실을 보여준다(Micheloyannis, Sakkalis, Vourkas, Stam, & Simos, 2005). 결론적으로 말해서 곱셈 계산을 정확하게 하려면, 제각기 기능이 다른 여러 개의 심상회로mental circuits가 필요한 것이다.

> 우리 뇌는 정확한 계산에 필요한 연산을 조작하는 기능을 갖추진 못하였다. 곱셈 연산을 하려면 서로 다른 기능을 지닌 심상 회로들mental circuits을 모아야 한다.

언어 능력과 연산 능력의 관계

구구단 외우기가 그렇게 어렵다면 우리 뇌는 어떻게 이 난관을 이겨낼까? 구어 습득 능력은 우리가 타고난 재능 중 가장 대단한 능력이다. 전두엽과 측두엽에는 언어 처리에 특화된 영역이 있다. 산술식을 기억해내야 하는 도전에 직면하면, 뇌는 언어 처리 체계에서 상당한 규모와 내구성을 갖춘 언어 기억verbal memory 속에 이 식을 기록한다. 우리는 대부분 오래 전에 배웠던 시나 노래 가사를 언어 기억 속에서 회상할 수 있다.

교사들은 오래 전부터 언어와 언어 기억의 힘을 알아차렸다. 그래서 학생들에게 운율에 맞춰 내용을 외우거나 구구단을 소리 내어 암송하라고 권한다. 계산은 결국 그 계산을 학습하는 언어와 연결된다. 이 연결이 대단히 강력하기 때문에 제2언어를 배운 사람도 계산만큼은 항상 모국어로 하게 되는 것이다. 제2언어를 아무리 유창하게 말하더라도 제2언어로 처음부터 다시 연산을 익히는 것보다는 계산할 때마다 모국어로 돌아가는 것이 훨씬 더 쉽다는 것이다.

드하네와 동료 연구자들이 실시한 뇌 영상 연구는 우리가 연산을 하기 위해 언어 능력을 활용한다는 증거를 추가로 밝혀냈다. 드하네 연구진은 수를 말로 표현해야 하기 때문에 정확한 연산은 뇌의 언어 영역과 관계가 있다고 가정하였다. 하지만 근사치를 추정해야 하는 경우에는 언어 기능을 사용하지 않을 것으로 생각하였다(Dehaene et al., 1999).

실험 대상은 영어와 러시아어 둘 다를 구사하는 성인이었으며, 두 언어 중 하나로 두 자릿수 덧셈을 배우고 시험을 치르게 하였다. 방금 배운 언어와 시험 문제에 사용된 언어가 같으면, 피험자는 2.5초에서 4.5초 만에 정확한 답을 말했다. 하지만 두 언어가 다르면 정확한 답을 말하는 데 1초가 더 걸렸다. 피험자는 덧셈 연산을 배울 때 썼던 언어로 시험 문제를 번역하는 데 그 1초를 사용했다. 하지만 정답이 아니라 근사치를 묻는 질문에서는 시험에 사용된 언어가 반응시간에 영향을 미치지 않았다.

연구진은 실험을 진행하면서 피험자들의 뇌 활동을 관찰하였다([그림 5.5] 참고). 정확한 답을 요하는 질문은 언어처리가 일어나는 좌측 전두엽 영역을 주로 활성화시켰다. 근사치를 묻는 질문에 답할 때는 두정엽의 두 영역, 즉 숫자 감각을 담고 있는 영역과 공간 추론을 지원하는 영역이 가장 활발하게 작동하였다. 놀랍게도 이 연구결과는 뇌가 정확한 연산을 수행하기 위해 언어 영역을 총동원한다는 사실을 보여 주고 있는 것이다.

언어와 정확한 연산 간의 상관관계를 직접 확인하고 싶다면, 알파벳을 큰 소리로 외우면서 두 자릿수 곱셈을 시도해 보라. 말하기가 암산과 추론을 담당하는 언어 영역의 집중력을 요하기 때문에 쉽지 않을 것이다.

단, 뇌의 언어 영역과 수학적 추론 영역은 외견상 협동하는 것 같아도 이 두 영역은 해부학적으로 독립해 있고 서로 구별되는 영역임을 기억해야 한다. 두 영역이 별개라는 증거로 한 영역이 손상을 입어도 다른 영역이 정상적으로 기능한다는 사례 연구가 있다(Brannon, 2005). 따라서 언어 처리에 어려움을 겪는 아이가 수학적 계산도 어려워할 거라거나 그 반대로 수학 계산이 안 되는 아이는 언어 처리도 못할 거라고 쉽사리 추정해서는 안 된다.

그림 5.5 정확한 계산과 근사치 계산의 두뇌 활동 차이

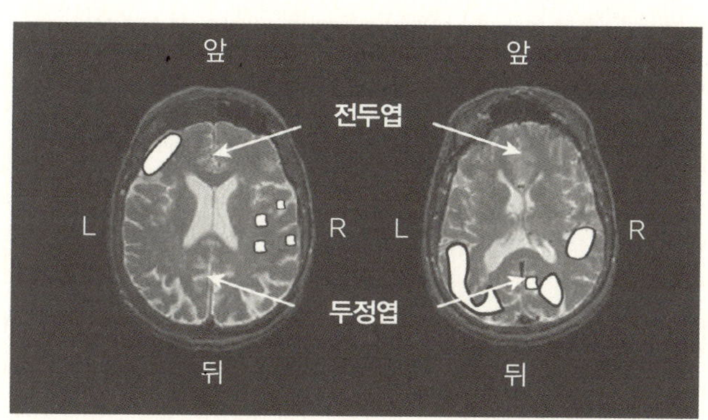

fMRI 영상에서 정확한 계산이 좌측 전두엽의 언어 영역을 활성화시킨다는 것을 알 수 있다. 좌측 전두엽의 언어 영역은 수를 언어로 표현하는 일을 처리한다. 반면 근사치 계산에서는 두정엽의 두 영역, 즉 숫자 감각을 담고 있는 곳과 공간 추론을 지원하는 곳이 활성화된다는 것을 알 수 있다.

(Dehaene et al., 1999)

구구단 암기는 유용할까, 유용하지 않을까?

유용하기도 하고 유용하지 않기도 하다. 앞서 언급했듯이 아이들은 다소 제한적이지만 꽤 발달된 숫자 감각을 가지고 초등학교에 들어간다. 아이들은 패턴을 탐색하는 뇌 역량 덕분에, 이미 수량을 한눈에 파악할 수 있고, 시행착오를 거쳐 간단한 계산 전략도 익혔다. 그런데 초등학교의 연산 교육은 이러한 직관력을 일부러 버리고 연산을 그저 반복해서 연습하도록 강요한다.

아이들이 덧셈과 구구단과 기타 공식을 단순히 암기하는 식으로만 배운다면, 수의 관계를 직관적으로 이해하는 능력이 약화되고 억눌리게 된다. 아이들은 직관적 과정을 버리고 수적 관계의 의미 따위는 신경 쓰지 않는 자동 연산으로 전환하도록 배우고 있기 때문이다.

만약 수학 교육에서 아이들의 숫자 감각을 활용하고 이 감각과 새로운 연산 방식 사이의 연관성을 찾는 식으로 연산 전략을 가르친다면, 구구단은 그 자체가 목적이 아니라 수학을 더 깊이 이해하는 도구가 될 것이다.

어떤 학생은 집에서 구구단을 미리 익혀 왔을지도 모른다. 그러므로 학생들마다 한 자릿수 곱셈을 얼마나 잘 할 수 있는지 미리 살펴보라고 권하고 싶다. 그런 다음, 곱셈의 근본 개념인 연속 덧셈을 연습하도록 점이나 그림이 그려진 카드를 이용하는 활동을 하자. 학생들이 구구단을 단순하게 암기하는 것이 아니라 곱셈 연결망(네트워크)을 형성할 수 있도록 이들의 타고난 패턴 감각을 활용하라는 것이다. 물론 이 방법이 모든 학생들에게 통하지는 않을 것이다. 어떤 학생들에게는 구구단 암기가 유일한 대안일 수도 있는 것이 현실이다.

데이비드 A. 수자

데이비드 A. 수자David A. Sousa 박사는 교육 신경과학 분야에서 세계적으로 유명한 교육컨설턴트이다. 유치원생에서 고등학생, 대학생 등 전 연령층을 대상으로 뇌에 관한 다양한 연구를 실시하며 과학 교육에 매진해 왔다. 그는 미국을 비롯하여 캐나다, 유럽, 오스트레일리아, 뉴질랜드, 아시아 등 세계 곳곳의 교육 단체와 학구(學區)에서 주최하는 각종 총회에서 강연과 워크숍 활동을 하고 있다. 매사추세츠 주 브리지워터Bridgewater 주립 대학에서 화학 전공으로 학사 학위를, 하버드 대학에서 과학 교육으로 석사 학위를, 러트거스Rutgers 대학에서 박사 학위를 취득하였다. 수자 박사는 전 학년에 걸쳐 다양한 교육적 경험을 쌓았는데 고등학교에서 과학을 가르치기도 했고, K-12(유치원에서 고등학교까지 전학년) 과학 과목 총괄책임자이기도 했다. 뉴저지 주에서는 교육 및 교구 장학관을 역임한 바 있고, 현재는 세톤 홀Seton Hall 대학에서 외래 교수로, 러트거스 대학에서 객원 강사로 활동하고 있다. 전국 교사 연수 협회National Staff Development Council 회장을 역임했던 수자 박사는 여러 종류의 과학책을 편집했고, 교사 연수와 과학 교육, 뇌 연구 등과 관련된 교육 저널에 수많은 기사를 발표하였다. 그는 각종 전문가 협회와 학구에서 수여하는 상을 여러 차례 받았으며, 브리지워터 주립대학에서 우수 동문인으로 상을 받았다. 또한 각종 연구와 교사 연수, 과학 교육에 헌신한 공로로 명예 박사학위도 여러 차례 받은 바 있다. 「NBC 투데이 쇼」와 「내셔널 퍼블릭 라디오」에 출연하여 뇌 연구를 활용한 학교 교육을 널리 소개하고 있다.

왜 교실에서 성별의 차이를 고려해야 할까?

성별에 따른 차이 1 감각에 따라 달라지는 학습 효과
- 청각 학습
- 언어 학습
- 운동 감각 학습
- 시각 학습

성별에 따른 차이 2 공정성의 의미

성별에 따른 차이 3 학습장애의 양상

성별에 따른 차이 4 모둠의 크기에 따른 학습 효과
- 난독증
- 난필증
- 난산증

성별에 따른 차이 5 종합하는 뇌 vs. 분석하는 뇌

학습자가 배우는 방식을 존중하며 가르치자

남성의 뇌, 여성의 뇌

"여성의 뇌는 공감하는 능력에 특화되어 있고, 남성의 뇌는
대상을 이해하고 체계를 수립하는 데 적합하게 만들어졌다."
– 사이먼 바론–코헨Simon Baron–Cohen

왜 교실에서 성별의 차이를 고려해야 할까?

개인 간 인지적 특징의 차이를 논할 때, 사람들은 흔히 그런 차이가 개인의 정보처리 방식에 영향을 미칠 거라고 생각한다. 언어 기능이 뛰어난 사람은 잘 읽고 들을 가능성이 크다. 공간 기능이 뛰어난 사람은 차트나 그래프로 제시되는 정보를 더 쉽게 배울 것이다. 대부분의 사람들은 수많은 방식으로 배울 수 있지만, 저마다 선호하는 방식은 따로 있는 경우가 상당히 많다. 결국 각자 선호하는 정보처리 방식이 그로 하여금 가장 효과적으로 학습할 수 있도록 하는 방식이 될 것이다. 그렇다면 성별에 따라서도 인지적인 차이가 있고 선호하는 학습 방식이 다를까? 남자와 여자의 학습방식 차이에 대해 묻는 다음의 질문에 얼마나 제대로 알고 있는지 한번 답해 보자.

다음 진술이 여자아이를 묘사한다고 생각하면 (A), 남자아이를 묘사한다고 생각하면 (B), 둘 다를 묘사한다고 생각하면 (C)라고 표시하자.

1 학습장애를 지닐 가능성이 크다.

2 수학 과목에 장애를 지녔다고 판명될 가능성이 크다.

3 효과적으로 문제를 규정하고 적절한 전략을 선택할 수 있다.

4 방과 후에 숙제를 하거나 공부하는 데 많은 시간을 할애한다.

5 타인 지향적 성향 때문에 또래와 함께 있을 때 가장 잘 배운다.

6 공부를 즐기지 않을 것 같은 또래 그룹과 어울린다.

7 글을 교정하는 능력이 뛰어나다.

8 기꺼이 실수를 점검하고 오류를 수정한다.

9 문제를 풀기 위해 다양한 전략을 활용할 가능성이 적다.

10 학업성취와 실패를 현실적으로 바라본다.

답 은 204쪽에서 확인할 수 있다.

어떤 사람들은 여학생과 남학생이 갖고 있는 학습방식의 차이가 성별에 따른 인지적 차이에서 비롯된다는 말에 동의하지 않을 것이다. 그들은 아마 여학생과 남학생이 특정한 방식으로 가르침을 받았기 때문에 그렇게 학습하는 것뿐이라고 믿는지도 모른다. 물론 그럴 가능성이 없지 않지만, 여학교와 남학교 모두에서 교편을 잡았던 나는 이렇게 확신한다. 아이들이 선택하는 학습방식은 대개 성별에 따른 인지적 차이로 인한 개인 경험의 결과다. 그렇기 때문에 교사와 부모는 아이들을 지도할 때 성별 차이를 반영해야 하며, 본인에게 효과적인 방식이 아이에게는 맞지 않을 수 있다는 사실을 유념해야 한다.

여자임에도 여러 면에서 남자의 뇌처럼 작동하는 뇌를 지닌 나는, 아이의 성별이 곧 그 아이가 학습에 접근하는 방식을 결정짓는다고 단정해서는 안 된다는 것을 깨달았다. 내가 지닌 학습장애는 여자아이보다는 남자아이와 더 비슷하다. 나는 철자와 청각 정보 처리에 미숙하다. 이는 내가 지도했던 남학생들이 학교에서 흔히 드러내는 문제점과 유사한 부분이다. 하지만 나는 여자이고, 내 언어 능력은 여학생의 언어 능력과 더 유사하다. 그래서 여학생이 학업에 접근하는 방식을 어느 정도 이해한다. 어느 한쪽에 전적으로 치우치는 사람은 거의 없으며, 다음에 설명하는 학업 방식에 맞는 학생도 있고 전혀 맞지 않는 학생도 있을 것이다. 그렇지만 전체적으로 놓고 보면, 여학생들이 더 비슷하게 적용된다고 생각할 것이다.

감각에 따라 달라지는 학습 효과

이 글에서 양식modality이란 정보가 어떤 감각을 통해 들어오는가를 나타내는 용어이다. 학습 양식은 그 출처가 귀(청각 자극), 눈(시각적 언어, 시각적 상징), 손(운동 감각)일 때 이뤄지는 학습을 가리킨다.

- 청각 학습은 정보를 귀로 들을 때 일어난다. 청각 정보의 출처는 강의, 영화, 세미나, 모둠 활동, 토론 등이다. 그 밖에 개인이 주의를 기울여 정보를 들을 때는 언제든 청각 학습이 이뤄진다. 교실에서 일어나는 많은 상황은 청각 학습과 관련이 있다.
- 시각적 언어 학습은 정보를 읽을 때 일어난다. 시각적 언어 정보의 출처는 책, 유인물, 칠판에 적힌 정보, 파워포인트를 이용한 프레젠테이션 등이다.

그 밖에 우리가 단어나 글을 읽을 때마다 시각적 언어 학습이 이뤄진다.

- 운동 감각 학습은 정보를 직접 다룰 때 일어난다. 운동 감각 학습의 출처는 실험 실습, 노트 필기, 연기, 노래, 문제 풀이, 모형 제작, 조사 등이다. 그 밖에 우리가 자료를 가공하는 일을 할 때마다 운동 감각 학습이 이뤄진다.

- 시각적 상징 학습은 정보를 눈으로 볼 때 일어나지만, 제시된 정보의 핵심은 말에 있지 않다. 시각적 상징 정보의 출처는 차트, 표, 그래프, 그림, 시연, 영화 등이다. 그 밖에 우리가 그림이나 그래프 형식으로 제시된 정보를 볼 때마다 시각적 상징 학습이 이뤄진다.

청각 학습

이 분야를 조사한 연구는 많지 않지만, 어떤 아이가 위의 감각체계 중 한 가지 방식으로 정보에 쉽게 접근할 수 있다면 그 감각을 이용하는 것이 그 아이에게 알맞은 지도법일 것이다.

청각 학습의 경우, 여자아이의 청각은 남자아이보다 예민해서 청각 정보는 여자아이가 더 쉽게 기억할 것이라 보았으며, 실제로도 여자아이가 남자아이보다 청각 기억이 더 뛰어나다는 것을 확인하였다(Geffen, Moar, Hanlon, Clark, & Geffen, 1990; Vuontela et al., 2003).

그러나 연구에서 실제로 평가되는 것은 언어 기억verbal memory이기 때문에 '여자아이가 청각 기억이 더 뛰어나다.'라는 말에는 교란변수[*]가 있다. 기억해야 할 자료가 말로 제시될 경우, 들은 것을 기억할 때 여성이 유리한 이유가 정보의 청각적 특성 때문이 아니라 언어적 특성 때문일 가능성이 존재한다는 것이다. 교실에서 오가는 정보가 대부분 말로 전달되기 때문에 교사는 여학생이 남학생보다 청각 기억이 더 뛰어날 것이라 짐작한다. 하지만 나는 형편없는 청각 기억을 지닌 여자로서 당부하는 바이다. 어떤 아이가 방금 교사가 한 말을 되풀이하지 못한다면, 그 아이가 집중하지 않아서가 아니라 청각 정보를 기억하기 어려워서일 수 있다는 사실을 명심하자. 이는 엄연히 다르다. 나는 들은 내용을 기억해야 할 경우, 반드시 글로 적어야 한다. 여학생은 언어 기억이 좋으므로 정보를 말로 제시하는 것이 좋은 방법이긴 하지만 모든 여학생이 청각 기억까지 좋은 것은 아니라는 점을 명심해야 한다.

적용해 보아요!

✔ 교사라면 당신이 학생들에게 설명을 알기 쉽게 하는 편이라는 자부심이 있더라도 반드시 글로 된 지침이나 설명서를 함께 제공하도록 하자. 청각 처리 기능이 떨어지는 학생은 정보를 제대로 습득하기 위해 다른 감각 기관을 이용할 것이기 때문이다.

✔ 어린 아이들에게는 지시 사항을 전달한 뒤 그 내용을 어딘가에 붙여 놓거나 적어 주는 것이 좋다.

✔ 아이들이 능숙하게 노트 필기를 할 수 있도록 필기 요령을 가르치자. 청각 학습에 뛰어난 여자아이도 귀로 들은 정보를 글로 기록하는 방법을 알아야 한다.

✔ 어린 학생들에게는 지시한 내용을 요약해서 적게 해 보자. 그러면 누가 청각 자체에 미묘한 문제가 있는지, 청각 정보 처리에 문제가 있는지

---

* **교란변수**confounding variable 제3변수의 영향 때문에 위험 인자와 결과 사이에 비원인적 연관성이 발생한 경우

파악하는 데 도움이 될 것이다. 또한 학생은 교사가 한 말을 그대로 적지 않고 핵심 사항을 파악해 정리하는 연습도 할 수 있다.
- ✓ 청소년인 여학생들은 대개 평범하게 필기하는 것을 선호하지만, 시각 정보에 민감해서 차트나 마인드맵으로 정리하는 것을 더 좋아하는 여학생도 있다.
- ✓ 수학이나 과학 교과 내용을 큰 소리로 읽어 주는 것이 무슨 의미가 있을까 싶지만, 아이들에게 듣기 훈련을 시키면 청각 기능을 발달시키는 데 도움이 된다. 과학 수업 중에 동물에 관한 글을 읽어 주고 아이들에게 그 동물을 그리게 하자. 비언어적 기술을 활용하면 아이들이 정보를 습득하는 다양한 수단을 개발하게 된다.

언어 학습

여성이 언어에서 유리한 이유는 남성보다 좌뇌가 일찍 발달했기 때문일지도 모른다. 물론 여자아이가 남자아이보다 확실히 더 일찍 글을 익히고 더 자신 있게 읽는다. 물론 중학교에 가서도 제대로 읽지 못하는 여자아이가 있는가 하면 유치원에 가기 전부터 술술 읽어 내는 남자아이도 있다. 대체로 여자아이들이 정보를 습득하는 여러 방식 중에서 글로 읽는 방식을 선호한다는 것이다(Buck & Ehlers, 2002). 그러니 교사는 학생들이 문서로 작성된 자료에도 접근할 수 있도록 준비하자.

적용해 보아요!

✓ 정보를 말로 소개하면서 서면 자료도 제공하자. 귀로 듣고 눈으로 읽게
하는 식으로 다양한 감각을 자극하자.

✓ 아이들이 교실에서 벌어지는 사건이나 경험을 말로 표현하도록 하고
어른이 서기 역할을 자청하자. 이러한 활동은 아이들의 어휘력과 표현
력을 키워줄 수 있다.

✓ 정보를 그래프로 제시하거나 몸소 시연할 때에는, 중계방송을 하듯이
실황 해설을 하자. 그래야 여자아이는 그림이나 시각적으로 제시되는
자료를 언어 정보로 연상하기 쉽다.

✓ 어린아이들을 가르칠 경우, 여자아이이니까 모두 술술 읽어 낼 거라고 가
정하지 말자. 읽기를 잘 못하는 여자아이는 자신의 결점이 남들 앞에서
드러나면 매우 위축될 것이다. 그 아이가 주변의 시선을 받는 대신 도움
을 받을 수 있도록 조치하도록 하자. 교사가 수업 중에 학생들에게 자료
를 소리 내어 읽게 할 계획이라면, 그 여학생에게는 읽기 자료를 미리 줄
수 있을 것이다. 물론 다른 학생들은 그 사실을 몰라야 한다.

운동 감각 학습

운동 감각 학습은 여학생이 더 힘들어하는 경향이 있다. 실습 자료를 만지는 것
을 꺼리는 여학생이 많기 때문이다. 생물 실습 시간에 식물의 여러 부위를 조사
하거나 동물 견본을 해부하라고 하면 여학생은 대개 선뜻 나서지 않는다. 그저
책에 나온 사진을 보거나 다른 학생이 실습 자료를 다루는 모습을 지켜보려고

만 한다. 관련 연구에 따르면, 과학 실험에서 여자아이는 새로운 방식으로 도구를 사용하기보다는 교사가 지시한 대로 따르는 성향이 강하다고 한다(Jones et al., 2000). 하지만 내가 지도한 학생들은 일단 실험 실습에 익숙해진 뒤에는 즐겁게 동참하였다. 나는 그들을 강요하지도 않았고, 해부 실습을 대신해 주지도 않았다.

여자아이가 교실에서 실습 자료를 다루는 데 잘 나서지 않는 이유는 같은 연령대 남자아이보다 덜 충동적이기 때문일지 모른다. 남자아이가 더 충동적이고 교실 활동에서 몸을 더 많이 쓰는 경향이 있다는 연구가 있다(Baron-Cohen, 2003; Honigsfeld & Dunn, 2003). 남녀 공학 교실에서는 남자아이가 너무 나서기 때문에 여자아이가 적극적으로 참여하는 것을 꺼리기도 한다. 여자아이들은 남녀 분리 수업에서 수학을 더 잘 배울 수 있다고 한다. 수업에 적극적으로 참여하게 되어 실습 자료에 금세 익숙해지기 때문이다. 같은 연구에서 남자아이는 남녀 분리 수업을 시행해도 수학 과목의 수행력에 별 차이가 없었다(Seitsinger, Barboza, & Hird, 1998).

여자아이가 남자아이보다 소근육 운동 능력fine-motor skill이 더 일찍 발달한다는 사실을 놓고 볼 때, 이러한 연구결과는 다소 의외다(Kimura, 2000). 여학생이 교실에서 실습 자료를 만지고 조작하는 데에 더 앞장설 수도 있을 텐데 실상은 그렇지 않은 것이다. 여학생이 신체를 이용해 수업 자료를 다루는 것을 선호하지 않는 이유는 여학생이 교사의 비위를 더 맞추려고 하기 때문이 아닐까 하는 견해도 있다(Maccoby, 1998; Pomerantz, Altermatt, Saxon, 2002). 교사가 "만지지 마."라고 말하면 여학생은 교사의 말을 따를 가능성이 더 크다는 것이다. 또 다른 견해로는 여학생이 남학생보다 덜 충동적이고 (James, 2007), 실습 활동을 주도하려는 성향이 적기 때문이라는 것이 있다.

적용해 보아요!

✔ 여학생이 교실에서 실습 자료를 다루는 활동에 더 적극적으로 참여하도록 격려하라. 남녀 공학이라면 성별에 따라 모둠을 나눌 수 있으며 각 학생이 실습 자료를 다룰 최소 시간을 정해 줄 수도 있다.

 – 어린 학생들은 대체로 교실 활동에 더 기꺼이 참여한다. 여학생이 적극적으로 참여하는지 주시하자. 남학생이 계속 주도권을 잡을 경우, 모둠의 구성원 개개인에게 특정 과제를 할당하자.

 – 고학년 학생들의 경우, 모둠 활동에서 여학생이 매번 서기 노릇을 맡지는 않게 하자. 나머지 학생들도 정리를 잘하는 여학생이 서기를 맡는 데 이의를 제기하지 않겠지만, 손 글씨가 엉망인 학생도 연구결과나 정보를 정리해서 쓰는 연습을 해야 한다.

✔ 수학 수업에서 수업 자료를 다루는 활동을 할 때, 일부 여학생은 그저 다른 아이들이 수업 자료를 다루는 모습을 지켜보려고만 할 수 있으므로 모든 학생이 고루 참여하도록 격려하자. 차트를 만들어 학생들의 상호작용을 기록하고, 매주 적어도 한 번씩 그 주에 하는 수업 자료 다루기 활동을 교사 앞에서 시연하게 하자.

✔ 상급반 과학 수업의 경우, 실습 평가를 학과 점수에 포함하자. 그러면 실습 활동에 참여하는 것이 중요하다는 사실을 알릴 수 있다. 또한 실습 능력이 뛰어난 학생에게는 두각을 보일 기회가 된다.

시각 학습

여자아이는 대부분 읽은 내용은 잘 기억하지만, 본 것에 대한 기억은 읽은 것만큼 명확하지 않다. 남자아이가 전체적으로 시각 기억과 시각 학습에 더 뛰어나다는 연구가 있지만(Martins et al., 2005), 여자아이의 시각 기억이 남자아이보다 더 일찍 성숙한다는 연구결과도 있다(Vuontela et al., 2003). 그래서 글자나 숫자, 그림 같은 모양과 패턴을 비교할 때, 여성이 남성보다 인식 속도가 확실히 더 빠른 것이다(Kimura, 2000). 여성은 찾으려는 디자인과 비슷한 디자인을 고를 때 시각 기억을 활용한다. 이러한 능력은 유사한 두 그림 간의 차이를 발견하거나 글을 교정할 때도 사용한다. 이와 관련된 한 가지 이론은 여성의 경우, 상징이나 디자인 하나하나에 이름을 부여함으로써 시각 기억 과제를 언어 과제로 전환한다는 것이다.

사물의 위치를 기억하는 것과 같은 몇 가지 시각 기억을 검사해 보니 여성에게 유리하다는 결론이 나왔다(Halpern, 2000). 하지만 이러한 결론이 아주 확실한 것은 아니며, 남성이 여성보다 사물의 위치를 더 잘 기억한다는 연구결과도 있다(Cattano, Postma, & Vecchi, 2006; de Goede, Kessels, & Postma, 2006). 만약 정보를 그래프로 제시하면, 남성이 제시된 자료를 더 많이 기억할 가능성이 크다(Geiger & Litwiller, 2005). 남성은 시공간 기억이 더 뛰어난 것으로 보인다. 이 기억 능력은 시간과 공간에서 움직임을 수반하기 때문에 컴퓨터 게임에서 유용하게 쓰인다. 서로 다른 모양 두 개를 결합하면 무슨 모양이 되는지 파악할 때도 남성이 더 뛰어나다는 연구가 있다(Lawton & Hatcher, 2005).

여자아이들이 언어 정보 외에 다른 것을 얼마나 잘 기억하는지에 관해 내가 유독 관심을 갖는 이유가 궁금한가? 나는 학생들을 가르치면서 그래픽 자료나 상징적 데이터를 기억하는 데 어려움을 겪는 여학생을 자주 목격했다. 적어도

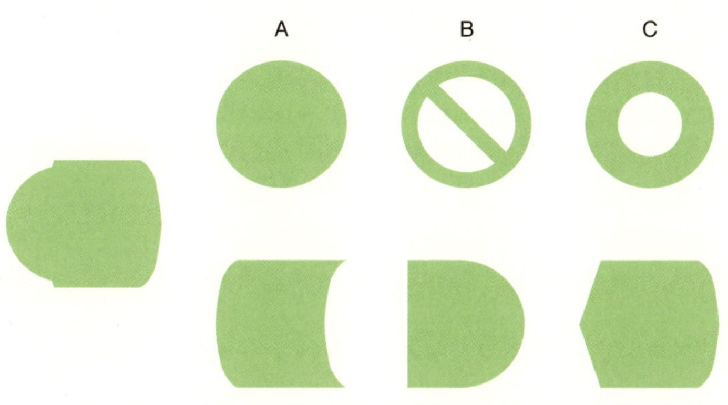

A, B, C 중에 어떤 것을 두 개 결합하면 좌측 모양이 나올까?

그들은 그런 정보를 기억하는 것이 어렵다고 믿고 있었다. 일부 여학생이 대수학을 처음 배울 때 특히 어려워하는 것은 표기법에 적잖이 당황하기 때문이다. 무엇보다도 변수를 나타내기 위해 숫자와 문자를 혼용하는 것을 이해하지 못한다. 변수 χ는 무엇을 나타내는가? 보통 문자들은 단어와 관계가 깊기 때문에 언어 지향적인 학생은 이 용어를 이해하기 위해 개별 문자에 초점을 맞추겠지만 여기서는 그 방법이 통하지 않는다. 어떤 여학생은 변수로 χ와 γ를 반복해서 사용하면 혼란스러워한다. 특히 나열된 두 문제가 같은 기호를 미지수로 사용하면 더욱 헷갈려 한다.

적용해 보아요!

✓ 여학생이 문자가 변수를 나타낸다는 점을 인지하는 것을 어려워할 경

우, 비슷한 변수를 쉽게 구분할 수 있도록 표시해 주자. 문자 변수에 어려움을 겪는 경우에만 표시해 주고, 문자가 변수를 나타낸다는 사실을 이해한 뒤에는 더 이상 표시하지 않아도 된다.

✓ 또 다른 전략은 비슷한 변수를 구분하기 위해 형광펜을 사용하는 것이다. 문제에 두 가지 이상의 변수가 있을 때는 형광펜 색을 달리하면 좋다.

✓ 수학 기호나 과학 기호를 그림으로 접근하자. 그 기호 자체를 그림으로 보여 주거나, 문자와 숫자가 뒤섞인 형태 대신 그 기호가 나타내는 대상을 그림으로 보여 줄 수 있다. 예를 들어 포도당의 화학식은 $C_6H_{12}O_6$ 인데, 학생들이 문자와 숫자가 어떤 관계인지 볼 수 있도록 육각형 분자 모양을 그려 줄 수 있다.

✓ 수학 시간에 실제로 사과나 오렌지 등 다른 물체를 나타낼 수 있는 것을 가져와 방정식처럼 배열하자. 예를 들어 '$22-3\chi=8\gamma$' 방정식을 블록으로 표현해 보자. 숫자에는 작은 블록을 사용하고 변수에는 큰 블록을 사용하라. 예시된 문제처럼 작은 블록 22개, 큰 블록 3개, 그리고 다른 색의 큰 블록 8개를 배열하라. 큰 블록 하나가 작은 블록 몇 개에 해당하는지 알 수 있도록 블록을 움직여서 방정식의 해를 생각해 볼 수 있다.

나는 대수학 예비 과정을 가르쳤을 때 연산 기호를 이해하지 못하는 여학생이 꽤 있다는 사실을 발견했다. 그 여학생들은 특히 기본적인 산수 용어에서 벗어날 경우 힘들어하였다. 예를 들어 −4는 무엇을 의미할까? 어떤 것에서 4를 빼라는 말인가, 아니면 그 값이 0보다 작다는 뜻인가? −4를 어떻게 읽어야 할까? 빼기 4? 음수 4? 빼기는 연산을 가리키고 음수는 값을 가리키기 때문에 의미가 다르다. 그래서 언어에 초점을 둔 학생은 −4를 어떻게 읽어야 할지 쉽게 결정하지 못하는 것이다. 반면 숫자에 초점을 둔 학생은 어떤 수를 빼라는 뜻이든 그 값이 음수라는 뜻이든 상관없다. 간단한 덧셈·뺄셈 방정식에서 그 효과가 거의 같기 때문이다. 그런 학생은 일정 수량을 −4로 곱하거나 나누는 과제를 받았을 때에서야 이것이 연산을 하라는 것인지 수의 값을 나타내는 것인지 헷갈릴 수 있을 것이다.

한번은 수업 중에 어떤 여학생이 빼기와 음수 간의 차이가 뭐냐고 질문하였다. 나는 양수 4를 빼든 음수 4를 더하든 결과가 같다고 알려 주었다. 여학생은 여전히 혼란스러워하였다. 실은 반 전체가 다소 어리둥절한 표정을 짓고 있었다. 나는 칠판 상단에 수직선을 그려 설명해 주었다. 학생들이 모호한 용어에 익숙해질 때까지 이와 같은 문제가 나올 때마다 수직선을 그려 설명하였다. 학생들이 시험을 치를 때는 아예 시험지 상단에 수직선을 그려 놓고 문제를 풀게 하기도 했다.

수학과 과학에는 애매한 용어가 더러 있다. 단어 지향적인 학생들은 이 때문에 어려움을 겪는다. 빼기와 음수는 빙산의 일각일 뿐이다. 배수와 곱하기는 어떠한가? 2배와 곱하기 2, 또는 2로 나눈 것과 2등분은 같은가, 다른가? 델타 기호(δ)는 변화량을 가리키는가, 열熱을 가리키는가? 단어를 잘 기억하는 학생은 각 단어가 무엇을 뜻하는지 분명히 따지려고 한다. 수학 기호를 어려워하는 여학생은 필시 이렇게 물어볼 것이다.

"문자가 무엇을 나타내는 건가요?"

"왜 이 문제는 앞에서 풀었던 문제와 똑같은 문자를 사용하는 건가요? 문자가 같으면 값도 같은 건가요?"

기억과 물체 위치에 관한 연구는 왜 일부 여학생이 수학이나 과학의 그래프 문제를 더 어렵게 느끼는지 단서를 제공한다. 여성이 물체의 위치를 기억하는 이유가 그 물체에 이름을 붙이기 때문이라면, 포도당의 화학식인 $C_6H_{12}O_6$를 "탄소 육, 수소 십이, 산소 육"이라고 말해 주면 덜 어려워할지도 모른다. 여학교에서 과학을 가르칠 때 나는 화학식을 칠판에 쓰면서 항상 각 요소의 이름을 말하였다. 칠판에는 $C_6H_{12}O_6$라고 적지만 각 요소의 이름을 풀어서 상기시켜 주면 학생들이 더 쉽게 받아들였다. 나는 학생들이 화학식에 익숙해진 다음에서야 각 요소의 이름을 일일이 말하지 않고 그냥 쓰기만 했다.

적용해 보아요!

✓ 학급의 모든 학생들이 교사가 무슨 말을 하는지 알아들을 때까지는 용어를 줄여 말하거나 단축 기호를 사용하고 싶은 유혹을 물리치자. 나는 언젠가 화학 반응식의 좌우 균형을 설명하다가 한 여학생이 화살표가 무슨 뜻인지도 모르고 있었는 사실에 놀란 적이 있다.

✓ 기호의 의미를 잘 기억하지 못하는 학생은 각 기호가 나타내는 의미를 차트나 목록으로 만들게 하자. 단, 교사가 만들어 주고 그것을 외우라고 하지 말자. 학생이 직접 만들어야 기호가 나타내는 의미를 기억하는 데 도움이 되기 때문이다.

✓ 학생들이 방정식에서 변수 χ가 무엇을 나타내는지 이해하도록 블록 같은 물체를 활용하자.

성별에 따른 차이 2 **공정성의 의미**

"정말 불공평해요!"

학생들이 걸핏하면 호소하는 불만이다. 여자아이는 노력이 성공의 척도라고 믿는다. 그래서 과제를 3시간 동안 공들여 한 아이는 20분 만에 끝낸 반 친구보다 자기 점수가 낮으면 이의를 제기한다. 하지만 과제물은 준비하는 데 들인 시간이 아니라 최종 결과물로 평가한다고 학생들에게 일찍 공표하면 교사의 업무가 수월해진다. 애초에 채점 기준을 명확하게 알려 주면 학생들은 어디에 공을 들여야 하는지 미리 알고 대처할 것이기 때문이다.

노력에 초점을 맞추는 여자아이를 격려하기 위해 교사가 간혹 점수를 조정해 주기도 한다. 물론 과제를 수행하는 데 많은 시간 애썼다는 사실을 학생이 확실히 증명하고, 또 노력에 대한 가산점이 채점 기준에 명시된 경우에만 그렇게 해야 한다. 이런 기준을 미리 알지 못할 경우 매우 교사가 최종 결과물에만 관심을 보이면 학생들, 특히 대학생들은 당황한다. 일부 여자아이는 수학과 과학에서 특히 이런 문제로 힘들어한다. 하지만 정답이 중요하지, 문제를 푸느라 얼마나 시간과 공을 들였는지는 중요하지 않다. 나는 여학생들이 주관식 문제를 미리 알려 주는 과목을 좋아한다는 말을 들었다. 길게 쓴 답안지에 교사가 점수를 더 줄 거라고 믿기 때문이다. 하지만 요점을 비껴간 장황한 설명으로 높은 점수를 기대한다면 오산이다.

공정성에 대한 또 다른 문제는 학생들이 지켜야 할 규칙을 어겼을 때 어떻게 훈육해야 효과적인지 하는 점이다. 여자아이의 잘못된 행동을 훈육하는 데는 귀납적 질문이 가장 효과적이다(Barnett, Quackenbush, & Sinisi, 1996). 여기서 귀납적 질문이란, 어른이 비행을 저지른 아이에게 누군가가 너 때문에 상처를 입었다고 지적하며 "다른 사람이 너에게 똑같이 행동하면 어떤 기분이 들겠니?” 하고 물어보는 방식이다. 그런데 귀납적 질문에서는 초점을 누구에게 맞추느냐가 중요하다. 예를 들어 아이의 비행이 부모나 교사 등 어른에게 미치는 영향을 따진다면 “나는 네 행동에 무척 실망했다.”라고 말할 수 있고, 피해자에게 미치는 영향을 따진다면 “네 행동 때문에 수지가 어떤 기분일지 생각해 봤니?”라고 말할 수 있다. 여자아이는 부모와 관련된 귀납적 질문이 피해자와 관련된 귀납적 질문보다 더 공정하다고 생각한다(Horton, Ray, & Cohen, 2001). 결국 여자아이가 공정하게 훈육받는다고 생각하게 하려면 귀납적 질문을 던지는 데서 그치지 말고, 피해자보다는 부모나 다른 어른에게 어떠한 영향을 미치는지 따져야 한다. 여자아이에게 이런 상황은 노력에 따라 성과가 달라지는 또 다른 예이기 때문이다.

결국 여자아이에게 공정성이란, 모든 측면에 귀를 기울인 뒤 어떤 측면에 있어서도 불공정하지 않은 결정을 내리는 것을 의미한다.

적용해 보아요!

✓ 수학과 과학에서는 채점 기준이 반드시 필요하다. 채점 기준이 있으면, 학생들은 무엇을 해야 하고 그들의 노력이 어떻게 평가되는지 알 수 있다. 고학년 학생들에게는 어디에 중점을 두어야 하는지 알 수 있게 학기 초에 장기 과제의 채점 기준을 알려 주자.

✓ 학생들이 과제물, 특히 실험 보고서의 표지를 요란하게 장식하지 못하게 하자. 또한 내용물을 묶는 기능 이상의 용도를 지닌 바인더를 허용하지 말자. 수준 이하의 내용물에 공을 들인 척하느라 표지에만 신경

쓰는 학생이 더러 있다. 대학에서도 겉표지에 제목 외에 다른 것은 쓰지 못하게 하는 경우가 있다. 학생들은 과제물의 내용에 따라 점수를 받는다는 사실에 익숙해져야 한다.

✓ 규칙을 분명하게 알려 주자. 어딘가에 붙여 두면 좋다. 규칙과 그런 규칙이 나온 배경을 확실히 알려 주어야 아이들이 나중에 잘 몰랐다거나 불공정하다는 불만을 호소하지 않는다.

– 어린 학생들의 경우 어른의 지도 아래, 어떤 행동이 구성원을 모두 존중하는 행동일지 의논하여 규칙을 정할 수 있도록 도와 주자.

– 고학년 학생들의 경우, 아이들끼리 의논해서 규칙을 정하게 하자. 결정한 다음에는 그 규칙을 따르기로 합의했다는 증거로 모두의 서명을 받고, 서명한 규칙 목록을 벽에 붙여 놓자.

성별에 따른 차이 3 · 학습장애의 양상

여자아이가 남자아이보다 학습장애로 판명되는 일이 드물다는 데 이견이 없다. 대부분 학습장애는 언어 능력 부족과 관련되므로 언어 능력이 더 빨리 발달하는 쪽은 문제가 적기 마련이다. 그렇다고 여자아이가 학습장애를 겪지 않는 것은 아니다. 따라서 여학생이든 남학생이든 누군가가 학급에서 뒤처진다면 그것이 학습장애 때문은 아닌지 고민해 봐야 한다.

아이들은 재능도 다르고 발달 속도도 다 다르다. 학교는 이러한 차이에 민감해야 한다. 그런데 학습장애로 보이는 것이 실제로는 학습방식의 차이거나 발달 속도의 차이일 수 있다. 개인차 역시 신중하게 다뤄야 하는데 때로는 시간이 지나거나 교수 방식을 바꾸기만 해도 아이들의 문제가 개선되기도 한다.

모둠의 크기에 따른 학습 효과

여학생의 경우, 모둠의 구성원 숫자에 따라 모둠 활동이 달라진다는 말을 하면 다른 교사들도 공감하며 한 마디씩 거들곤 한다. 그룹 프로젝트에 여학생을 홀수로 배정할 경우 어떤 일이 벌어질지 구체적인 연구결과를 들어 이야기하겠다. 그러한 일화를 뒷받침할 연구결과가 있는 것을 모르는 교사가 적지 않을 것이다.

여자아이는 짝수로 구성될 경우 모둠 활동을 더 잘 수행한다는 것이 연구에서 확실히 입증되었다. 그리고 여자들은 원래 그룹 전체보다는 개인에게 초점을 맞추기 때문에 만약 두 명 이상으로 이뤄진 그룹에서 교사가 일부 구성원에게만 관심을 쏟으면 나머지 사람들은 소외된다고 느낀다(Benenson & Heath, 2006).

한 모둠에 세 여학생을 배정하면, 분명 두 명이 서로에게 관심을 보이고 세 번째 학생은 소외될 것이다. 네 명이라면 둘씩 짝을 지어 활동에 참여할 수 있다. 물론 간혹 세 여학생이 아주 효과적으로 활동에 참여하는 모습을 본 적이 있지만 그런 경우는 이례적이다.

세 여학생이 함께 활동에 참여하겠다고 요청한다면 일단은 의심을 접고 믿어주되, 교사는 세 사람이 동등한 파트너로서 참여해 나가는지를 주시해야 한다. 의욕이 별로 없거나 할 능력이 없는 두 여학생이 그 활동을 할 수 있는 외로운 제3의 여학생을 고르는 경우를 목격한 적이 있다. 이때 두 여학생은 수업 활동으로부터 한발 물러나 나머지 여학생을 치켜세우며 활동 전체를 홀로 수행하도록 부추겼다.

적용해 보아요!

- ✓ 세 여자아이를 한 조에 배정해야 한다면, 과제를 확실히 분배하도록 관리하자. 그렇게 하면 누가 무슨 일을 해야 하는지 서로 알고 어느 한 사람에게 미루지 못할 것이다.

- ✓ 모둠에 여자아이를 두 명 이상 배치해야 한다면, 정기적으로 모둠 구성원을 바꾸도록 하자. 새로운 모둠이 조성될 때마다 여자아이는 다른 일을 수행할 것이다. 간혹 유난히 단짝인 여자아이들이 분위기를 흐리더라도 정기적으로 모둠을 바꿔 주면 분위기가 다시 좋아질 것이다.

- ✓ 모둠 활동에 2단계 평가를 도입하여, 프로젝트와 구성원 개개인의 노력을 각각 평가하라. 그러면 모든 학생들이 프로젝트에 기여하려고 애쓸 것이다.

난독증

난독증dyslexia은 언어와 관련된 여러 문제 중 하나로, 여자아이보다는 남자아이가 그런 증상으로 진단받는 경우가 많다. 난독증이 있는 아이들은 말하기나 읽기, 문자 언어에 어려움을 겪을 수 있으며 이들은 학습할 수 있지만 일반적인 교수 방법과 다르게 접근해야 한다(Carreker, 2004). 흔히 여성이 남성보다 언어에 강하다는 사실을 근거로 여자아이는 이런 문제를 겪지 않을 것이라 짐작한다. 하지만 여자아이가 난독증이 있다면 세간의 눈을 의식해 자신의 문제를 더 민감하게 받아들일지도 모른다.

교사와 부모는 난독증이 있는 여자아이가 제대로 진단받아 학습의 어려움에 대처하도록 신경 써야 한다. 아이에게 배정된 특수 교사와 함께 아이가 문제를 잘 해결해 나갈 수 있는 학습환경을 조성하도록 노력해야 한다. 아이가 이미 알고 있는 것은 무엇이며 그 정보를 습득하기 위해 어떤 방법을 썼는지 스스로 파악하도록 도와주자. 그런 다음 유사한 방법을 이용해 공부의 틀을 잡도록 지원하자. 배운 것을 아는 것도 중요하지만 자기가 배우는 방식이 다른 학생들과 다르다는 것을 받아들이는 것도 중요하다. 언어적으로 학습 곤란을 겪는 아이를 도와줄 방법은 많다. 각 학교의 특수 교육을 담당하는 부서에서 개별 학생에 맞는 특별한 전략을 마련하도록 도와줄 것이다.

적용해 보아요!

✓ 또래의 인정이 중요한 여중생에게 학습장애로 진단받거나 지목당하는 것은 어떻게든 피하고 싶은 일이다. 대수롭지 않게 넘기는 여학생도 간혹 있지만 대다수 여학생은 다른 사람이 자신의 학습장애를 알면 당황스러워 한다. 그래서 교사가 특별한 교수전략을 적용하고 싶어도 학생 본인은 학습장애가 있다는 사실을 들킬 것이 두려워 교사의 제안을 거부하기도 한다.

✓ 아주 어린 여자아이는 난독증 장애가 있다고 판명되는 일이 드물다. 하지만 난독증으로 분류되지 않았다고 해서 아무 문제가 없다는 뜻은 아

니다. 예전에 내가 지도했던 여학생은 심각한 난독증 증세를 보였지만 4학년 때까지 난독증으로 진단받지 않았다. 말솜씨가 워낙 뛰어났기 때문에, 학업에서의 어려움이 읽기 능력 부족 때문일 것이라고 생각하기가 어려웠기 때문이다.

✓ 고학년 학생들은 비슷한 어려움을 겪는 상급반 여학생이나 어른과 이야기하는 것이 도움이 된다고 말한다. 다른 사람들도 자기와 같은 문제가 있지만 잘 대처하는 모습에 위로를 받고 용기를 얻기 때문이다.

✓ 유명인 중에 난독증을 앓는 사람이 많다. 난독증이 있는 여학생에게 그런 사람을 조사한 다음, 특히 그들이 어떻게 학습장애를 이겨냈는지에 역점을 두어 보고서를 작성하게 하자.

난필증

난독증이 있는 아이가 정보를 입력하는 데 어려움을 겪는다면, 난필증dysgraphia이 있는 아이는 정보를 출력하는 데 어려움을 겪는다. 특히 쓰기를 힘들어 한다. 통합운동장애dyspraxia는 글씨 쓰기를 포함해 운동 능력과 협응력에 어려움을 겪는 경우를 통칭하는 말이다. 흔히 손으로 글씨 쓰는 것을 어려워할 때 난필증으로 진단하지만, 문제는 이보다 훨씬 더 복잡하다. 이번에도 남자아이가 이런 증세를 보이는 경우가 더 많다. 분명 언어 능력이나 미세운동 능력이 늦게 발달하기 때문일 것이다. 난필증이 있는 아이는 생각을 글로 정리하는 데 어려움을 겪고, 말로 표현하는 생각과 글로 표현하는 생각 간에 차이가 크다. 또한 철자와 문법 능력도 떨어지고 글씨를 쓰면 금세 지친다(Dysgraphia, 2007). 이런 문제가 있는 사람은 다른 일을 하기 위해 손을 제어하는 것도 어려워한다. 그래서 피아노를 비롯해 양손을 쓰는 악기 연주에 서툴다.

　나는 심각한 난필증을 지닌 사람으로서, 컴퓨터가 난필증 아동에게 얼마나 유용한 도구인지 입증할 수 있다. 나는 손으로 쓸 때는 금세 지치지만, 타이핑을 할 때는 지치지도 않고 속도도 엄청나게 빠르다. 하지만 타이핑을 할 때도 소리 내어 말하는 버릇은 고치지 못한다. 그래서 내가 쓴 글은 마치 상대에게 말하는 것처럼 들리기도 한다. 나는 학교 다닐 때 작문 숙제를 제대로 완성한 적이 별로 없다. 그런데 같은 문제를 안고 사는 내 아들은 4학년 때 컴퓨터로 글을 쓰기 시작하면서 문제가 확연히 줄었다. 요컨대 문제에 일찍 대처하는 것이 중요하다. 난필증이 있는 여자아이에게는 글씨를 깔끔하게 쓰는 데 한계가 있다는 사실을 알려 주고 일찌감치 컴퓨터를 이용하도록 격려하자.

　그렇다고 항상 컴퓨터에만 의존해서는 안 되며 자기 손으로 깔끔한 결과물을 완성하려고 애써야 한다. 모든 학생이 컴퓨터에 능숙해야 한다는 우리 사회의 풍토는 나중에 문제를 야기할지도 모른다. 읽기에 필요한 기능인 문자 인식 능력은 학습하면서 그 문자를 직접 써 봐야 향상된다는 연구가 있기 때문이다 (Longcamp과 동료들, 2008; Longcamp, Boucard, Gilhodes, & Velay, 2006). 게다가 단어를 외울 때나 다른 학습 자료를 배울 때 직접 쓰면서 공부하면 더 잘 기억할 수 있다(Naka, 1998). 나는 뭔가를 배울 때는 내 필체가 엉망이라도 직접 여러 번 써 보는 것이 나에게 가장 좋은 방법임을 깨달았다. 반면에 에세이를 쓰거나 책을 집필할 때는 여전히 컴퓨터가 가장 좋은 친구다.

적용해 보아요!

✓ 난필증이 있다고 판명된 학생도 컴퓨터에 익숙해질 기회가 많으므로 깔끔한 과제물을 완성할 수 있다. 학생이 난필증이 있다는 사실이 일찍 밝혀질수록 쓰기 과제를 수행하는 데 겪을 어려움을 크게 줄일 수 있다.

✓ 난필증이 있는 학생은 긴 작문 과제를 컴퓨터로 완성해도 되지만, 모든 학생이 간단한 메모나 알림장을 적는 정도는 손 글씨로 능숙하게 적을 수 있어야 한다. 태블릿 컴퓨터를 이용해서도 대부분 학생들이 손쉽게 직접 필기할 수 있다. 내 태블릿 컴퓨터도 내 악필을 대부분 읽어 낸다!

✓ 난필증이 있는 여학생은 에세이의 개요나 기본 뼈대를 구성하는 법을 따로 배워야 한다. 정해진 양식이 없는 에세이나 다른 과제보다 정해진 양식이 있는 실험 보고서를 비교적 쉽게 써 내는 것을 볼 수 있는데 여기서 중요한 점은 난필증 학생은 구체적인 틀이 제시되어 있을 때 스스로 더 잘 써 낼 수 있다고 생각한다는 것이다.

난산증

난산증難算症, dyscalculia은 수학과 관련된 학습장애이다. 난독증과 통합운동장애가 남자아이에게 흔히 발생한다면, 난산증은 여자아이와 남자아이에게 똑같이 영향을 미친다. 최신 정보에 따르면 난산증의 원인은 기억, 특히 작업기억이라고도 하며(Kaufmann, Lochy, Drexler, & Semenza, 2004), 기억보다는 신경심리학적 요인을 원인으로 꼽는 모델도 있다(Shalev, 2004). 아직까지는 어떤 원인도 정확하게 파악하지 못했기 때문에 장애의 근본 문제를 치유하지 못하고 증상에만 매달린다. 난산증이 있는 아이를 가르치면서 교사는 수없이 좌절을 겪는다. 특히 수학의 특정 기술을 일대일로 공들여 가르쳐 줘서 아이가 확실히 안다고 생각했는데, 다음날 아이가 어제 다룬 문제를 전혀 풀지 못하면 그야말로 힘이 빠진다. 그런데 이해력이 아니라 기억이나 신경처리에 문제가 있다고 보면 난산증을 가진 아이가 수학에 느끼는 어려움을 이해하기 쉬워진다.

나는 상당히 복잡한 수학 문제도 자신 있게 풀고, 대수학 예비 과정에서 삼각법까지 가르친 경험이 있다. 그런데도 식당에서 식사를 마치고 종업원에게 팁을 얼마나 줘야 하는지 계산하지 못한다. 물론 총액에서 10%가 얼마인지는 계산할 수 있다. 문제는 종이에 숫자를 적지 않고서는 이 10%와 원래 금액을 합산하지 못하는 데 있다. 그래서 팁을 계산할 때가 바로 내 휴대폰의 계산기 프로그램이 빛을 발하는 순간이다. 수학에서 겪는 어려움이 기억의 문제라는 사실을 알고 난 뒤로는 수를 다룰 수 있다는 자신감이 생겼다. 더하고 빼는 실수를 수년간 거듭한 뒤로, 나는 이제 계산서를 펼칠 때마다 계산기를 꺼낸다. 어떤 여학생에게 네가 수학에서 어려움을 겪는 이유가 풀이 과정을 이해하지 못해서가 아니라 기억력이나 처리 능력 때문이라고 알려 주면, 아마 수학을 더 열심히 공부할지도 모른다.

적용해 보아요!

✓ 학생이 수학에서 어려움을 겪는 이유가 난산증 때문이라는 걸 일찍 발견할수록 빨리 대처할 수 있다. 나는 평생 손가락에 의지해 계산했고, 나중에는 계산기를 손에서 뗀 적이 없다. 모든 학생이 수학의 기본 연

산을 배워야 한다. 또한 구구단을 활용하면 문제를 빨리 푸는 데 도움
이 될 것이다.
✓ 난산증의 고질적 문제는 책에서 공책으로 문제를 옮기면서 숫자를 잘못
적는 것이다. 계산 과정이 맞으면 문제를 잘못 적더라도 부분 점수를 주
겠다고 말하면 학생들이 수학에 자신감을 잃지 않을 것이다.
✓ 일반적인 대처 방법으로는 수학이나 과학 시험을 볼 때 공식이나 기타
유사한 정보를 참고하도록 허용하는 것이 있다. 고학년 학생들은 이러
한 기능이 있는 공학용 계산기graphing calculator를 활용할 수 있다.
그러면 공식을 억지로 외우느라 힘을 빼지 않고 수학 문제를 푸는 데
집중할 수 있을 것이다.

성별에 따른 차이 5 종합하는 뇌 vs. 분석하는 뇌

흔히 여성의 뇌는 종합하는 뇌, 남성의 뇌는 분석하는 뇌라고 말한다(Baron-
Cohen, 2003). 사이먼 바론-코헨Simon Baron-Cohen은 약간 다르게 접근하
여, "여성의 뇌는 대개 공감하도록 구조화되었고 남성의 뇌는 대개 대상을 이해
하고 체계를 수립하도록 구조화되었다."라고 주장하였다. 이 말을 학습에 적용
한다면, 여학생은 전체적으로 보고 남학생은 부분적으로 본다는 뜻이다. 만약
당신이 유능한 교사라면 여학생에게 학습 자료를 제시할 경우, 이렇게 시작할
것이다.

"자, 목차를 보면서 이번 학기에 우리가 이 책에서 무엇을 다룰지 먼저 살펴

보자."

하지만 그중에는 분석적으로 접근하는 여학생도 있고 종합적으로 접근하는 남학생도 있다는 점을 기억하라. 결국 남녀 공학이든 아니든 두 접근 방식을 모두 활용해야 한다는 뜻이다.

적용해 보아요!

✓ 여자아이는 학습할 때 자기 나름의 공부 방식을 취하는 경향이 있다. 당연히 자기가 선호하는 접근방식으로 공부할 때 가장 효과적인 법이다. 거기에 교사가 제시하는 객관적인 방식을 적용한다면 여자아이는 정보를 더 잘 이해할 수 있을 것이다.

　－ 여자아이가 블록을 갖고 놀도록 격려하자. 남자아이가 이런 장난감을 독점하는 경향이 있으므로, 여자아이에게 따로 챙겨 주자.

　－ 타일을 활용해 예시 그림을 똑같이 만들게 하자. 모자이크는 세부적인 것에 초점을 맞추면서 전체 그림을 완성하는 멋진 방법이다.

✓ 여자아이가 전체적인 면만 보려 한다면, 세세한 부분을 볼 수 있도록 도와줘야 한다.

　－ 저학년 학생들의 경우, 물의 순환을 단계별로 그리게 하자. 그런 다음 각 단계를 가위로 자르게 하자. 종이에 지구를 그리고 상단에 구름을 그린 다음, 각 단계를 적절한 위치에 놓게 하자.

　－ 고학년 학생들은 세포가 수행하는 기본 기능은 이해하겠지만, 정확히 어떤 세포 기관이 그러한 기능을 하는지, 그리고 정확히 무슨 일

이 벌어지는지 확실히 알지는 못한다. 공책의 한쪽에는 각 세포 기관을 그리게 하고 그림 옆에 구체적인 기능을 적게 하자. 같은 기능을 함께 수행하는 세포 기관은 같은 색 형광펜으로 표시하게 하자.

학습자가 배우는 방식을 존중하며 가르치자

학습할 때 우리는 자기에게 가장 맞는 방식으로 학습 기회에 접근한다. 많은 사람들이 비슷한 방식으로 접근하지만 누구나 똑같은 방식을 따르지는 않는다. 따라서 교사는 학습 자료가 학생들에게 미치는 영향을 극대화하기 위해 다양한 접근방식을 활용하여 정보를 제시해야 한다.

| 1 B | 2 C | 3 A | 4 A | 5 B | 6 B | 7 A | 8 A | 9 B | 10 A |

1 일반적으로 남자아이는 언어와 관련된 학습장애로 판명될 가능성이 높다. 최신의 연구는 남자아이가 여자아이보다 학습장애를 더 많이 겪는다는 것은 교사의 편견이 아니라 실제로 일어나는 일임을 확인해 준다 (Linderman, Kantrowitz, & Flannery, 2005).

2 수학 학습의 장애인 난산증에는 성별 차이가 없다. 여자아이나 남자아이나 똑같이 이 장애로 어려움을 겪는다 (Lachance & Mazzocco, 2006).

3 6세에서 18세 사이 여자아이는 또래 남자아이보다 문제를 분명히 규정하고 적절한 전략을 선택하는 데 더 뛰어나다 (Naglieri & Rojahn, 2001).

4 여자아이는 방과 후에 공부하고 과제를 하는 데 더 많은 시간을 할애한다. 남자아이는 스포츠 활동에 참여하고 실내나 실외에서 놀이할 가능성이 훨씬 더 크다 (Du, Weymouth, & Dragseth, 2003; 미국 전국 교육통계센터 NCES 2007).

5 남자아이는 또래 지향적이고, 교사와 함께 있는 분위기보다는 다른 남자아이들과 함께 협력하는 분위기에서 더 잘 배운다 (Honigsfeld & Dunn, 2003; Pyryt, Sandals, & Begoray, 1998).

6 남자아이는 그룹 안에서 가장 잘 배우긴 하지만, 그룹 구성원들이 공부를 즐기지 않는 경우가 많다 (Van Houtte, 2004).

7 여자아이가 글을 교정하는 능력이 훨씬 뛰어나다. 이것은 인식 속도와 관련이 있으며, 여성은 기호와 디자인을 비교할 때도 더 빠르다 (Kimura, 2000; Naglieri&Rojahn, 2001).

8 여자아이는 더 기꺼이 실수를 점검하고 오류를 수정한다. 인식 속도가 여기에 관여하는데, 대체로 덜 충동적이거나 더 성공하고 싶은 욕구가 있어 이러한 의식구조를 갖는 것으로 보인다 (Stumpf, 1998).

9 남자아이는 효과가 별로 없어도 비슷한 전략을 계속 사용하려 한다 (Stumpf, 1998).

10 여자아이는 학업성취와 들인 노력이 밀접하게 관련된다고 확신한다. 한편, 자신의 진척 상황을 더 현실적으로 바라볼 수 있다 (Tibbetts, 1997).

에비게일 노플릿 제임스

에비게일 노플릿 제임스Abigail Norfleet James는 남학생 혹은 여학생만 있는 학교에서 수년 동안 교직 생활을 했고, 성별 차이에 따른 교수법을 주제로 여러 대학과 기관에서 상담 활동을 펼치고 있다. 발달심리학과 교육심리학 전공으로 학생들이 성별에 따라 학교생활에서 어떤 차이를 보이며, 성별에 따라 어떻게 가르쳐야 하는지에 대해 주로 연구한다. 버지니아 주 커리 교육대학에서 박사 학위를 받았고, 그 전에는 남학교와 여학교에서 일반 과학, 생물학, 심리학을 가르쳤다. 또한 남녀 공학을 졸업한 남학생과 남학생만 있는 학교를 졸업한 남학생의 교육 태도를 비교한 연구 보고서, 성별에 따른 기초 능력 교육의 효과를 기술한 연구, 남학생과 여학생을 분리한 프로그램에 참여한 학생들의 학업 성취도에 관한 보고서 등 여러 논문을 발표하였다. 또한 초등학교 수준에서 차별화된 교수법의 효과에 관한 책도 발표하였다. 여러 교육 관련 학회에서 강연하거나 논문을 발표하였고, 남녀 분리 교육을 지지하는 교사 및 학부모 단체와 함께 다양한 활동을 펼치고 있다. 미국 교육연구협회(AERA), 미국 심리학회(APA), 미국 교과과정 개발 및 감독 협회(ASCD), 유색인종 남학생교육협회(COSEBOC), 성별교육협회(GEA), 국제남학교연합(IBSC), 남녀분리공교육협회(NASPE, 자문위원) 등에 소속되어 있다.

특별한 보살핌이 필요한 뇌

"뇌의 운영체계가 제대로 발달하지 못하거나 이상이 생기면,
학생의 행동과 학업성취에 분명 문제가 발생한다."

7장에서는 교사들이 아이들의 '별난 점'이라고 부르는 부분을 살펴본다. 아이들 두뇌의 사회성 운영체계와 학습 운영체계라는 두 가지 범주를 탐색해 볼 것인데, 각 운영체계를 이해하면 우리는 학습자 뇌의 별난 점들을 이해하게 될 것이다. 운영체계 모델은 '고장 난' 뇌에 어떤 문제가 있는지 따지기보다는 단지 뇌의 독특한 점을 이해하려는 데 중점을 두고, 학교 환경에서 뇌가 제대로 작동하는 데 필요한 모델을 찾고자 한다. 뇌의 독특한 점들을 탐구하다 보면, 두 가지 운영체계가 갖는 하위 기술 중 서로 중복되는 부분은 거의 없다는 것을 알게 될 것이다. 그렇긴 해도 이러한 체계가 손상되면 학생에게 문제가 발생하게 된다는 기본 특성은 동일하다.

아이들의 사회성·감성 운영체계는 실제로 매우 복잡하다. 학교에서 잘 어울리기 위해 학생들이 지녀야 할 태도나 능력을 일일이 언급하자면 끝도 없을 것이다. 그중에서도 줄 서서 기다리기, 다른 사람 건드리지 않기, 사회적 신호에 적절하게 행동하기 따위는 금세 자연스레 익힐 수 있다. 하지만 학교생활을 잘 하려면 이외에도 몇 가지 핵심 능력을 반드시 익혀야 한다.

사회성 운영체계 강화 전략

뇌의 여러 영역이 사회적 역량에 관여하지만 우리는 여섯 가지 주요 체계에 초점을 맞출 것이다. [그림 7.1]에 나오는 것처럼 감각 인지, 사회적 추론, 마음 이론, 유대감과 공감 능력, 감정 상태, 보상 평가가 바로 뇌의 사회성 운영체계이다. 사회성 운영체계를 이루는 하위 기술이나 역량을 키우면, 뇌가 강화되어 평생 활용할 재능을 개발할 수 있다. 이런 하위 기술을 제대로 개발하면 학생들은 일상에서 주변 사람들과 원만하게 지내고 그들에게서 도움도 받을 수 있다. 그만큼 사회성 기술은 인생에서 가장 중요하게 여겨지는 목록 중 하나다.

만약 어떤 학생이 사회적으로나 행동상에 문제가 있다면, 위에서 말한 여섯 요인 중 한 가지 이상이 학교에서 원만히 지내는 데 필요한 수준에 미치지 못하기 때문이다. 그렇다고 그 학생에게 무슨 문제가 있다는 건 아니다. 어른들 중에는 심한 아스퍼거 증후군을 앓아도 직장과 사회에서 남부럽지 않게 생활하는 사람이 많지만, 이 증후군을 앓는 아이들은 뇌가 사회적 정보를 제대로 처리하지 못하기 때문에 협동심이 많이 필요한 학교 환경에서 어려움을 겪는 것이다. 그렇다고 해서 그런 아이들이 학교에서 잘 지낼 수 없다는 말은 아니다. 그들의 뇌는 다른 것이지 고장난 것이 아니다. 벌어진 격차는 대부분 따라잡을 수 있

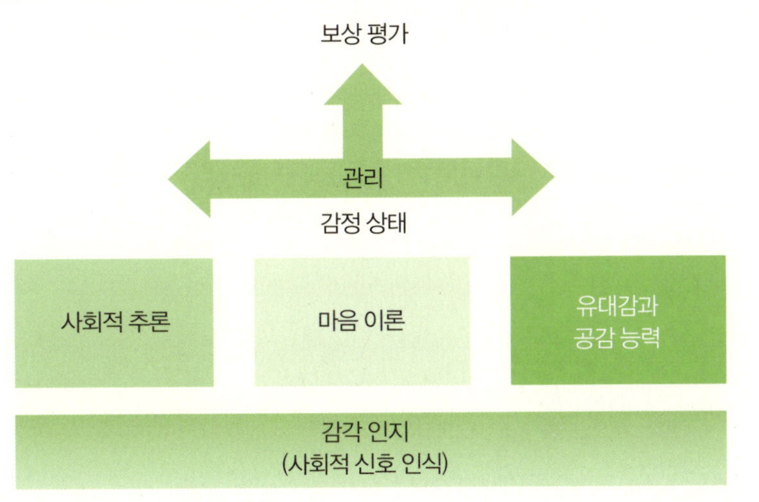

다. 다만 주위에서 이해하고 참을성 있게 기다려 줘야 한다. 아이들은 누구나 학습할 수 있다. 부모와 교사는 그것이 실현되도록 의지와 시간과 자원을 갖춰야 한다.

이 운영체계 중 어느 하나가 제대로 작동하지 않을 때, 그 부분을 강화하기 위해 활용할 만한 다양한 전략이 있다. ([표 7.1] 참고)

- 감각 인지Sensory Awareness 이 영역은 사회적 신호들을 인식하고 정확하게 처리한다. 역할극, 시범 강의, 토론 등을 통해 이러한 기술을 개발하자.

  강화 전략 교실에서 흔히 벌어지는 사례를 활용하여 작은 단위로 모둠 활동을 시키자. 이런 활동을 통해 상황에 적절한 행동 방식이 무엇인지를 학생들이 다른 시각으로 바라볼 수 있도록 지도하자. 학급 전체가 DVD를 시청한 다음, 어떤 일이 벌어졌으며 다르게 행동할 수는 없을지에 대해 토론하자.

• 사회적 추론Social Reasoning 이 기술은 타인을 염두에 두고 의사결정을 내리고, 특정 그룹 안에서 인정받고, 또래 압력을 이겨 내는 역량과 관련된다.

　　강화 전략 협력 학습 활동의 일환으로 '듣는 기술'을 명시적으로 가르치자. 그리고 학생들은 각자의 역할이 잘 정의되어 원만하게 운영되는 협력 학습 모둠의 일원이 되게 하자. 학생들은 사회적 행동이 미치는 영향을 제대로 듣고 볼 줄 알고 모둠 안에서 사회적 추론 기술을 개발하게 될 것이다. 5학년 이상의 고학년 학생들에게는 사례 연구를 활용할 수 있다. 전 연령층을 대상으로 시범 강의를 진행하자.

• 마음 이론Theory of Mind 이 기술은 남의 입장에 서서 타인의 행동을 예측하거나 그의 감정과 공감하는 역량이다.

　　강화 전략 마음 이론에 따르는 하위 기술은 언어 시간에 예측 활동과 상대방의 행동을 예측하게 하는 역할 놀이를 통해 향상시킬 수 있다. 역할 놀이와 아주 전형적인 학생들의 행동 시나리오를 사례 연구로 살펴보는 것도 타인의 사고방식을 예측하는 법을 배우는 좋은 방법이다.

• 유대감과 공감 능력Affiliation and Empathy 이 기술은 서로가 밀접하게 연결되어 있다는 느낌을 바탕으로 타인과 신뢰 관계를 맺는 능력이라고 할 수 있다. 이 영역과 관련된 장애가 있는 학생은 자랄 때 불안하거나 적대적인 애착 관계를 맺은 경우가 많다.

　　강화 전략 협동학습과 팀워크, 긴밀한 그룹 활동을 통해 적절한 피드백을 받으면 이 능력을 향상시킬 수 있다. 또한 팀의 규범을 지키고 피드백을 받고 교사와 또래의 평가에 귀를 기울이는 과정에서 이러한 역량이 강화된다. 교사는 친구 사귀는 방법을 가르치는 것에 그치지 말고 친구와 관계를 원만하게 유지하는 법까지 가르쳐야 한다.

- **감정 상태**Emotional States 자신의 감정을 다스리고 타인의 감정 상태에 영향을 미치는 역량은 매우 중요하다. 학생의 흥미를 끌고 다양한 대응방식을 보여 줄 기회를 주는 활동에 참여할 기회를 늘려 줌으로써 이러한 역량을 크게 키울 수 있다.

  강화 전략 드라마, 연극부, 역할극, 사람들의 삶을 다룬 소설 쓰기 등으로 뇌를 훈련할 수 있다. 나아가 스포츠 활동으로 승리감과 패배감을 다스리고 스포츠 정신의 가치를 배울 수 있다.

- **보상 평가**Reward Evaluation 이것은 상호작용을 상황에 맞게 적절히 주고받는 역량이다. 즉 사회적 신호에 양보와 타협으로 적절히 대응하는 것이다. 사회적 상호작용을 긍정적으로 영위하면 정서적으로 보람을 느낄 수 있다. 이러한 기술은 타고나는 것이 아니라 배워서 터득하는 것이다. 그래서 교사의 역할이 중요하다. 학생들이 평소에 미소나 악수, 포옹 같은 사회적 신호뿐만 아니라 "부탁해.", "고마워." 같은 말을 긍정적으로 받아들이도록 배우지 않았다면, 상대방의 호의가 낯설게 느껴질 것이다.

  강화 전략 서로 양보하고 타협하도록 가르치기 위해 교사가 평소에 모범을 보이자. 학생들이 어떻게 해야 할지 행동으로 보여 주자. 이러한 행동은 대개 가정에서 익혀야 하지만, 가정에서 제대로 배우지 못한 학생도 타인에게 감사의 편지를 쓰는 등 다양한 교실 활동을 통해 익힐 수 있다.

사회성 기술을 키우기 위한 웹사이트

- Let's Face It! web.uvic.ca/~letsfaceit/activities.php
- Posit Science, www.positscience.com
- Social Skill Builder, www.socialskillbuilder.com/howtochoose.html
- Second Life, secondlife.com

사회성 기술을 키우기 위한 장기, 심층 프로그램

- TeachTown.com
- Natural Environment Teaching (NET)
- Pivotal Response Training (RPT)
- Prelinguistic Milieu Teaching (PMT)
- Boardmaker
- Laureate Learning Systems
- SpeechTeach
- Picture This

알다시피 많은 교육자가 학령기 아동에게 사회성 기술을 가르치는 데 어려움을 겪는다. 그런 기술을 짧은 시간에 가르칠 수 없기 때문이다. 이것은 개념이나 숫자 혹은 문자를 가르치는 것과는 확연히 다르다. 여기에는 구문론(언어 규칙), 의미론(비언어적 의사소통과 실제 말 뒤에 숨은 뜻), 화용론(상황에 따른 사회적 언어 사용)을 포함하여 다양한 요소가 관여한다. 각 요소가 제대로 작동하지 않으면 문제가 생긴다. 무엇보다도 위에서 논의한 여섯 가지 영역이 제대로 작동해야 한다. 그렇지 않으면 자기 의사를 제대로 전달할 수 없다.

또한 이 여섯 가지 핵심 기술과 관련된 여러 전략이 있다. 핵심 기술은 각 전략을 이해하기 위한 토대가 된다. 예를 들어 학생들은 스트레스를 받으면 사람들과 어울리거나 예의 바르게 행동하기 힘들다. 특히 반항성 장애가 있는 학생들은 스트레스를 많이 받은 상태에서 힘든 과제를 수행해야 할 경우 누구보다도 분노 조절을 하기 힘들다. 새로운 시각으로 바라보기, 심호흡, 타인의 입장에서 상황 바라보기, 20까지 숫자 세기 등 감정을 다스리는 전략을 가르친다면 학생들 스스로 감정을 통제할 기회를 얻을 것이다.

사회성을 키우는 수업

사회성 운영체계를 키우는 것이 최우선 과제이다. 그런데 어떤 학생이 날마다 결핍된 가정환경 속에서 지내며, 학교에서도 운영체계를 향상시키는 활동을 조금밖에 하지 않는다면, 그 학생의 뇌를 바꿔 보겠다는 바람을 아예 가지지 마라. 활동에 들인 시간은 학생의 전체 삶에서 극히 일부분에 지나지 않는다. 아무 일도 하지 않는 것보다는 낫겠지만 장기적으로는 큰 효과가 있지 않을 것이다. 변화를 제대로 이끌어 내려면 많은 시간과 공을 들여야 한다.

뇌는 환경으로부터 입력된 것에 대단히 민감하다. 물론 변화가 단 몇 분 만에 일어나는 경우도 있다. 하지만 그런 변화는 정서적, 심리적, 육체적으로 심한 충격을 받을 때 일어나는 경우가 많다. 지속 가능한 긍정적 변화를 얻으려면, 뇌가 허용하는 1일 최대 시간을 활용해야 한다. 어느 분야든 하루 30분에서 90분 정도 집중적으로 훈련해야 한다. 그 이상 훈련하면 오히려 뇌에 과부하가 걸려서 변화를 끌어내는 데 실패할지도 모른다.

이것을 학교에 있는 시간으로 바꾸어 보자. 기술 향상을 위한 변화를 극대화하려면, 무엇보다도 부정적 사고를 긍정적 사고로 전환해야 한다. 기술 향상을 위한 뇌 규칙을 따르지 않으면, 딱히 배우는 것도 없이 귀한 시간을 낭비할 것이다. 학생에게 아무런 변화가 없으면 교사도 좌절할 것이다. 따라야 할 규칙이 그리 까다롭지는 않다. [표 7.2]를 참고하라.

또 다른 기술을 향상 방법이 있다. 학생을 자극이 풍부한 통합학급에 배치하는 것이다. 하지만 이때는 두 가지 조건이 선행되어야 한다. 그 학생이 날마다 기술을 집중 연마해야 하고, 학급의 다른 학생들을 크게 방해하지 않아야 한다. 그 밖에 교사가 학생에게 맞는 편의를 제공하여 성장을 간접적으로 촉진할 수도 있다. 다음의 네 가지 핵심적인 요인을 명심하기 바란다.

1. 항상 희망을 제공하자.
2. 사회적 두뇌 운영 시스템에 필요한 기술을 가능한 최대로 향상시키자.
3. 가능하면 언제나 풍부한 자극과 기회를 제공하자.
4. 학생에게 맞는 각종 편의를 제공하도록 하자.

표 7.2 사회성 기술을 향상시키기 위한 규칙

학습자는, 활동에 적극적으로 참여해야 한다.

관련성을 인식해야 한다.

수면을 충분히 취해야 한다.

주의를 집중해야 한다.

활동은, 일관성이 있어야 한다.

긍정적 피드백과 부정적 피드백을 둘 다 제공해야 한다.

매일 30분에서 90분 정도 지속해야 한다.

매주 3번에서 6번 정도 실시해야 한다.

현재의 주변 여건이나 교육자원, 정책 등이 완전하게 갖추어지지 않았다 하더라도, 지금 상황에서 시행할 수 있는 효과적인 지도법이 있다면 뭐든 활용하라. 학생들의 학업성취에 가장 큰 효과를 일으킬 이상적인 지도법은 위의 네 가지 요인을 모두 활용하는 것이다. 가장 훌륭한 중재 방안은 결국 뇌의 운영체계를 키우는 것이다. 그것이야말로 변화를 가장 오래 유지시키며, 삶의 다른 영역까지 개선시킬 정도로 파급 효과를 일으키기 때문이다.

학습 문제 해결하기

학습 기술은 인지 영역과 주의력 영역에서 사회성 기술과 중복되는 뇌 체계를 갖는다. 크게 중복되지는 않지만 관련성이 분명히 있다. 학교에서 학습 운영체계와 상호작용하거나 이 체계를 완화 또는 지원하는 요인은 주로 관계, 사회화, 사회적 지위 등이다. 이러한 요인들이 날마다 학업을 성공적으로 수행하는 데 필요한 동기와 의사 결정과 인지에 관여한다.

우수한 성적을 받기 위해 학생들이 이런 모든 영역에서 다 뛰어날 필요는 없지만, 학업을 성공적으로 수행해 나가려면 어떤 보완 전략이든 충분히 구사할 줄 알아야 한다. 다행인 것은, 뇌의 학습 운영체계에 있어 중요한 절차와 과정은 유연하게 변화할 수 있으며, 훈련으로 얼마든지 향상될 수 있다는 사실이다.

CHAMPS 사고방식

나는 학습과 관련된 두뇌 체계를 더 쉽게 기억할 수 있도록 학습 운영체계를 'CHAMPS'라고 이름 붙였다. CHAMPS는 챔피언 마인드Champion's mind-set, 희망을 갖고 노력하기Hope, 주의력Attention, 기억력Memory, 정보처리

능력Processing, 순서대로 처리하는 능력Sequencing의 머리글자를 합쳐 만든 약어이다([그림 7.2] 참고).

우리가 이미 알고 있는 것들을 다시 확인해 보자. 학생들은 현재 상태로 고착되지 않는다. 학생들의 사회적, 학업적 성공은 뇌의 운영체계에 달려 있으며, 운영체계는 얼마든지 개선할 수 있다. 예를 들어 학생들은 신체 활동으로 새로운 뇌세포를 더 많이 생산할 수 있고(Pereira et al., 2007), 그 과정은 학습, 기분, 기억과 상당히 연관되어 있다. 체스를 하면 주의력, 동기, 정보처리, 순서대로 처리하는 능력을 향상시켜 읽기 능력(Margulies, 1991)과 수학 능력(Cage & Smith, 2000)이 향상된다. 또한 여러 가지 미술 활동을 하면 주의력과 인지 기술을 키울 수 있다(Posner, Rothbart, Sheese & Kieras, 2008). 특별히 고안된 컴퓨터 기반 두뇌 훈련 프로그램을 활용하면 단 몇 주 만에 주의력을 기르고 작업기억을 향상할 수도 있다(Kerns, McInerney, & Wilde, 2001; Westerberg & Klingberg, 2007). 주의력과 작업기억은 학생의 두뇌 운영체계를 상당히 개선해 준다. 당장은 주의력 지속 시간이 짧다 하더라도 계속 그 상태로 머무르진 않는다. 수업에 억지로 집중하라고 요구하는 대신, 다음과 같은 전략을 활용하여 학생들의 주의력을 키워 주자.

• 챔피언 마인드Champion's Mind Set 자신감을 발산하는 사고방식을 챔피언 마인드라고 부른다.

강화 전략 학생들에게 진심으로 긍정적인 말을 자주 해 주고, 학생들끼리도 서로 인정하고 지원하도록 격려하자. 도구를 이용해서 학습하고 파트너와 짝을 이뤄 서로 자신감을 불어넣도록 지도하자. 금세 완성할 수 있는 단기 과제를 내주며, "넌 할 수 있어!"라고 격려하자. 또래와 어울릴 적절한 기회를 주어 사회적 지위를 다지게 하자.

• **희망을 갖고 노력하기**Hope "내일은 더 나아질 거야"라는 메시지를 전하라. 노력을 장기적으로 지속시키기 위해서는 계속 희망의 메시지를 던져 주어야 한다. 이러한 노력이 효과를 발휘하려면 학생들이 욕구를 참아낼 수 있는 힘 인 '만족지연능력'이 있어야 하고, 주어진 일이 희망을 충분히 가질 법한 일 이어야 한다. 학습된 무기력에 빠진 학생은 희망이 없어 공부도 뒤처질 수밖 에 없다. 하지만 이런 학생도 변화시킬 수 있다.

그림 7.2 뇌의 학습 운영체계

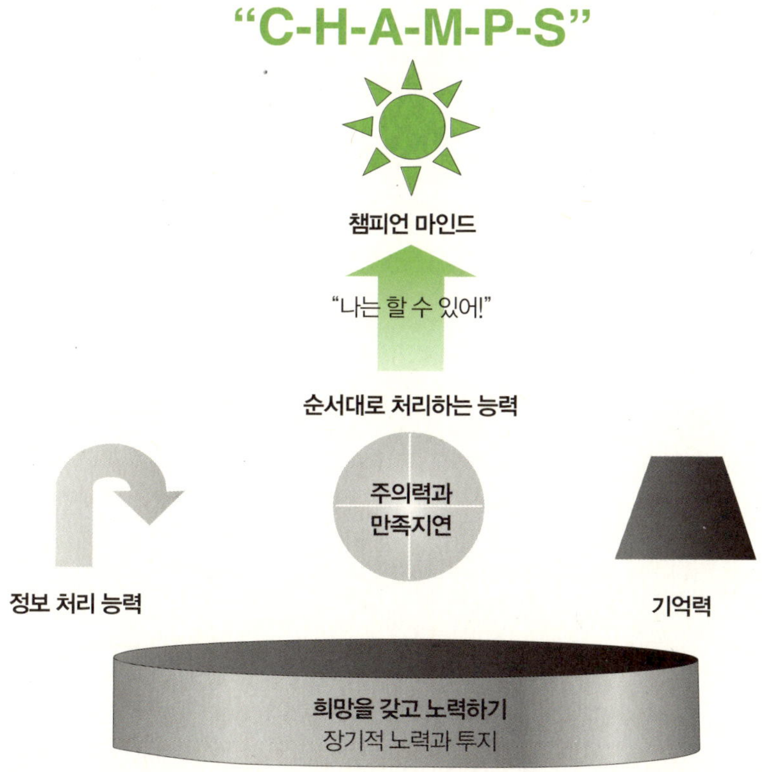

 학생이 사회적 지지를 받고 있음을 알도록 교사 대 학생 간의 관계를 강화하자. 학생이 성취감을 맛볼 수 있는 상황을 조성하자. 무언가를 시작하고자 하는 열의를 품도록 훌륭한 롤모델을 제시하자. 상상력을 키워 주고, 긍정적인 목표를 설정하도록 도와주며, 설정한 목표를 달성할 방법을 가르치자. 시간 관리하는 법을 가르치고, 체크리스트를 만들어 자기 삶을 알차게 관리하도록 도와주자. 더 나은 선택을 하는 법을 가르치고, 다양한 선택 기회를 제공하자. 꿈이 뭔지 물어보고 그림이나 노래, 글이나 랩으로 자신의 꿈을 표현하게 하자.

- **주의력과 만족지연능력**Attentional Skills and Delayed Gratification 주의를 집중하는 능력은 타고나지 않는다. 오히려 관심을 끄는 온갖 것들에 주의를 자꾸만 빼앗기는 습성이다. 세세한 것에 집중하도록 배우려면 꾸준히 연습해야 한다. 주의력 결핍 문제가 있는 학생은 유난히 주의를 집중하지 못한다.

 학생들이 한눈팔지 못할 정도로 푹 빠져들게 할 흥미로운 활동을 제시하자. 흥미로운 읽기 자료로 주의력을 키우자. 태권도, 춤, 체스, 모형 만들기, 스포츠 등을 집중적으로 연습하게 하여 주의력을 키우자. fitbrains.com이나 playattention.com 같은 웹사이트는 주의력을 향상시키는 각종 게임과 프로그램을 제공한다.

- **기억력**Memory 기억력은 학교에서 대단히 유용하다. 우리는 좋은 장기기억 능력을 타고난다. 덕분에 공간 학습, 감정이 얽힌 사건, 절차적 학습과 기술 학습, 조건반응 학습이 가능하고, 또 전화번호나 부모, 형제의 이름 등 생활에 필요한 데이터를 기억한다. 이외에도 학교에서 제대로 학습하려면 단기기

억과 장기기억 능력이 필요하다.

 학급에서 간단한 묻고 답하기call-and-response를 연습하여 파트너와 의견을 공유하게 하자. 반복 활동으로 기억을 강화하고, 아이디어의 중요성을 강조하라. 학생들에게 기억을 높이는 방법을 가르치자. 예를 들어, 암기법, 장소 대입법*loci method, 페그제*peg systems, 두문자어 등을 활용하고 마인드맵으로 학생들의 기억력을 높이자.

- 정보처리능력Processing 이것은 정보나 사건을 처리하는 역량이다. 미시적 수준에서 볼 때, 이 역량은 학생이 음소 같은 청각 정보를 처리할 수 있다는 뜻이다. 음소는 더 이상 작게 나눌 수 없는 음운론상의 최소 단위로, 글을 읽는 데 매우 중요하다. 거시적 수준에서 보면, 이 역량은 욕설을 듣거나, 연인과 헤어지거나, 과제를 잊어버리는 등 일상에서 겪는 다양한 사건을 처리할 수 있다는 뜻이다. 우리는 어려운 상황, 특히 감정적으로 어려운 상황에 대처하는 법을 알아야 한다. 또한 적절하게 질문할 수 있고 문제를 비판적으로 따질 줄 알아야 한다. 난독증이나 학습 지연이 있는 학생들은 처리능력에 많은 문제가 있다.

 수업 과정을 말로 차례차례 설명하자. 예를 들어 "이번 시간에는 이것을 다루고, 다음 시간엔 저것을 다룰 거야."라는 식으로 설명한다. 비판적 사고와 논리적 기능을 가르치자. 사고력 향상 전문 프로그램을 활용하면 도

---

* **장소 대입법** 나중에 기억해야 할 항목을 산책길 같은 가상적인 장면의 특이한 지점에 갖다 놓는 기억술 체계. 각 항목을 장소와 연결하여 독특한 심상을 형성한 후, 회상 시 친숙한 장소를 순서대로 탐색하면서 연결된 심상을 떠올린다.

* **페그제** 물건의 특징을 순서대로 암기하거나, 토의할 때 개념을 쉽게 기억하도록 돕는 방법이다.

움이 될 것이다. 도전적인 게임을 제시하고 연습할 시간을 정해 주자. 악기를 연주하거나 연기 수업을 받으면 기억력이 강화될 것이다. 학생들끼리 짝을 지어 주고 각자의 사고 과정이나 문제해결 과정을 말로 표현하면서 상위인지 기술을 개발하게 하자.

• 순서대로 처리하는 능력Sequencing 이 기술은 해야 할 일의 우선 순위를 매긴 다음, 이 일들을 파악하고 정리하게 해 준다. 이는 우리가 손님을 위한 식사를 준비하거나, 여행 가방을 싸거나, 침실을 꾸밀 때 필요하다. 학생들은 과제를 시작하거나, 작문을 하거나, 프로젝트를 계획하거나, 갈등을 해결하거나, 수학 문제를 풀거나, 하루 일과를 계획할 때 이러한 기술이 필요하다.

강화 전략 이 기술을 개발하는 데는 경험과 멘토링이 가장 좋다. 학생들에게 물건을 만들 기회를 제공하자. 모형을 만들거나, 종이 접기를 하거나, 교실 벽면을 장식하게 하자. 각 프로젝트를 위해 목표를 정하고, 자료를 준비하고, 작업을 계획하며, 도중에 발생하는 문제를 해결하는 일련의 과정을 안내하자. 이러한 미술 창작 활동을 하려면 주의력과 목표, 정보처리능력, 순서대로 일을 처리하는 능력이 필요하다.

이러한 기술들을 향상시키지 않으면 학교와 교사는 학생으로 하여금 학업적 성취를 거두게 하기 어려울 것이다. 하지만 학생들의 학습 체계를 향상시키면, 투입과 산출의 공식이 완전히 달라진다. 읽기와 수학, 전반적인 학습 지연과 관련된 문제 등 손상된 학업 운영체계를 향상시킬 방법은 책『Different Brains, Different Learners: How to Reach the Hard to Teach』에 자세히 소개하였다. 학습 운영체계가 정상화되면 성과는 자연히 좋아지게 된다.

에릭 젠슨

에릭 젠슨Eric Jensen은 전직 교사로서 배움에 대한 열정이 남다르다. 초등학교에서 대학교까지 모든 연령층을 가르쳤으며, 현재는 인간발달학 전공으로 박사 과정을 밟고 있다. 또한 젠슨은 1981년 설립된 슈퍼캠프SuperCamp(퀀텀 학습법을 실시하는 여름 캠프)의 공동 설립자이다. 이곳은 미국에서 최초로 뇌기반 교육 프로그램을 실시한 곳이며, 규모가 가장 크고, 현재까지 5만 명 이상이 이 캠프를 다녀갔다. 퀀텀 학습법Quantum Learning은 두뇌 학습에 관한 연구를 기반으로 가속학습법을 체계화한 교육 프로그램으로 아동의 두뇌 성장을 강화하는 학습 프로그램으로 각광받고 있다. 『Super Teaching』, 『Teaching With the Brain in Mind』, 『Brain-Based Learning』, 『Enriching the Brain』 등 학습과 뇌에 관련된 책을 30여 권 이상 저술한 바 있다. 뇌기반 교육의 선구자인 젠슨은 신경과학 연구실을 수차례 방문하면서, 해마다 수십 명의 신경과학자와 교류하고 있다.

현재는 신경과학학회와 뉴욕 과학아카데미에서 활발하게 활동 중이다. "Learning Brain EXPO"를 설립했고, 이 분야에서 25년 동안 수많은 교육자와 훈련가를 양성했다. 긍정적이며, 의미 있고, 오래 지속되는 학습방식을 고안하는 데 몰두하고 있다. 강연 활동과 교직원 연수 활동에도 적극적이며, 빈곤 가정 출신 학생의 참여도와 학업 성취도를 높이는 심화 훈련 프로그램도 운영하고 있다. 더 자세히 알고 싶다면 'www.jensenlearning.com'을 방문하거나 아내 다이앤의 이메일 주소 'diane@jlcbrain.com'로 문의하도록 하자.

INSTRUCTIONAL STRATEGIES

3부

효과적인 뇌기반 교육 전략

FOR EVERY BRAIN

스트레스와 뇌 : 스트레스를 관리하자

- 스트레스가 가져오는 부정적인 결과
- 스트레스 예방 기술
- 아이들의 스트레스를 줄여 주는 어른들의 행동

8장

뇌 안정화시키기

"학습자가 스트레스라고 느끼는 것이라면
그것이 어떤 것이든 간에 학습에 방해가 된다!"

스트레스와 뇌: 스트레스를 관리하자

인간의 뇌가 지닌 가장 주된 목적은 생존이요, 두 번째 목적은 정서적 욕구를 만족시키는 것이요, 세 번째 목적은 인지적 학습이다(Carter, 1998). 교실에서 받는 스트레스는 때론 동기를 부여하기도 하지만, 스트레스가 적정선을 넘어가면 뇌는 인지적 학습을 수행할 수 없다(Dispenza, 2007; Howard, 2000).

스트레스가 높으면 학업에 큰 지장이 온다. 스트레스가 높은 상태에서 뇌는 그 상황에 맞서 싸울 것인지, 아니면 도망칠 것인지를 결정하기 위해 편도체로 신호를 보내고, 후각을 제외한 모든 감각에서 오는 정보를 받는 시상으로 흐르는 혈액을 줄인다(Howard, 2000; Kutolak, 1997).

전전두엽 피질은 판단력과 의사결정을 관장하는데, 스트레스를 받으면 전전두엽 피질로 흐르는 혈액량이 줄어든다(Jensen, 2006; Sapolsky, 1998). 그래서 스트레스를 받으면 논리적으로 반응하지 못하고 감정적으로 반응하게 된다. 또한 스트레스를 받은 사람에게 왜 그런 식으로 행동하느냐고 물어봤자 제대로 된 대답을 얻기 어렵다. 반사적으로 그렇게 행동했기 때문에 본인도 왜 그런지 모를 가능성이 크기 때문이다.

- **스트레스가 가져오는 부정적인 결과**
  - ✓ 기억력이 저하된다.
  - ✓ 일의 우선순위를 매기지 못한다.
  - ✓ 생각 없이 기계적으로 행동한다.
  - ✓ 면역체계가 손상된다.
  - ✓ 노화가 빨라진다.
  - ✓ 창의적으로 생각하는 능력이 약해진다.

특히 소수 집단과 사회 경제적으로 열악한 집단이 스트레스를 더 많이 받는 다고 한다(Barr, 1997; Carter, 1998; Howard, 2000; Sapolsky, 1998). 교사와 부모는 자신이 아이의 학습 환경을 결정하는 사람이라는 점을 인식하자. 만약 학습 환경이 따뜻하고 안전하다면, 학습이 성공적으로 일어날 가능성이 커진다.

- **스트레스 예방 기술**
  - ✓ 이야기 서클talking circles처럼 마음을 여는 활동으로 하루를 시작하자. 이야기 서클은 둥그렇게 둘러앉아 한 사람씩 차례대로 말하는 활동으로 말이 완전히 끝날 때까지 다른 사람들은 시선을 아래로 두고 묵묵히 듣는다. 이 방법은 감정의 응어리를 푸는 데 그만이다.

✓ 안마 시간을 도입하자. 자기 어깨를 주무르거나 친구 어깨를 주물러 주는 식으로 시작한다. 학교에 따라 안마 시간을 꺼리는 곳도 있지만, 내가 근무하는 학교의 교사들은 이 방법이 아주 효과가 있다는 사실을 알아냈다.

✓ 호흡 기법, 기공 체조, 요가 등으로 몸과 마음을 안정시키자.

✓ 운동이나 컴퓨터 작업을 한 후에는 정수된 물을 마시자.

✓ 조용한 음악을 듣자.

✓ 차분한 상태를 조성하는 말을 사용하자.

✓ 각인된 스트레스를 줄이기 위해, 읽기를 싫어하는 학생은 손가락 인형을 끼우고 읽게 하자.

• 아이들의 스트레스를 줄여 주는 어른들의 행동

✓ 아이들을 만날 때 반갑게 인사하며 맞이하자. 아이들의 이야기를 듣고, 듣고, 또 듣자.

✓ 전날 배운 내용을 퀴즈나 마인드 맵, 토론, 요약, 검토 등으로 복습할 수 있도록 한 다음, 그날 학습할 내용을 시작하자. 뇌는 독립된 사건보다는 패턴과 연관성에 따라 작동한다. 여러 학습 상황 간에 강력하고 뚜렷한 연관성을 만드는 능력은 학습에 대한 이해를 촉진하여 학업 스트레스를 낮춰준다.

✓ 냉소와 조롱, 욕설을 없애자. 이런 말은 뇌에 엄청난 스트레스를 준다. 인간적으로 모멸감을 느끼면 뇌와 신체가 죽음과도 같은 스트레스를 받는다고 한다(Sapolsky, 1998).

✓ 과제를 수행할 시간을 충분히 주고 주어진 과제와 관련된 자료를 제공하자.

✓ 개요를 제공하자. 세부적인 내용에 주목하기 전에 과제 전반에 대한 큰 그

림을 그려 놓음으로써 학습자가 전체 과정이 어떻게 진행되는지 볼 수 있게 해 주자.

✓ 새로 배운 지식이나 기능을 실생활에 어떻게 접목할지 알게 하자.

✓ 움직일 기회를 자주 제공하고, 쿠시볼*Koosh Ball 같은 도구를 제공하자.

✓ 아이가 선호하는 스타일대로 다양한 지능을 활용해 학습하게 유도하자.

학생 스트레스 관리 사례

사이먼 드루어리*

나는 효과적인 뇌기반 교수법을 성공적으로 운영하는 학교에 발령받았다. 덕분에 다양한 활동을 부담 없이 실시할 수 있었다. 나는 학생들이 서로의 어깨를 안마하면서 하루를 시작하게 하였다. 여러 학교에서는 이 방법이 부적절하다고 반대했지만, 우리 학교는 부모와 학생의 동의를 받아 안마를 진행하였다. 어깨 마사지는 교사가 있을 때만 실시하였는데 처음에는 주저하는 학생도 있었지만 얼마 안 가서 의례적인 일로 받아들였다.

아침 안마 일정을 건너뛸 경우, 학생들은 다른 시간에라도 안마 활동을 해야 한다고 주장하였다. 결국 점심 식사 이후에 시작하는 독서 시간에 안마를 하고 책을 읽었다. 안마 활동이 자리를 잡자, 아이들은 서로 괜찮은 안마 방법을 소개하기도 하고, 안마를 하면서 자기 성찰을 하기도 하였다.

---

* **쿠시볼** 털실 같은 고무줄이 잔뜩 부착된 부드러운 공. Koosh®balls은 ODDZON PRODUCTS, INC.사의 등록상표이다.

* **사이먼 드루어리**Simon Drewery Te Puna 초등학교에서 교사로 근무했고, 현재는 뉴질랜드 Waihi Central School의 교장으로 재직하고 있다.

교사인 나는 아이들이 안마를 하는 동안 그날 수업 내용과 관련된 전반적인 이야기를 소개하고 각자가 목표를 설정하도록 유도하였다.

결국 안마 활동은 당연한 일과이자, 학생들이 자발적으로 이끌어가는 활동이 되었다. 학생들은 안마를 통해 서로를 지지하는 환경 속에서 자기 성찰을 하고 목표를 설정할 뿐만 아니라 긍정적인 교감도 주고받게 된 것이다.

안마 활동은 뇌기반 교육을 실시하는 교실에서 아주 중요한 도구로 활용할 수 있다. 서로를 배려하는 긍정적인 손길을 주고받도록 권하고, 음악을 가미해 교실환경을 원하는 분위기로 유도할 수 있기 때문이다. 또한 집단 따돌림 같은 학교생활의 장벽을 깨뜨리는 데도 유용하다.

마이클 A. 스카덴

마이클 A. 스카덴Michael A. Scaddan은 뇌기반 학습에 주력하는 학교를 성공적으로 운영하고 있다. 교장 선생님이지만 몸소 전 학년을 가르치며 이론을 실제에 접목해서 실천하는 훌륭한 교육자이다. 덕분에 유용하고 실질적인 교실 운영 비법을 개발하여 동료 교육자에게 널리 전파하고 있다.

그는 뇌기반 학습과 관련하여 심화 훈련을 받았으며, 더 나은 교수법을 찾고자 늘 노력한다. 속진 학습 분야로 교육학 석사 학위를 받았으며, 젠슨 학습법인Jensen Learning Corporation에서 트레이너 자격증을 받았다. 현재 마이클은 학습과 관련된 다양한 주제로 20여 개의 워크숍을 운영한다. 미국, 스웨덴, 헝가리, 싱가포르, 오스트레일리아, 뉴질랜드에서 전임 학습 컨설턴트로 활동하고 있으며, 태국 정부의 교육 컨설턴트이기도 하다. 더 자세히 알고 싶으면 scaddan.mike@gmail.com으로 연락하자.

미리보기

- **학습 내용을 실생활과 연결시키기**

- **실생활과 연결된 학습을 지지하는 연구 결과들**

뇌 끌어들이기

"학생들이 조작 도구를 사용하고, 만들기나 실험관찰을 하는 행위는
세상과 자신을 연결시키는 행위다."

학습 내용을 실생활과 연결시키기

"도대체 이걸 왜 배워야 하죠?" 학생들이 이렇게 따지고 든 적이 얼마나 많은가? 그들이 장난으로 그렇게 말한 것은 아니므로 벌을 줄 일은 아니다. 만약 뇌의 목적이 세상에 적응해서 살아남는 것이라면, 학생들이 배우는 내용과 그들이 접하는 세상간의 연관성을 찾지 못해 그렇게 따지는 것도 무리는 아니다. 해법은 의외로 간단하다. 당신이 가르치는 것과 세상 속 삶과의 연관성을 보여 주자. 예를 들어 초등학생에게 주제와 세부 사항의 개념을 가르칠 경우, 테이블 윗면과 다리를 비유로 들어 가르칠 수 있다. 나는 주로 다음과 같은 말로 수업을 시작한다.

"여러분, 교실 앞에 있는 테이블을 보세요. 네 다리가 테이블 상판을 받치고 있죠? 오늘 우리가 읽을 이야기의 주제도 이렇게 세부 사항으로 뒷받침되어야 해요. 자, 다리가 넷 달린 테이블을 그려 봅시다. 이야기 속 주제를 찾으면 테이블 상판에 써 보세요. 그리고 주제를 뒷받침하는 세부 사항을 찾으면 각각의 다리에 하나씩 적어 보세요."

중고등학교에서 주제와 관련된 개념을 가르칠 때는 다음과 같은 말로 시작할 수 있다.

"여러분, 휴대전화로 친구에게 문자 메시지를 보낸 적이 있나요? 자, 오늘은 주제문을 파악하고 작성하는 이유를 살펴볼 텐데요. 알다시피 친구에게 문자 메시지를 보낼 때는 이야기를 장황하게 늘어놓지 않고 요지, 즉 주제만 간단히 쓰죠? 자세히 쓰려면 돈이 많이 드니까요. 자, 지금부터 이야기를 몇 편 읽을 거예요. 여러분은 각 읽기 자료에서 주제가 어디에 있는지 찾아보세요. 주제를 찾는 데 익숙해지면 각자 나름대로 주제문을 완성해서 친구들에게 문자로 보낼 거예요."

이렇게 수업을 시작하면, 학생들은 대부분 집중한다. 덕분에 방해거리가 줄어들고 학급 운영도 수월해진다. 『Worksheets Don't Grow Dendrites』(Tate, 2003)에서 제시한 20가지 전략은 인간이 정보를 습득하고 유지하는 방식을 나타내기 때문에 뇌를 개발하는 데 아주 좋다. 그중 일부 전략은 적절한 학습과 직접적인 연관이 있다. 구체적으로 살펴보면, 현장 학습, 조작 도구, 실험 관찰, 만들기, 프로젝트 기반 교수법과 문제 기반 교수법, 디지털 기술, 현장 실습 등이다. 이러한 전략의 관련성을 하나씩 살펴보도록 하자.

학생들은 현장 학습을 떠나면 학습 내용과 관련된 실제 현장을 둘러볼 수 있다. 소크라테스나 아리스토텔레스 같은 인류의 스승들도 현장 학습을 주요 교수 방식으로 활용하였다(Krepel & Duvall, 1981). 수업에서 한 단원을 시작할 때쯤 현장 학습을 떠나자. 현실 세계와의 연관성이 학습을 더 이해하기 쉽고 기억하기 쉽게 해 준다. 요즘 교사들은 디지털 기기를 활용해 가상으로 현장 학습을 떠날 수도 있다.

학생들이 조작 도구를 사용하고, 만들기나 실험 관찰을 하는 행위는 세상과 자신을 연결시키는 행위다. 학생들이 추상적으로 셈하기 전에 흔히 손가락으로 셈을 하는 이유도 같은 맥락이다. 화학 과목의 객관식 지필고사를 통과하는 데 어려움을 겪는 학생이 이수 요건인 실험 실습에는 능숙할 수도 있다. 그 학생은 실험 실습을 하면서 화학자들이 실제로 무슨 일을 하는지 경험한다. 화학자라면 실험실에서 연구하는 시간이 절대적으로 많은 것이 당연한데, 교실에서는 실험 실습이 전체 평가의 20% 정도밖에 차지하지 않는다니 참으로 아이러니하다.

학생들은 현실 세계와 관련된 실험 프로젝트를 하거나 실생활에서 일어나는 문제를 해결할 경우, 소극적인 태도를 버리고 적극적으로 학습하려고 한다(Silver, Strong & Perini, 2000). 누구나 학창 시절 프로젝트 수업에 푹 빠졌던 기억이 있을 것이다. 나는 집 근처 개울에서 물을 떠 작은 병에 담아 학교에 가져갔던 기억이 난다. 우리는 현미경 렌즈에 내가 가져간 물을 한 방울 떨어뜨리고 짚신벌레를 관찰하였다. 실생활 속의 문제를 다루는 수업을 진행하면 학생들은 학교의 교육과정이 그들의 삶과 유리되지 않았기 때문에 유의미하다는 점을 인지하게 된다.

미국 노동부에서 지정한 필수 능력에 관한 보고서(The U.S. Secretary's

Commission on Acquisition of Necessary Skills, SCANS, 1991)는 고등학생들이 조직 생활에 대비해 갖춰야 할 능력으로 디지털 기기 활용 능력을 꼽았다. 실제로 디지털 기기를 활용한 교육이 효과적인 교육 수단으로 각광받기는 하지만, 이것만을 유일한 도구로 삼기에는 문제가 있다. SCANS 보고서는 대인 관계 능력도 조직 생활을 위한 필수 역량으로 꼽았다. 학생들이 교실에서 친구들과 어울릴 기회가 별로 없다면 직장 생활에 도움이 될 사회성 기술을 개발하기 어렵다. 더 적극적인 참여 전략을 활용해야 하는 또 다른 이유는 학생들이 컴퓨터나 비디오 게임, 텔레비전 앞에 앉아만 있어서 몸을 많이 움직이지 않기 때문이다. 그런 생활 습관 때문에 당뇨병 발생률이 무서운 속도로 증가하고 있다.

현장 실습, 견습 과정, 실무 경험, 인턴 활동은 학생들이 관련 교과과정에 적극적으로 참여할 수 있는 도구이다. 실제로 이러한 실습 활동 덕분에 행동상의 문제가 크게 줄어들었다. 심각한 비행과 규칙 위반 때문에 일반 학교에서 정학이나 퇴학을 당한 학생들이 주로 모인 대안학교에서는 현장 실습을 적극적으로 시행하고 있다. 이를테면 학생들은 식물을 가꾸고 정원을 손질하거나 음식을 직접 조리해서 내놓기도 한다. 학문 활동을 현실 세계와 적절히 융합하면 모든 학생들에게 유익하다.

실생활과 연결된 학습을 지지하는 연구 결과들

- ✓ 학생들이 동기부여가 되려면 읽기, 수학, 역사, 과학 등 학교에서 배우는 과목이 필요하거나 바람직하다고 여겨야 한다(Sprenger, 2004).
- ✓ 학생들이 미술이나 과학 프로젝트, 문제해결 활동, 역할극이나 모의실험에

적극적으로 참여하면 소뇌의 사고 기능이 강화된다(Feinstein, 2004).

✓ 새로운 정보를 기억할 가능성은 그 정보가 다른 사안들과 연결될 때 커진다(Sprenger, 2005).

✓ 학생들이 공부에서 멀어지는 것은 학습 내용과 자신의 삶이 유관하다는 것을 인지하지 못하거나, 내용이 지겹거나, 스트레스를 받기 때문이다(Tileston, 2004).

✓ 학생들의 관심사를 고려해서 교안을 짜면, 배우는 표준화 교과 내용을 실생활에 적용하도록 도울 수 있다(Feinstein, 2004).

✓ 학생들은 지식을 배우거나 과제를 완수할 때, 그러한 지식이나 과제가 그들과 관련되어 있고, 반드시 알아야 하는 것이라는 생각이 들 때, 각자의 태도나 믿음, 감정과 같은 자기 인식 체계self-system에 직접적인 영향을 미칠 정도로 지식을 더욱 잘 습득한다(Tileston, 2004).

✓ 우리가 학생들에게 정보를 전하면, 학생들의 뇌는 새로운 정보를 이전에 저장된 패턴과 연결하려고 시도한다. 만약 연결할 것이 없으면 새로운 정보를 잃을 수도 있다(Sprenger, 2005).

✓ 학생들이 개인적 학습목표를 설정하고 그 목표를 달성하는지 자주 확인해야 한다(Tileston, 2004).

✓ 관련성, 높은 흥미, 선택, 진정성은 어린 청소년이 동기를 가지게 하는 핵심 요소이다(Beamon, 2001).

✓ 학업과 진로를 연계시키면 학생들이 직업 세계로 원활하게 이행할 수 있다. 학교에서 경험하는 내용이 자기한테 필요한 것이라 여겨 적극적으로 임하기 때문이다(Thiers, 1995).

적용해 보아요!

✓ 아이들이 무엇을 배울 때 그것을 왜 알아야 하는지 설명하자. 배울 내용을 생활과 연관시키면 학생들은 집중할 이유가 생긴다.

✓ 실생활 속 예를 들어가며 설명하자.

✓ 아이들을 실생활과 연계된 프로젝트에 참여시키면, 학습내용을 더 잘 기억하게 할 뿐만 아니라 다양한 목표를 동시에 강화하도록 가르칠 수 있다. 예를 들어 미국 남북전쟁에 대한 신문을 만드는 프로젝트를 하면 학생들은 남북전쟁에 그치지 않고, 신문의 각 부분이 맡고 있는 역할까지 배울 것이다.

✓ 현장학습을 떠나자. 부모나 교사는 보통 현장학습을 중요하게 여기지 않지만 현장학습은 학생들이 현실 세계와 학습 내용을 결부시켜 둘 사이의 연관성을 쉽고 빠르게 찾을 수 있게 해 준다.

✓ 현장실습은 비행을 줄여줄 뿐만 아니라 모든 학생들이 학습내용을 매우 유의미하게 받아들이도록 유도한다. 예를 들어 대안 학교는 학생들을 직업 교육이나 현장 업무에 실제로 참여시켜 상당한 효과를 보고 있다. 견습공, 인턴제, 교생실습은 모두 학생들이 지식과 기술을 이해하고 유지하도록 돕는 효과적인 방법이다. 학습내용과 관련된 작업 현장의 전문가에게 학생들을 맡기고 한 걸음 물러나서 지켜보자.

✓ 학생들이 관심을 보이는 분야의 전문가를 초빙하여 그 직업과 관련된 이야기를 들려주자. 초청 연사는 학생들이 특정 분야의 지식을 넓히고 장래에 그와 관련된 직업에 종사하도록 격려한다.

마샤 L. 테이트

조지아 주 디케이터 시에 있는 드칼브 자치구 교육기관DeKalb County School System에서 전문가를 양성하는 책임자로 활동했었다. 마샤는 워크숍을 진행할 때 여러 책에서 강조했던 20가지 뇌 기반 전략을 모두 활용하여 청중을 적극 참여시킨다. 그녀가 주최하는 워크숍에 참석한 사람들은 이제까지 경험한 워크숍 중 최고라며 찬사를 아끼지 않는다.

교육학 박사 마샤 L. 테이트Marcia L. Tate는 조지아 주 애틀랜타에 있는 스펠멘 대학에서 심리학과 초등 교육학으로 학사 학위를 받았다. 미시간 대학에서 독서 치료로 석사 학위를 받았고, 조지아 주립대학에서 교육리더십으로 전문가 자격증을 받았으며, 클라크 애틀랜타 대학에서 교육리더십으로 박사 학위를 받았다. 그녀는 이곳에서 교사이자 독서교육 전문가, 국어 과목 코디네이터, 교원연수 책임자로 30년 이상 일했다. 그러한 공로로 조지아 주에서 수여하는 '우수 교원 양성 가상'Distinguished Staff Development Award'을 받았고, 그녀가 담당했던 부서는 '우수 프로그램 운영상Exemplary Program Awards'을 받은 바 있다. 마샤는 현재 교육 컨설턴트로 활동하면서 오스트레일리아, 이집트, 헝가리, 싱가포르, 태국, 뉴질랜드 등 세계 각지에서 부모, 교사, 행정가, 경영자, 지역사회 인사 등 35만 명이 넘는 사람들을 가르쳐 왔다. 『Worksheets Don't Grow Dendrites: 20 Instructional Strategies That Engage the Brain』 등 베스트셀러 다섯 권의 저자이기도 하다. 현재 남편과 함께 'Developing Minds Inc.'라는 컨설팅 회사를 운영하고 있다. 이메일 'marciata@bellsouth.net', 웹사이트 'www.developingmindsinc.com'를 통해 연락할 수 있다.

10장

뇌 집중시키기

"학생들이 서로 활발하게 대화하고, 뭔가를 배우려고 몸을 움직이고,
아이디어를 연결하고, 긍정적으로 생각하고, 학습목표를 향해
학습에 적극적으로 참여하는 수업이 진짜 수업이다."

'그래픽 오거나이저'를 활용하자

지식이나 정보를 시각적으로 구조화시켜 나타낼 개념 지도concept map는 마인드 맵mind map, 의미 구조도semantic map, 또는 워드 웹word web, 그래픽 오거나이저graphic organizer 등 다양한 이름으로 불린다. 이러한 도구들은 학생들의 좌뇌와 우뇌를 동시에 자극하기 때문에 유익하다. 좌뇌가 강한 학생들은 말로 유창하게 설명할 수 있고, 우뇌가 강한 학생들은 아는 내용을 그림으로 제시할 수 있다. 수업에서 주요 개념과 세부사항을 설명할 때, 학생들에게 오거나이저를 그려서 정리하게 하면 좋다.

나는 『Worksheets Don't Grow Dendrites』의 내용을 교사들에게 가르칠 때, 뉴런을 하나 그린다. 이 뉴런 그림은 뇌기반 수업의 다섯 가지 요소를 보여주는 그래픽 오거나이저 또는 마인드 맵이라고 보면 된다. 이때, 주제는 네모 칸 안

에 적고, 세부사항은 그 밑에 적는다. [그림 10.1]을 참고하라. 내가 이 내용을 다룬 교육을 마칠 때쯤이면 교사들은 도해를 보면서 대화를 나누고, 몸을 움직여 수업 내용을 익히고, 개념을 연결짓고, 긍정적으로 생각하고, 학습목표를 세우는 등 학생들이 학습에 적극적으로 참여하는 교실이야말로 가장 우수한 교실이라는 사실을 깨닫는다.

그림 10.1 뉴런을 이용한 그래픽 오거나이저

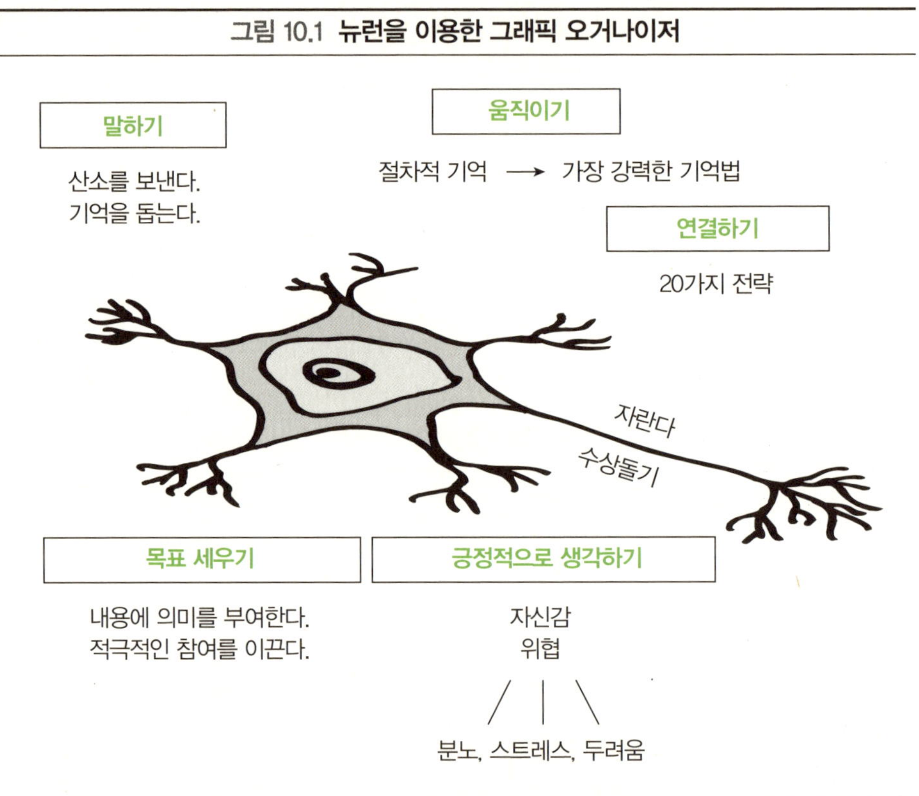

그래픽 오거나이저의 효과에 대한 연구 결과들

- 그래픽 오거나이저는 다음의 네 가지 방식으로 생각하고 학습하는 데 효과적이다. (1)추상적 정보를 구체적 형태로 제시한다. (2)사실과 개념 간의 관

계를 묘사한다. (3) 새로운 정보를 기존 지식과 연결한다. (4) 글을 쓰거나 문제를 해결하기 위해 생각을 정리한다(Ronis, 2006).

- 그래픽 오거나이저나 스캐폴딩*scaffolding, 선험지식의 활성화 같은 교수 도구는 교사와 학생 사이를 이어주는 데 유용한 방법임이 여러 연구에서 입증되었다(Marzano, 2007).

- 교사는 새로운 단원을 가르치기 전에 학생들이 보여 주는 모형과 인식도를 참고로 그들의 오류를 수정하고 선험지식을 넓혀 준다(Jensen, 2007).

- 아주 특별한 형태의 이미지인 마인드 맵은 그림과 언어를 결합하여, 각 개념이 서로 어떻게 이어져 있으며 주제와는 어떻게 연결되는지 보여 준다(Sousa, 2006).

- 학생들에게 마인드 맵이나 개념 지도를 만들게 하는 전략은 많은 양의 새로운 내용을 이해하고 학습하도록 돕는다(Budd, 2004).

- 그래픽 오거나이저는 학생들의 주의를 끌 뿐만 아니라 이해력과 배움의 의미, 기억력도 높일 수 있다(Sousa, 2007).

- 학생들이 독창적인 마인드 맵을 사용해 쉽게 이해되는 형식으로 자신의 아이디어를 구조화하면, 수업내용에 대한 부담이나 좌절감을 덜 수 있다(Goldberg, 2004).

- 뇌는 말보다 이미지를 더 쉽게 기억하므로, 그래픽 오거나이저는 뇌에 패턴을 조직하는 데 효과적인 도구이다(Feinstein, 2004).

- 영어 학습자는 그래픽 오거나이저를 활용하여, 수학에서 패턴과 관계를 파

＊스캐폴딩 비계飛階 혹은 조력에 의한 학습. 아동이나 초보자가 주어진 과제를 잘 수행하도록 유능한 성인이나 또래가 도움을 제공하는 것. 원래는 건축 공사를 할 수 있도록 임시로 설치한 가설물인데 수업에서 힌트나 암시를 주는 것을 '비계 설정 행위'라고 한다.

악하는 방식과 비슷하게 말과 아이디어를 조직할 수 있다(Coggins, Kravin, Coates, & Carrol, 2007).

- 그래픽 오거나이저의 일종인 개념 지도Concept maps는 시각 활동과 언어 활동을 통합하여 구체적, 추상적, 언어적, 비언어적 개념을 쉽게 이해하도록 돕는다(Sousa, 2006).

- 그래픽 오거나이저는 강력한 학습 도구다. 그래픽 오거나이저를 이용하면, 학생들이 이해하고 소화할 수 있는 단위나 덩어리로 데이터를 쪼개서 내용 을 구성할 수 있기 때문이다(Gregory & Parry, 2006).

- 순서도, 연속체continuums, 행렬, 벤다이어그램, 개념 지도, 문제해결 차트 는 모두 도식을 활용한다. 이러한 도식은 이해하기 쉽고, 새로운 정보를 통 합해서 보여 주기 때문에 수학 교사에게 유용하다(Posamentier & Jaye, 2006).

- 말을 이미지로 바꿔 주는 그래픽 오거나이저를 사용하면, 좌뇌 학습자나 우 뇌 학습자 모두 그 이미지를 통해 전체 맥락을 볼 수 있다(Gregory & Parry, 2006).

 ## 그래픽 오거나이저를 학습에 적용하는 11가지 방법

대상 초등학생, 중학생, 고등학생

맥락 학습 초반이나 후반

학생들의 선험 지식을 평가하고, 수업을 가르친 후에 내용을 요약하기 위해, 학생들에게 K-N-L 그래픽 오거나이저를 작성하게 하라. 다음과 같이 세 부분으로 나눠 논의하거나 브레인스토밍을 하게 하라.

(1) 개념이나 단원에 대해 학생들이 이미 알고 있는 것은 무엇인가(what they already know)

(2) 개념을 이해하기 위해 학생들이 알아야 할 것은 무엇인가(what they will need to know)

(3) 학생들은 무엇을 배웠는가(what they have learned)

표 10.1 K-N-L 그래픽 오거나이저		
주제:		
내가 아는 것	내가 알아야 할 것	내가 배운 것

대상 초등학생, 중학생, 고등학생

맥락 학습 중반

뇌는 덩어리째로 생각하거나 무언가를 연결지어 생각하므로, 학생들이 워드웹을 이용해 어휘력을 넓히게 하자. 새로운 단어를 소개할 때, 해당 단어의 유의어를 브레인스토밍해서 아래 워드웹에 완성하게 하라. 학생들은 워드웹을 공책에 붙여 놓고 유의어를 추가로 써 넣을 수 있다. 이렇게 작성한 유의어들을 말할 때나 작문할 때 활용하게 하자.

표 10.2 워드 웹

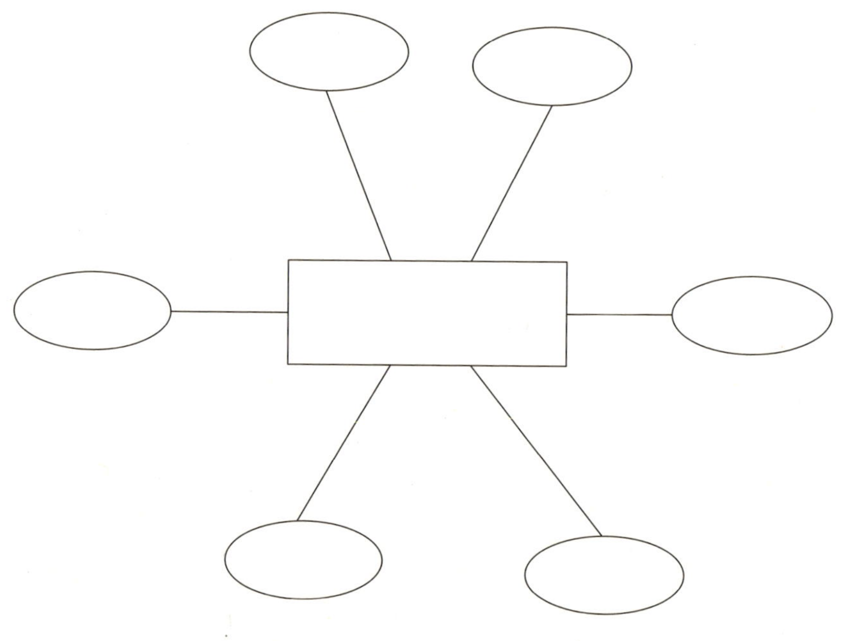

3

대상 초등학생, 중학생, 고등학생

맥락 학습 후반

해결해야 할 문제가 있는 이야기나 소설을 읽고 나서 학생들에게 다음과 같은 스토리맵story map을 완성하게 하자. 이러한 스토리맵은 학생들이 이야기의 구성을 제대로 이해했는지를 보여 준다.

표 10.3 스토리 맵

제목 ____

배경

등장인물 ___________________________   ___________________________

___________________________   ___________________________

문제

사건 1 ____

사건 2 ____

사건 3 ____

사건 4 ____

해결

대상 초등학생, 중학생, 고등학생

맥락 학습 중반

학생들이 서사 구조를 지닌 문학이나 문학 이외 학과목의 텍스트의 주제와 세부사항을 파악하도록 돕기 위해, 다음과 같은 그래픽 오거나이저를 완성하게 하자. 학생들은 결국 세부사항이 주제를 뒷받침한다는 사실을 이해하게 될 것이다.

표 10.4 주제와 세부사항

세부사항	
+	
주제	

학생들이 다음과 같은 그래픽 오거나이저를 완성하여 서사나 특정 주제가 있는 텍스트의 인과관계를 파악하게 하라. 학생들은 모든 행동에는 결과가 따른다는 사실을 이해하게 될 것이다.

표 10.5 원인과 결과

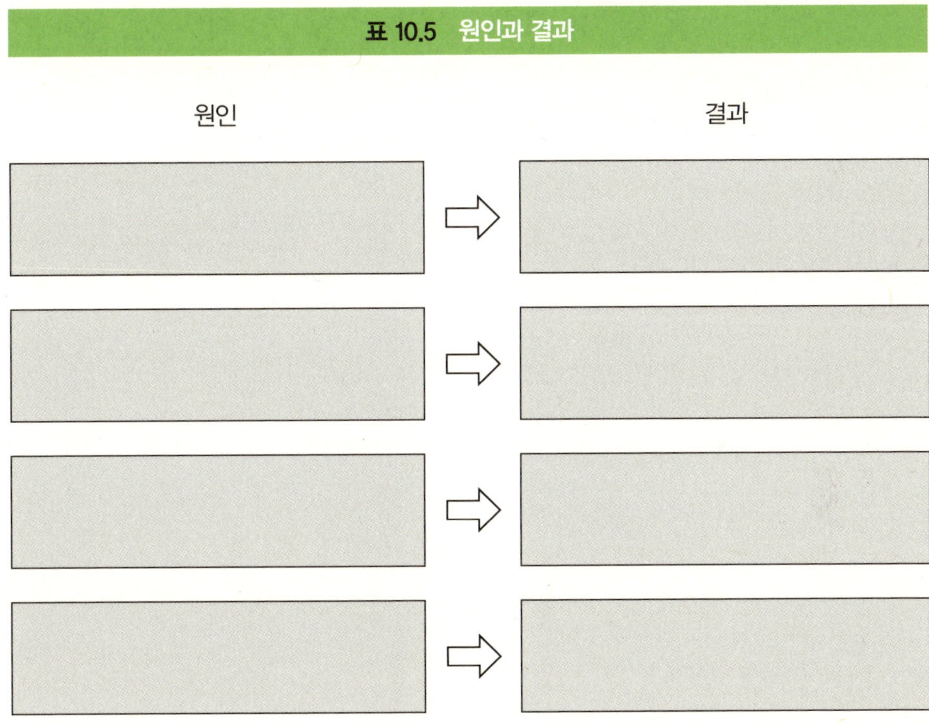

대상 초등학생, 중학생, 고등학생

맥락 학습 중반

학생들이 다음의 그래픽 오거나이저를 완성함으로써 문학 작품의 인물에 대한 이해도를 드러내게 하자. 문학 작품이 아닌 설명적인 글에 이것을 변형·적용하면 글에 담긴 세부사항들이 주제를 뒷받침한다는 사실을 이해할 것이다.

표 10.6 등장인물의 특성

사건		사건

특징: _______________

등장인물: _______________

특징: _______________

사건	사건

학생들이 다음과 같은 그래픽 오거나이저를 완성하여 서사 구조나 주제가 있는 텍스트 안에서 여러 사건의 전개 흐름을 파악하고, 하나의 사건이 다른 사건으로 어떻게 이어지는지 볼 수 있도록 하자.

표 10.7 시퀀스

대상 초등학생, 중학생, 고등학생

맥락 학습 중반

학생들이 다음과 같은 벤다이어그램을 이용하여 문학 작품이나 설명적인 글에 등장하는 둘 이상의 인물이나 주요 사건을 서로 비교하고 대조해 볼 수 있도록 하자.

표 10.8 벤다이어그램

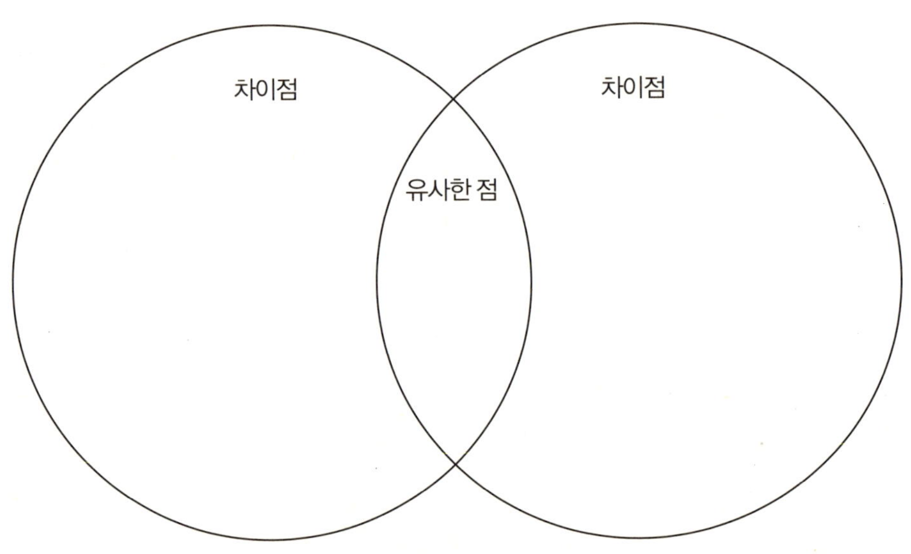

대상 초등학생, 중학생, 고등학생

맥락 학습 초반이나 후반

강의를 하거나 학생들과 아이디어를 논할 때 칠판에 의미 구조도, 개념지도, 마인드 맵을 완성하여 주요 개념들이 서로 어떻게 연결되어 있는지 먼저 보여 주도록 하자. 그리고 학생들이 공책에 똑같이 그려 볼 수 있도록 권하자.

표 10.9   주요 개념 관계도

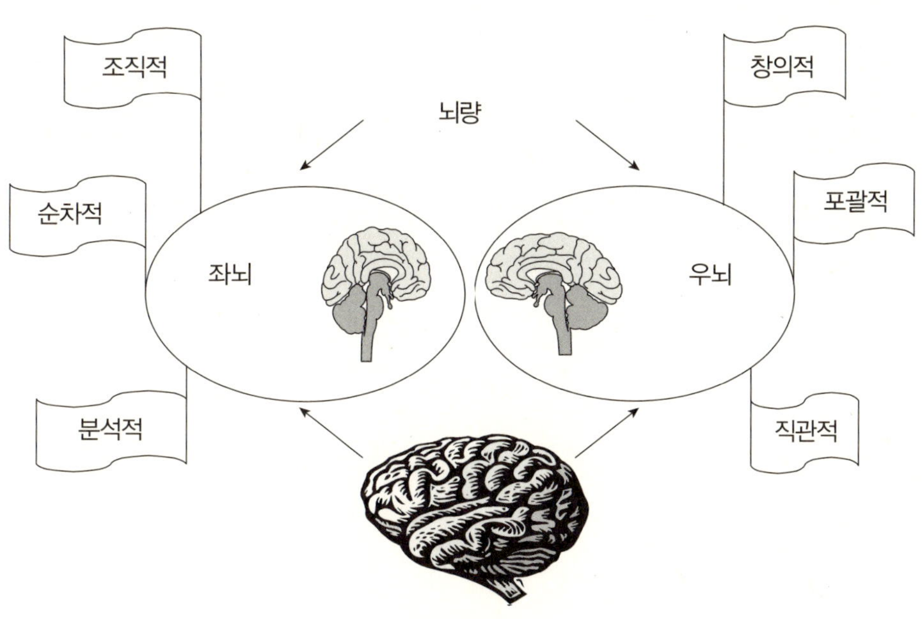

대상 초등학생, 중학생, 고등학생

맥락 학습 후반

학생들에게 어떻게 하는지 방법을 보여 준 다음에는 해당 단원의 의미 구조도, 개념지도, 마인드 맵을 학생들 스스로 만들어 보게 하자. 이러한 활동만으로도 이해력을 높일 수 있다. 시험을 치르기 전에 작성해 둔 마인드 맵을 복습하면 오랫동안 기억할 수 있다.

대상 초등학생, 중학생

맥락 학습 초반, 중반, 후반

언어, 수학, 과학, 사회 과목에서 특정 주제마다 사용되는 그래픽 오거나이저를 더 알아보고 싶다면 『Engage the Brain: Graphic Organizers and Other Visual Strategies』 시리즈를 참고하자. 유치원에서 5학년까지는 한 권의 책에서 네 과목을 모두 다루고 있으며, 6학년에서 8학년은 네 과목이 각기 다른 책에 들어 있다. 더 자세한 정보를 원한다면 코윈 출판사 웹사이트 www.corwin.com에 들어가 보자.

마샤 L. 테이트

조지아 주 디케이터 시에 있는 드칼브 자치구 교육기관DeKalb County School System에서 전문가를 양성하는 책임자로 활동했었다. 마샤는 워크숍을 진행할 때 여러 책에서 강조했던 20가지 뇌 기반 전략을 모두 활용하여 청중을 적극 참여시킨다. 그녀가 주최하는 워크숍에 참석한 사람들은 이제까지 경험한 워크숍 중 최고라며 찬사를 아끼지 않는다.

교육학 박사 마샤 L. 테이트Marcia L. Tate는 조지아 주 애틀랜타에 있는 스펠멘 대학에서 심리학과 초등 교육학으로 학사 학위를 받았다. 미시간 대학에서 독서 치료로 석사 학위를 받았고, 조지아 주립대학에서 교육리더십으로 전문가 자격증을 받았으며, 클라크 애틀랜타 대학에서 교육리더십으로 박사 학위를 받았다. 그녀는 이곳에서 교사이자 독서교육 전문가, 국어 과목 코디네이터, 교원연수 책임자로 30년 이상 일했다. 그러한 공로로 조지아 주에서 수여하는 '우수 교원 양성 가상Distinguished Staff Development Award'을 받았고, 그녀가 담당했던 부서는 '우수 프로그램 운영상Exemplary Program Awards'을 받은 바 있다. 마샤는 현재 교육 컨설턴트로 활동하면서 오스트레일리아, 이집트, 헝가리, 싱가포르, 태국, 뉴질랜드 등 세계 각지에서 부모, 교사, 행정가, 경영자, 지역사회 인사 등 35만 명이 넘는 사람들을 가르쳐 왔다. 『Worksheets Don't Grow Dendrites: 20 Instructional Strategies That Engage the Brain』 등 베스트셀러 다섯 권의 저자이기도 하다. 현재 남편과 함께 'Developing Minds Inc.'라는 컨설팅 회사를 운영하고 있다. 이메일 'marciata@bellsouth.net', 웹사이트 'www.developingmindsinc.com'를 통해 연락할 수 있다.

활기찬 수업을 만들자 : 음악과 활력활동 이용하기

음악이 흐르는 수업

- 음악의 힘

- 교실에서 음악의 역할

- 음악을 활용하는 방법

- 음악을 얼마나 활용하는 것이 좋은가?

- 음악을 활용할 때 유의할 점

활력활동이 준비된 수업

- '활력활동'이란?

- 활력활동을 진행할 때 유의할 점

- 활력활동을 바르게 지시하는 방법

- 좋은 활력활동 5가지

음악과 활력활동을 이용하기 전에 꼭 생각할 것들

11장

뇌 활성화시키기

활기찬 수업을 만들자: 음악과 활력활동 이용하기

인간의 뇌는 롤러코스터를 타는 것처럼 오르락내리락 기복이 심하다. 잠에서 막 깨면 정신이 혼미해서 몸을 가누지 못하다가 금세 활발하게 움직인다. 점심을 먹고 나면 눈꺼풀이 감기다가 다시 활발해진다. 저녁을 먹고 나면 또 다시 졸음이 쏟아진다. 우리의 체내 시계는 수면과 활동과 전체 주기를 조절한다. 엄청난 집중력을 요하는 수업시간 외에는 체내 시계가 조절하는 대로 놔 둬도 크게 문제될 일이 없어 보인다. 학생들은 낮에 낮잠을 자고 싶어 하지만, 우리는 학생들이 그 시간에 수업에 집중하도록 단속해야 한다. 바로 사용할 수 있는 입증된 전략이 없다면 학생들을 집중시키기란 상당히 힘들다. 그래서 이 장에서는 학생들의 활기를 돋워 주는 멋진 도구로서 음악과 활력활동을 소개하고자 한다.

음악이 흐르는 수업

음악의 힘

음악은 듣는 이의 감정과 호흡기 계통, 심박동수, 자세, 심상mental image에 영향을 미친다는 연구결과가 있다. 음악에 따라 한 사람의 기분과 상태, 생리 전반이 극적으로 바뀔 수 있다는 것이다. 학생들의 감정 상태를 바꿀 수 있다면 행동을 변화시키는 데도 직접 개입할 수 있다는 말이 된다. 그 결과, 음악은 실로 놀라운 일을 해낸다. 그것은 바로 활기를 북돋우고, 어수선해진 모둠이나 팀

표 11.1 교실에서 음악을 활용하면 좋은 점

- '알파벳 노래'처럼 학습 내용을 더 빨리, 더 깊게 기억에 새긴다.
- 스트레스를 받거나 좌절했을 때 마음을 안정시킨다.
- 전체 모둠을 하나로 결속시킨다.
- 모둠을 자극하여 앞으로 나아가도록 동기를 부여한다.
- 친밀한 관계를 맺도록 돕고 결속력을 다진다.
- 모둠에 활력과 생기를 불어넣는다.
- 모둠이 갖고 있는 문화와 관련된 특정 가치에 호소한다.
- 힘든 일을 겪을 때 마음을 위로한다.
- 학생들이 지치거나 지겨워할 때 분위기를 확 바꾼다.
- 뇌의 사고 영역을 활성화시켜 성과를 높인다.
- 모둠 구성원의 신경이 곤두서 있을 때 화합된 분위기를 조성한다.
- 흥분한 학생들을 진정시킨다.
- 우뇌를 자극하여 뇌를 더 활발하게 작동시킨다.
- 주의력과 집중력을 키운다.
- 창의성을 자극한다.
- 교사의 부담을 덜어 준다.
- 학급이나 모둠이 집중을 방해하는 소음에서 벗어날 수 있도록 커튼 역할을 한다.

을 정돈하고, 안정을 유도하고, 이전의 경험을 자극하고, 친밀한 관계를 맺고, 그날의 테마나 분위기를 정하고, 마음을 자극하고, 즐거움과 영감을 불어넣는 일들이다.

그런데 음악 시간이 아닌데도 다른 수업 시간에 음악을 틀어줘도 괜찮은 걸까? 물론 괜찮다! 음악을 활용할 방법은 아주 많다. 당신은 분명 영어 알파벳을 노래로 배웠을 것이다. 노랫말로 배운 어휘나 관용구도 아주 많을 것이다. 어렸을 때는 동요를 부르며 관습이나 매너, 사회적 기능을 익혔다. 나이를 먹으면서 다양한 상황과 감정과 사람을 특별한 노래와 연관지어 생각하기도 했다. 그러므로 음악을 듣거나 연주하는 것은 학습을 촉진하는 효과적인 방법인 것이다.

교실에서 음악의 역할

아이들은 음악에 공감한다. 그런데 대부분 교실에서는 음악을 필수 학습도구나 감정 학습도구로 활용하지 않는다. 많은 아이들이 교실을 나서거나 차에 오르거나 집에 도착하면 곧바로 음악을 들으며 휴식을 취하거나 기운을 차리거나 기분을 전환한다. 그렇다면 학교는 왜 음악을 더 많이 활용하지 않는가? 벽면은 시각적으로 요란하게 장식하면서 왜 청각이나 운동감각 같은 다른 감각은 활용하지 않는가? 교실환경을 학생 친화적 공간으로 조성하고 아이들과 더 친밀한 관계를 맺기 위해 학습과정에 음악을 가미하자.

음악을 활용하는 방법

학생들은 당신이 가장 좋아하는 음악에는 아무런 관심이 없다. 교실에서 음악을 활용할 때 지켜야 할 규칙을 몇 가지 살펴보자. 어떤 음악을 틀지 결정할 때 아래의 질문들이 참고가 될 것이다.

- 다뤄야 할 과제나 활동은 무엇인가?
- 내가 아이들에게 얻고자 하는 바람직한 감정적 · 신체적 반응은 무엇인가?

  예 차분함, 활기참, 장난스러움, 집중, 느긋함
- 학생들이 서로 이야기를 나누어야 하는 과제를 수행하는가?

  예 조용히 집중력을 발휘해야 하는 일에는 기악곡을 틀어 주고, 모둠 과제를

  하는 동안에는 성악곡을 틀어 주자.
- 우리 학급의 주된 문화는 무엇인가?
- 요즘 학생들이 즐겨 듣는 음악과 즐겨 보는 영화는 무엇인가?
- 어떠한 선곡이 과제를 완성하는 데 도움을 줄 것인가?

음악에는 리듬이라는 게 있다. 교실에 맞는 음악을 선택할 때는 무엇보다 박자, 즉 분당 비트를 따져야 한다. 음악의 비트는 심장박동수와 호흡에 영향을 미치는데 이 둘은 기분과 감정과 상태를 결정하는 가장 중요한 요소이다. 대체로 기악곡을 선택하는 게 좋다. 하지만 강의 시간 외에 특별한 행사나 휴식 시간에는 대중음악을 선곡해도 무방하다. 예를 들어 생일 파티나 기념일, 잘한 일을 칭찬할 때는 대중음악을 틀어 주면 좋다.

교실에서 음악 활용을 극대화하는 방법은 교사가 직접 경험하면서 터득해야 한다. 특정 과제를 가르칠 때 그에 어울릴 만한 음악을 틀어 주자. 차분한 마음으로 음악을 활용할 수 있도록 미리 준비하자. 활용할 만한 음악의 유형을 몇 가지 살펴보자.

- 토론 시간 ⇨ 바로크/클래식 음악

- 자습 시간 ⇨ 부드러운 뉴에이지 음악

- 대화를 나누며 집중할 때 ⇨ 경쾌한 뉴에이지 음악

- 도전적인 과제를 할 때 ⇨ 테마 음악
  예 영화 '미션 임파서블'의 테마곡

- 말이 필요 없는 활동 중 ⇨ 빠른 템포의 대중가요

- 다른 나라의 언어나
  사회를 배우는 시간 ⇨ 다른 나라의 노래나 음악

- 다 같이 즐겁게 노래 부를 때 ⇨ 대중가요

- 스트레칭 할 때 ⇨ 느린 기악곡

- 다 같이 하던 일을 마무리할 때 ⇨ 흘러간 노래

- 휴식 시간 후에 교실로
  돌아오라는 신호를 보낼 때 ⇨ 소집하는 노래

- 빨리 움직이도록 할 때 ⇨ 빠른 템포의 기악곡

- 학생들을 집으로 돌려보낼 때 ⇨ 마감/작별의 음악

학습 과정에서 음악을 파트너이자 보조 도구로 활용하되, 항상 교실의 기존 분위기를 민감하게 포착하고 존중하자. 음악은 학생들의 에너지를 끌어 올리거나 유지하거나 낮출 수 있다. 민감하거나 감정적인 상황에서는 음악을 피하거나 절제된 분위기의 음악을 낮게 틀어 주자. 활발한 분위기에서는 경쾌한 음악을 준비하자. 음악은 학생들을 유도하고 주의를 환기시키는 용도이지, 전체 분위기를 방해해서는 안 된다.

음악을 얼마나 활용하는 것이 좋은가?

음악 교사라면 당연히 음악이 수업의 중심일 것이다. 하지만 당신이 음악 교사가 아니라도 음악을 활용하라고 말하고 싶다. 너무 많이 쓰면 학생들이 금세 물려서 아예 듣지 않으려 할 것이니 전략적으로 활용하자. 특정 시간에 음악을 활용할 경우, 10분에서 30분 정도가 적당하다. 내가 가장 많이 선택하는 음악은 자습 시간에 틀어주는 기악곡이다. 다음에 무슨 음악을 틀어야 할지 몰라 안절부절못하는 자신을 발견했다면, 그것은 당신이 수업 중 말을 너무 많이 하거나 혼자만의 강의에 너무 치우쳤다는 신호다. 교실의 주인공은 교사가 아니라 학생이라는 사실을 명심하자. 학생들이 자습을 하거나 모둠 활동을 할 때, 그 시간을 활용하여 다음에 틀어 줄 음악을 계획하자.

음악을 활용할 때 유의할 점

• 아이들의 욕구에 민감하게 반응하자. 아이들에게 학습 효과를 높이기 위해 수업에서 음악을 활용하겠다고 말하자. 음악을 틀어 줄 때는 음량을 서서히 올리거나 내리도록 하자. 그래야 듣기 수월하기 때문이다. 밝은 빛에 갑자기 노출되면 눈이 부시듯 음악도 갑자기 너무 크게 틀어 주면 귀에 거슬리는 법이다.

• 아이들의 반응에 유연하게 대처하자. 집에서 즐겨 듣는 음악을 가져오고 싶어하는 아이가 있다면 두 가지 조건을 내걸자. 첫째, 그 음악이 학습내용이나 수업이 지향하는 바에 부응하는지 확인하기 위해 교사가 미리 들어 봐야 한다. 둘째, 그 음악을 언제 어떻게 활용할지는 교사가 결정한다. 학생들의 다양한 음악적 취향에 부응하기 위해 인터넷을 적극적으로 활용하자. 인터넷에 노래 제목을 치면 가사가 바로 뜬다. 학생이 제안한 음악이 적절하지 않다고

여겨지면 절대로 틀어 주지 말자. 그 음악을 제안한 학생에게는 고마움을 표하되, 다른 곡을 찾아보라고 권하자. 핵심은 학생들과 원활한 관계를 유지해야 한다는 점이다. 음악이 가교 역할을 해야지, 취향 차이를 강조하는 수단이 되어서는 안 된다. 음악은 팀워크를 높이는 멋진 도구다. 학생과 함께 즐기자.

아이가 불평을 호소한다면 음량이 너무 커서 그럴 수 있다. 음량을 좀 줄여 주고, 그러한 조치를 취하는 모습을 보여 주자. 그 학생은 청각형 학습자일지

적절한 음악은 동기를 부여하지만,

부적절한 음악은 귀에 거슬리고 마음을 어지럽힌다.

www.jensenlearning.com

도 모른다. 만약 그렇다면 그 학생의 자리를 음악 소리가 덜 들리는 자리로 옮겨 주자. 어쩌면 그 학생은 단지 변화된 환경에 적응할 시간이 필요한 것인지도 모른다. 학생들의 다양한 욕구를 인식하고 존중하자. 의견을 제시하는 학생에게는 고맙다고 말하자. 또한 당신이 음악을 왜 활용하며, 음악이 학습을 어떻게 도와주는지 설명하자. 원하면 언제든 자리를 바꿀 수 있다는 점도 확실히 알려주자.

활력활동이 준비된 수업

'활력활동' 이란?

활력활동energizers이란 짧고 간단하지만 학생들의 에너지를 높여 주는 활동을 말한다. 이러한 활동은 혼자서 할 수도 있지만 파트너와 함께, 작은 모둠으로, 팀끼리, 학급 전체적으로 해 볼 수도 있다. 활력활동의 여러 장점 중 하나는 기억력을 높일 수 있다는 점이다. 어떻게 높이는지 궁금한가? 빠른 신체 활동은 노르에피네프린과 에피네프린 같은 각성 호르몬을 분출시켜 기억력을 높인다. 게다가 인체는 포도당을 글리코겐 형태로 간에 저장하는데, 신체 활동은 글리코겐의 분비를 촉발시킨다. 적당히 늘어난 포도당 수치는 기억 형성을 지원한다. 활력활동이 제대로 작동하려면, 면밀히 계획한 다음 적절한 간격을 두어 제대로 실행해야 한다. 그래서 다음과 같은 두 가지 질문을 염두에 두어야 한다. 지난번에 했던 활력활동은 무엇이었나? 그 활동으로 어떠한 효과가 있었나?

활력활동은 움직임의 틀을 말한다. 물론 학생들에게 좋지 않은 활력활동은 없지만, 연령에 맞게 틀을 짜야 한다. 예를 들면 아주 쉽고 간단한 활동에서 점차 복잡한 활동으로 진행하는 식이다. 다양한 요소를 추가하거나 속도를 높이거나 낮추는 등 변화를 가미할 수도 있다. 활력활동에 대한 아이디어가 떨어지면 학생들에게 도움을 구하도록 하라. 팀이나 모둠으로 묶어 활력활동으로 쓸 아이디어를 공모해도 좋다.

또한 학생들 중 일부는 도움이 필요할지도 모른다는 점을 명심하자. 주의력 결핍 장애, 학습 지연, 청각 장애, 감각 장애 등을 앓는 아이들은 따로 시각적인 안내문을 제시하지 않으면 지시 사항을 알아듣지 못할 것이다. 말로 지시하는 동시에 몸짓이나 손짓을 활용하되, 한 번에 한 가지씩 하자. 아스퍼거 증후군을 않는 아이들은 표정을 읽거나 타인의 의중을 파악하는 사회적 과정에 어려움을 겪는다. 각 활동이 모든 학생들에게 적절히 활용될 수 있는지 깊이 생각하고 시행하자. 혹시라도 어려움을 겪는 학생이 있으면, 활동 방법을 수정하거나 그 학생이 다른 식으로 활동에 참여할 수 있도록 특별한 과제를 부여하자.

활력활동을 진행할 때 유의할 점

학급 전체를 위해 다양한 활력활동을 제공하자. 공간이 협소하다면 '제자리에서 하는 활동'을 도입하자. 활력활동이 필요한 시점인데 상황이 여의치 않다고 포기하지 말자. 동작을 짧게 하거나 가볍게 하는 식으로 조정하자. 학생들의 컨디션이 좋아야 학습 효과도 좋다는 것을 기억하자. 학생이 지겹다고 몸을 비틀 때는 어떤 가르침도 귀에 들어오지 않는다.

활력활동을 바르게 지시하는 방법

우리는 제대로 지시하는 법을 배운 적이 없다. 원래 누구나 다 아는 것이라고 생각해 왔다. 그래서 학생들에게 동기를 불어넣어야 할 상황에서 혼란이나 저항, 무관심이라는 결과를 초래하기도 한다. 올바른 방법으로 지시를 내리기 위해 다음과 같은 공식을 활용하자.

1. 참여하고픈 분위기를 조성하자.
2. 정확한 시작 시간을 알리자.
3. 시작 신호를 알려 주자.
4. 한 번에 한 가지씩 지시하자.
5. 학생들이 충분히 준비가 된 상태에서 시작하자.

⑥ 정해진 시작 신호를 주어 활동의 개시를 알리자.

자, 이 공식을 좀 더 자세히 살펴보자. 첫 단계는 활력활동을 시작하려고 분위기를 조성하는 것이다. 즉 하던 일을 멈추고 활력활동을 이행하는 과정이다. 모든 학생들이 금방 활동에 뛰어들 거라고 가정하지 말자. 효과적으로 분위기를 조성해야 학생들이 그 활동을 왜 하는지 알고 따른다. 1학년 학생에게는 이렇게 말할 수 있다.

"아! 선생님한테 아주 멋진 생각이 떠올랐어!"

그러면 모든 아이들이 고개를 들고 당신을 쳐다볼 것이다. 멋진 생각이 도대체 뭘까? 고등학생은 다른 각도에서 접근해야 한다. 손을 들고 학생들에게 물어보자.

"자, 하던 공부를 멈추고 잠시 엉뚱한 활동을 하고 싶은 사람은 손을 들어 보세요. 좋아. 오늘은 3조가 멋진 활력활동을 제시할 차례구나."

성인의 경우에는 이렇게 말할 수 있다.

"여러분 중에 몇 분이나 지금 앉아 있는 의자가 인체공학적으로 설계되지 않았다는 사실을 눈치채셨습니까? 자세가 불편하면 집중하기가 어렵죠. 잠시 스트레칭이라도 할까요?"

두 번째 단계는 활력소를 시작할 정확한 시간을 알려 주는 것이다. 정확한 시간을 알려 주지 않으면, 어떤 학생들은 지시를 제대로 듣지도 않고 제멋대로 먼저 움직일 수 있다. 시작 시간을 알려 주면 그런 일 없이 학생을 수업 활동에 일사천리로 참여시킬 수 있다. 10초에서 30초 사이로 시간 여유를 주자. 30초보다 길게 주면 긴장감이 떨어진다. "자, 10초 후에 다음 활동을 시작하겠습니다."와 같은 말로 시작 시간을 알려 줄 수 있을 것이다.

세 번째 단계는 "이제부터 '시작!'이라고 말하면 다같이 …를 하겠습니다.", "이제부터 음악을 틀면 다같이 …를 하겠습니다."라는 식으로 시작 신호를 알려주는 것이다. 한 마디 말이나 신호로 학생들의 뇌를 준비시킬 수 있고, 시작 신호를 일관성 있게 사용하면 학생들에게 매번 일일이 설명하지 않아도 된다.

네 번째 단계는 지시하는 단계이다. 한 번에 한 가지씩 지시해야 학생들이 혼동하지 않는다. 지시 사항에는 여러 가지 단계가 있겠지만, 그 단계를 한꺼번에 말하고픈 유혹을 물리치자. 학생들이 이미 일어나 있다면 이렇게 말할 수 있다.

"자, 어느 방향으로든 열 발자국 움직이세요."

이 지시 사항은 학생들에게 선택권을 준다. 꽤 괜찮은 아이디어다! 학생들은 저마다 원하는 방향으로 움직일 수 있다. 다만 대부분 가장 친한 친구 쪽으로 움직인다는 게 문제다. 그 때문에 혹시 당신이 하려는 활동에 지장이 생길 것 같으면, 잔소리를 늘어놓지 말고 다른 해결책을 모색하자. 예를 들어 다음과 같이 말하고 한 단계 더 지시하면 된다.

"이런, 다들 단짝 친구 옆으로 움직였구나. 좋아, 이번에는 옆 사람과 등을 맞대고 일곱 발자국 움직이세요."

그러면 훈계를 늘어놓지 않고서도 학생들을 완전히 새로운 방향으로 헤쳐 모이게 할 수 있다.

한 번에 한 가지씩 지시하라고 말은 했지만 예외적인 상황이 아주 많다. 어떤 경우에는 학생들이 각자 알아서 움직여야 할 경우도 있다. 때로는 지시할 사항이 너무 복잡해서 여러 차례 움직이고 멈추고를 반복해야 할 수도 있다. 그런 문제를 해결하기 위해 지시 사항을 게시하자. 차트나 화이트보드, 슬라이드를 활용하여 지시 사항을 알려 주자. 매번 설명하지 않고도 활동을 진행할 수 있을 것이다.

다섯 번째 단계는 아주 중요하다. 계획이 아무리 좋아도 일이 틀어질 수 있다. 따라서 항상 학생들의 준비 상태를 확인해야 한다. 당신이 첫 번째 지시 사항을 말하고 '시작' 신호를 주기 전에 학생들은 대체로 다음과 같은 세 가지 감정적 상태를 보인다. 이를 영어 첫 글자를 따서 '준비 상태의 ABC'라고 부르기도 한다.

Ⓐ 기대감Anticipation 학생들은 몸을 앞으로 내밀며 금방이라도 달려들 태세를 보인다. 거의 모든 학생들이 이런 상태라면, 다음 단계로 돌입할 준비가 됐다는 뜻이다. 얼른 시작 신호를 보내자.

Ⓑ 무관심Backing off 의자 뒤로 몸을 기대고 눈을 굴리며 썩 내키지 않는 표정을 짓는다. 당신이 하라는 대로 하고 싶은 마음이 별로 없다는 뜻이다. 활동 내용을 개선해서 학생들의 참여 의지를 북돋우자. 이 활동을 왜 하려고 하는지 그럴듯한 이유를 제시하자.

Ⓒ 혼란스러움Confusion 학생들이 곁눈질을 하면서 인상을 찌푸린다. 당신이 지시하는 바가 무엇인지 모른다는 뜻이다. 다시 지시하자. 지시 사항을 단계별로 나누거나 수정하자.

여섯 번째, 이제 지시 단계의 마지막이자 활동의 시작을 알리는 단계에 와 있다. 앞에서 소개한 시작 신호를 주자. 언어 신호에 맞는 몸짓이나 표정으로 열정을 담아 신호를 주자.

"제자리에, 준비 … 시작!"

좋은 활력활동 5가지

- **공 던지기** 다섯 명에서 일곱 명의 학생들이 서로 일곱에서 열 걸음 정도 떨어져 둥그렇게 선다. 한 사람이 공이나 종이 뭉치, 콩 주머니 등을 들고 있다가 게임이 시작되면 다른 학생에게 던진다. 게임의 주제는 Q&A, 이야기 연결하기, 칭찬하기, 단어 연상하기, 수학 연산, 지리학 등 다양하게 정할 수 있다. 게임을 빠르고 가볍게 진행하되, 정해진 규칙을 확실히 지키게 하자. 이를테면 공을 던지는 사람은 (1) 공을 던지기 전에 상대방 이름을 말하면서 눈을 맞춘다. (2) 상대방 머리보다 높게 던진다. (3) 좌우에 있는 사람에게 던지지 말고 항상 앞쪽에 있는 사람에게 던진다.

- **흥겨운 박수Clap Happy.** 당신이 먼저 손뼉을 쳐서 어떤 리듬을 만들어 내면 학생들이 차례로 따라한다. 당신이 손뼉으로 만들어낸 리듬을 모든 아이들이 한 번씩 따라하고 나면, 이제 첫 번째 학생이 새로운 리듬을 시작하고 다른 학생들은 따라한다. 학생들은 패턴을 잘 듣고 똑같이 따라해야 한다. 이러한 활동은 기억력과 음악적 감각을 기르는 데 좋다.

- **"날 따라해 봐요"** 그룹 리더가 일어나 어떤 동작을 하면 나머지 구성원들이 그 행동을 그대로 따라한다. 리더는 어떤 몸짓을 하거나 춤을 추거나 스트레칭을 하거나 걷거나 뛰거나 몸을 흔들 수 있으며, 나머지는 그대로 따라하면 된다.

- **사이먼 가라사대Simon Says** 교사의 이름이 사이먼이라고 가정하자. 학생들은 모두 일어나서 당신이 하라는 대로 해야 한다. 생략해도 되지만 '사이먼 가라사대'를 먼저 언급하면서, 지시 사항을 말하자. 적당한 속도로 진행하고 학생들이 아무도 실수하지 않을 때까지 계속하자. 다양하게 변형할 수 있는데 학생들이 지시 사항을 잘 따를 수 있도록 듣기 훈련을 위한 게임으로 활

용하거나, 교사가 지목한 학생에게 모두 주목하여 그 학생에 대한 이야기를 하면서 학생들끼리 서로 알아가는 게임으로 활용할 수도 있다. '사이먼 가라사대, … 의 방향을 가리켜라!'라는 지리학 게임으로, '사이먼 가라사대, 5+6을 몸으로 표현하라.'라는 수학 게임으로, '사이먼 가라사대, su boca(입)나 su mano(손)를 가리켜라.'라는 외국어 학습 게임으로, '사이먼 가라사대, 금속·유리·플라스틱으로 된 물건, 20년 이상 된 물건, 50년 전에는 존재하지 않았을 것 같은 물건을 가리켜라.'라는 과학 게임 등으로 다양하게 활용할 수 있다.

• 터치 앤 고Touch 'n' Go 학생들을 모두 일어나게 하여 금속 물질 다섯 가지, 유리 네 가지, 나무 세 가지, 가죽 두 가지, 플라스틱이나 고무 한 가지를 순서대로 만지게 하자. 사물들끼리는 적어도 열 걸음 이상 떨어져 있어야 한다. 사물의 종류를 다양하게 바꿔도 좋다. 수학이라면 직각, 원기둥, 정육면체, 직사각형, 세로, 높이를 만지게 하면 된다. 과학이라면 직물, 물감, 추, 공기, 고체를 만지게 하면 된다. 역사라면 특정 시대에 속하는 것을 만지게 하면 된다. 영어라면 어떤 문장을 만드는 데 사용될 수 있는 물체, 두 가지 뜻을 지닌 물체, 대문자로 시작되는 물체를 만지게 하면 된다. 경제학이라면 가치나 비용 순으로 각 사물을 만지게 하면 된다. 학생들은 지시 사항에 등장하는 사물들을 모두 만진 다음에 제자리에 앉는다. 활력활동에 관한 자세한 정보를 원한다면 『브레인 에너지 수업활동 101』(제리 에반스키 지음, 한국 뇌기반교육 연구소 펴냄)에 소개된 '상태변화 활동'들을 참조하자.

학생들의 감정 상태를 잘 다스리는 것이 중요하다는 사실은 다들 알게 되었을 것이다. 그 방법은 무수히 많겠지만 이 장에서는 음악과 활력활동에 초점을 맞췄다. 음악을 활용할 때는 다음과 같은 점을 고려해야 한다. 다뤄야 할 과제나 활동은 무엇인가? 내가 학생들에게 얻고자 하는 가장 바람직한 감정적·신체적 반응은 무엇인가? 학생들이 서로 이야기를 나누어야 하는 과제를 수행 중인가? 교실의 주된 문화는 무엇인가? 요즘 학생들이 즐겨 듣는 음악과 즐겨 보는 영화는 무엇인가? 어떠한 선곡이 과제를 완성하는 데 도움이 될 것인가?

또한 장시간 앉아 있는 동안 학생들을 계속 집중시키기란 쉽지 않기 때문에 활력활동이 필요하다. 자, 학생들을 일으켜서 움직이게 하자! 교사로서 어떻게 학생들을 지도하느냐에 따라 활동의 성공 여부가 정해진다는 사실을 명심하자. 또한 활력활동의 가짓수가 많다고 좋은 게 아니라 적은 수의 활력활동을 가지고 다양하게 변화를 주는 것이 더 좋다.

어떤 교사든 지치고 무기력하고 지루한 표정의 학생들로 가득 찬 교실을 바라지는 않을 것이다. 음악과 다양한 활동으로 학생들의 몸과 뇌에 활기를 불어넣어 주자.

에릭 젠슨

에릭 젠슨Eric Jensen은 전직 교사로서 배움에 대한 열정이 남다르다. 초등학교에서 대학교까지 모든 연령층을 가르쳤으며, 현재는 인간발달학 전공으로 박사 과정을 밟고 있다. 또한 젠슨은 1981년 설립된 슈퍼캠프SuperCamp(퀀텀 학습법을 실시하는 여름 캠프)의 공동 설립자이다. 이곳은 미국에서 최초로 뇌기반 교육 프로그램을 실시한 곳이며, 규모가 가장 크고, 현재까지 5만 명 이상이 이 캠프를 다녀갔다. 퀀텀 학습법Quantum Learning은 두뇌 학습에 관한 연구를 기반으로 가속학습법을 체계화한 교육 프로그램으로 아동의 두뇌 성장을 강화하는 학습 프로그램으로 각광받고 있다. 『Super Teaching』, 『Teaching With the Brain in Mind』, 『Brain-Based Learning』, 『Enriching the Brain』 등 학습과 뇌에 관련된 책을 30여 권 이상 저술한 바 있다. 뇌기반 교육의 선구자인 젠슨은 신경과학 연구실을 수차례 방문하면서, 해마다 수십 명의 신경과학자와 교류하고 있다.

현재는 신경과학학회와 뉴욕 과학아카데미에서 활발하게 활동 중이다. "Learning Brain EXPO"를 설립했고, 이 분야에서 25년 동안 수많은 교육자와 훈련가를 양성했다. 긍정적이며, 의미 있고, 오래 지속되는 학습 방식을 고안하는 데 몰두하고 있다. 강연 활동과 교직원 연수 활동에도 적극적이며, 빈곤 가정 출신 학생의 참여도와 학업 성취도를 높이는 심화 훈련 프로그램도 운영하고 있다. 더 자세히 알고 싶다면 'www.jensenlearning.com'을 방문하거나 아내 다이앤의 이메일 주소 'diane@jlcbrain.com'로 문의하도록 하자.

1장

Arbib, M.A. (2005). From monkey-like action recognition to human language: An evolutionary framework for neurolinguistics. *The Behavioral and Brain Sciences* 2, 105-124.

Balu, D.T., & Lucki, I. (2009, 3). Adult hippocampal neurogenesis: Regulation, functional implications, and contribution to disease pathology. *Neuroscience & Biobehavioral Reviews,* 33, 232-252.

Bateman, B., Warner, J. O., Hutchinson, E., Dean, T., Rowlandson, P., Gant, C., ... Stevenson, J. (2004). The effects of a double blind, placebo controlled artificial food colorings and benzoate preservative challenge on hyperactivity in a general population sample of preschool children. Archives of *Diseases in Childhood,* 89, 506-511.

Baurelein, M. (2011). Too dumb for complex texts? *Educational Leadership,* 68-28-32.

Beatty, J. (2001). *The human brain: Essentials of behavioral neuroscience.* Thousand Oaks, CA: Sage.

Brannon, E.M., & van der Walle, G. (2001). Ordinal numerical knowledge in young children. *Cognitive Psychology,* 43, 53-81.

Butterworth, B. (1999). *What counts: How every brain is hardwired for math.* New York: Free Press.

Centers for Disease Control and Prevention. (2010). *U.S. obesity trends. Available online at www.cdc. gov*

Dehaene, S. (2010). The calculating brain. In D.A. Sousa(Ed.), *Mind, brain, & education: Neuroscience implications for the classroom* (pp. 179-198). Bloomington, IN: Solution Tree Press.

Deng, W., Aimone, J.B., & Gage, F. H. (2010). New neurons and new memories: How does adult hippocampal neurogenesis affect learning and memory? *Nature Reviews neuroscience, 11*(5), 339-350.

Devlin, K. (2000). *The math gene: How mathematical thinking evolved and why numbers are like gossip.* New York: Basic Books.

Diamond, J. (1992). *The third chimpanzee: The evolution and future of the human animal.* New York: Harper Perennial.

Diamond, M., & Hopson, J. (1998). *Magic trees of the mind: How to nurture your child's intelligence, creativity, and healthy emotions from birth through adolescence.* New York: Dutton.

Dosenbach, N. U., Nardos, B., Cohen, A. L., Fair, D.A., Power, J. D., Church, J. A., ... Schlaggar, B. L. (2010). Prediction of individual brain maturity using fMRI. *Science, 329,* 1358-1361.

Gazzaniga, M. S., Ivry, R. B., & Mangun, G. R. (2002). *Cognitive neuroscience: The biology of the mind* (2nd ed.). New York: Norton.

Geday, J., & Gjedde, A. (2009). Attention, emotion, and deactivation of default activity in inferior medial prefrontal cortex. *Brain and Cognition, 69,* 344-352.

Goldberg, E. (2001). *The executive brain: Frontal lobes and the civilized mind.* New York: Oxford.

Grall, T. (2009). *Custodial mothers and fathers and their child support:* 2007. Washington, DC: U.S. Census Bureau.

Kitamura, T., Mishina, M., & Sugiyama, H. (2006). Dietary restriction increases hippocampal neurogenesis by molecular mechanisms independent of NMDA receptors. *Neuroscience Letters,* 393(2-3), 94-96.

Korol, D. L., & Gold, P. E. (1998). Glucose, memory, and aging. *American Journal of Clinical Nutrition,* 67, 764S-771S.

Lieberman, B. (2005). Study narrows search for brain's memory site. *Brain in the News,* 12, 4.

Luciana, M., Conklin, H. M., Hooper, C. J., & Yarger, R. S. (2005). The development of nonverbal working memory and executive control processes in adolescents. *Child Development, 76,* 697-712.

MacLean, P. D., *The triune brain in evolution: Role in paleocerebral functions.* New York: Plenum Press.

Medina, J. (2008). *Brain rules.* Seattle, WA: Pear Press.

Meerlo, P., Mistlberger, R. E., Jacobs, B. L., Heller, H. C., & McGinty, D. (2009). New neurons in the adult brain: The role of sleep and the consequences of sleep loss. *Sleep Medicine Reviews,* 13, 187-194.

Millichap, J. G., & Yee, M. M. (2003). The diet factor in pediatric and adolescent migraine. *Pediatric Neurology,* 28, 9-15.

Monk, C. A., Trafton, J. G., & Boehm-Davis, D. A. (2008). The effect of interruption duration and demand on resuming suspended goals. *Journal of Experimental Psychology: Applied,* 14(4), 299-313.

National Governors Association. (2005). *2005 Rate Your Future Survey.* Washington, DC: Author. http://www.nga.org.

Oberman, L. M., Hubbard, E. M., McCleery, J. P., Altschuler, E. L., Ramachandran, V. S., & Pineda, J. A. (2005). EEG evidence for mirror neuron dysfunction in autism spectrum disorders. *Cognitive Brain Research,* 24, 190-198.

Pancsofar, N., & Vernon-Feagans, L. (2006). Mother and father language input to young children:

Contributions to later language development. *Journal of Applied Developmental Psychology, 27.* 571-587.

Paus, T. (2005). Mapping brain maturation and cognitive development during adolescence. *Trends in Cognitive Sciences, 9,* 60-68.

Pereira, A. C., Huddleston, D. E., Brinkman, A. M., Sosunov, A. A., Hen, R., McKhann, G. M., ... Small, S. A. (2007). An in vivo corrleate of exercise-induced neurogenesis in the adult dentate gyrus. *Proceedings of the National Academy of Sciences USA, 104,* 5638-5643.

Pulverm?ller, F. (2010). Brain embodiment of syntax and grammar: Discrete combinatorial mechanisms spelt out in neuronal circuits. *Brain and Language,* 112, 167-179.

Reiss, D., Neiderheiser, J., Hetherington, E. M., & Plomin, R. (2000). *The relationship code: Deciphering genetic and social influences on adolescent development.* Cambridge, MA: Harvard University Press.

Restak, R. M. (2001). *The secret life of the brain.* Washington, DC: Dana Press.

Rideout, V. J., Foehr, U. G., & Roberts, D. F. (2010). *Generation M2: Media in the lives of 8- to 18-year-olds.* Menlo Park, CA: Kaiser Family Foundation.

Smith, M. A., Riby, L. M., van Eekelen, J., & Foster, J. K. (2011). Glucose enhancement of human memory: A comprehensive research review of the glucose memory facilitation effect. *Neuroscience & Biobehavioral Reviews, 35,* 770-783.

Squire, L. R., & Kandel, E. R. (1999). *Memory: From mind to molecules.* New York: W. H. Freeman.

Steinberg, L. (2005). Cognitive and effective development in adolescence. *Trends in Cognitive Sciences, 9,* 69-74.

S?nram-Lea, S. I., Dewhurst, S. A., & Foster, J. K. (2008). The effect of glucose administration on the recollection and familiarity components of recognition memory. *Biological Psychology, 77,* 69-75.

Taras, H. (2005). Physical activity and student performance at school. *Journal of School Health, 75,* 214-218.

Yazzie-Mintz, E. (2010). *Charting the path from engagement to achievement: A report on the 2009 High School Survey of Student Engagement.* Bloomington, IN: Center for Evaluation and Education Policy.

2장

Ramachandran, V. S. (2006). Mirror neurons and the brain in a vat. *Edge: The Third Culture.* http://www.edge.org/3rd_culture/ramachandran06/ramachandran06_index.html.

Ratey, J. (Hagerman, E.). (208). *Spark: The revolutionary new science of exercise and the brain.* New York: Little, Brown and Company.

Rizzolatti, G., & Sinigatlia, C. (2007). *Mirrors in the brain: How our minds share actions and emotions.* Oxford, UK: Oxford University Press.

3장

Angelo, T., & Cross, K. P. (1998). *Classroom assessment techniques: A handbook for college teachers* (2nd ed.). San Francisco: Jossey-Bass.

Bangert-Drowns, R., Kulik, C. C., Kulik, J. A., & Morgan, M. (1991). The instructional effect of feedback in test-like events. *Review of Educational Research, 61*(2), 213-238.

Bloom, F. E., Beal, M. F., & Kupfer, D. J. (Eds.). (2006). *The Dana guide to brain health.* www.dana.org.

Carney, R. N., & Levin, J. R. (2000). Mnemonic instruction, with a focus on transfer. *Journal of Educational Psychology, 92*(4), 783-790.

Elkind, D. (1978). Understanding the young adolescent. *Adolescence, 13,* 127-134.

Epstein, H. T. (2001). *An outline of the role of brain in human cogntive development. Brain and Cognition, 45*(1), 44-51.

Giedd, J., Blumenthal, J., Jeffries, N. O., Castellanos, F., Liu, H., Zijdenbos, A. et al.. (1999). Brain development during childhood and adolescence: A longitudinal MRI study. *Nature Neuroscience, 2*(10), 861-863.

Giedd, J. N., Castellanos, F. X., Rajapakse, J. C., Vaituzis, A. C., & Rapoport, J. L. (1997). Sexual dimorphism of the developing human brain. *Progress in Neuro-Psychopharmacology & biological Psychiatry, 21*(8), 1185-1201.

Koepp, M. J., Gunn, R. N., Lawrence, A. D., Cunningham, V. J., Dagher, A., Jones, T. et al.. (1998, 5 21). Evidence for striatal dopamine release during a video game. *Nature, 393*(6682), 266-268.

Marzano, R., Pickering, D., & Pollock, J. (2001). *Classroom instruction that works: Research-based strategies for increasing student achievement.* Alexandria, VA: Association for Supervision and Curriculum Development.

Mason, M. (1998). *The van Hiele levels of geometric understanding.* www.coe.tamu.edu/~rcapraro/Graduate_Courses/EDCI%20624%20625/EDCI%20624%20CD/literature/van%20Hiele%20Leveles.pdf 2009. 4. 26.

Neimark, E. D. (1975). Intellectual development during adolescence. In F. D. Horowitz (Ed.), *Review of child development research* (Vol. 4, pp. 541-594). Chicago: University of Chicago Press.

Raz, N., Gunning-Dixon, F., Head, D., Williamson, A., & Acker, J. D. (2001). Age and sex differences in the cerebellum and ventral pons: A prospective MR study of healthy adults. *American Journal of Neuroadiology, 22*(6), 1161-1167.

Schneider, B. H., & Younger, A. J. (1996). Adolescent-parent attachment and adolescents' relations with their peers. *Youth and Society, 28*(1), 95-108.

Sousa, D. A. (2003). *How the gifted brain learns.* Thousand Oaks, CA: Corwin.

Spear, L. P. (2000). The adolescent brain and age-related behavioral manifestations. *Neuroscience and Biobehavioral Reviews,* 24(4), 417-463.

Wang, A., & Thomas, M. (1995). Effects of keywords on long-term retention: Help or hindrance? *Journal of Educational Psychology, 87,* 468-475.

4장

Allen, J. (2009. 3. 19-21.). *Real kids, real books, real reading, real results.* Presentation given at the Illinois Reading Council conference, Reading! Engage! Excite! Ignite! Springfield, IL.

Bell, N. (1991). *Visualizing and verbalizing for language comprehension and thinking.* San Luis Obispo, CA: Gander.

Carter, R. (1998). *Mapping the mind.* Berkeley: University of California Press.

Joshi, R. M., Treiman, R, Carreker, S., & Moats, L. C. (2009). How words cast their spell: Spelling is an integral part of learning the language, not a matter of memorization. *American Educator, 32*(4), 6-16, 42.

Juel, C., & Deffes, R. (2004). Making words stick: What research says about reading. *Educational Leadership,* 61, 30-34.

Keller, T. A., & Just, M. A. (2009. 12. 10.). Altering cortical connectivity: Remediation-induced changes in the white matter poor readers. *Neuron.* http://www.psy.cmu.eud/news/news_2009_12_10.pdf 2010. 7. 21.pdf.

McCollough, A. W., & Vogel, E. K. (2008). Your inner spam filter: What makes you so smart? Might be your lizard brain. *Scientific American Mind.* 19(3), 74-77.

Nevills, P., & Wolfe, P. (2009). *Building the reading brain* (2nd ed.). Thousand Oaks, CA: Corwin.

Nolte, J. (2002). *The human brain: An introduction to its functional anatomy* (5th ed.). St. Louis, MO: Mosby.

Poldrack, R. A., & Rodriguez, P. (2004). How do memory systems interact? Evidence from human classification and learning. *Neurobiology of Learning and Memory, 82,* 324-332.

Shaywitz, S. (2003). *Overcoming dyslexia: A new and complete science-based program for reading problems at any level.* New York: Alfred A. Knopf.

Sylwester, R. (2005). *How to explain a brain: An educator's handbook of brain terms and cognitive process.* Thousand Oaks, CA: Corwin.

5장

Ashcraft, M. H. (1995). Cognitive psychology and simple arithmetic: A review and summary of new directions. *Mathematical Cognition, 1,* 3-34.

Brannon, E. M. (2005. 3.). The independence of language and mathematical reasoning. *Proceedings of the National Academy of Sciences, 102,* 3177-3178.

Dehaene, S. (1997). *The number sense: How the mind creates mathematics.* New York: Oxford University Press.

Dehaene, S., Spelke, E., Pinel, P., Stanescu, R., & Tsivkin, S. (1999. 3.). Sources of mathematical thinking: Behavioral and brain-imaging evidence. *Science. 284,* 970-974.

Devlin, K. (2000). *The math gene: How mathematical thinking evolved and why numbers are like gossip.* New York: Basic Books.

Griffin, S. (2002). The development of math competence in the preschool and early school years: Cognitive foundations and instructional strategies. In J. M. Rover(Ed.). *Mathematical cognition: A volume in current perspectives on cognition, learning, and instruction* (pp. 1-32). Greenwich, CT: Information Age Publishing.

Ischbeck, A., Zamarian, L., Siedentopf, C., Koppelst?tter, F., Benke, T., Felber, S. et al. (2006. 5.). How specifically do we learn? Imaging the learning of multiplication and subtraction. *NeuroImage, 30,* 1365-1375.

Micheloyannis, S., Sakkalis, V., Vourkas, M., Stam, C. J., & Simos, P. G. (2005. 1. 20.). Neural networks involved in mathematical thinking: Evidence from linear and non-linear analysis of electroencephalographic activity. *Neuroscience Letters, 373,* 212-217.

Miller, K., & Paredes, D. R. (1990). Starting to add worse: Effects of learning to multiply on children's addition. *Cognition, 37,* 213-242.

6장

Barnett, M. A., Quackenbush, S. W., & Sinisi, C. (1996). Factors affecting children's, adolescents', and young adults' perceptions of parental discipline. *Journal of Genetic Psychology, 157*(4), 411-424.

Baron-Cohen, S. (2003). *The essential difference: The truth about the male and female brain.* New York: Basic Books.

Benenson, J. F., & Heath, A. (2006). Boys withdraw more in one-on-one interactions, whereas girls withdraw more in groups. *Developmental Psychology, 42*(2), 272-282.

Buck, G., & Ehlers, N. (2002). Four criteria for engaging girls in the middle level classroom. *Middle School Journal, 34*(1), 48-53.

Carreker, S. (2004). *Dyslexia: Beyond the myth.* http:/www.ldonline.org/article/277 2007 4. 25.

Cattaneo, Z., Postma, A., & Vecchi, T. (2006). Gender differences in memory for object and word locations. *Quarterly Journal of Experimental Psychology, 59(5),* 904-919.

de Goede, M., Kessels, R. P. C., Postma, A. (2006). Individual variation in human spatial ability: Differences between men and women in object location memory. *Cognitive Processing, 7*(Suppl. 1),153.

Du, Y., Weymouth, C. M., & Dragseth, K. (2003. 4. 21-25). *Gender differences and student learning.* Paper presented at the annual meeting of the American Educational Research Association, Chicago, IL.

Dysgraphia. (2007). http"//www.ncld.org/index.php?option=content&task=view&id=468 2007. 4. 25.

Geffen, G., Moar, K. J., Hanlon, A.P., Clark, C. R., & Geffen, L. B. (1990). Performance measures of 16-to 86-year-old males and females on the auditory verbal learning test. *Clinical Neuropsychologist, 4*(1), 45-63.

Geiger, J. F., & Litwiller, R. M. (2005). Spatial working memory and gender differences in science. *Journal of Instructional Psychology, 32*(1), 49-57.

Halpern, D. F. (2000). *Sex differences in cognitive abilities* (3rd ed.). Mahwah, NJ: Lawrence Erlbaum.

Honigsfeld, A., & Dunn, R. (2003) High school male and female learning-style similarities and differences in diverse nations. *The Journal of Educational Research, 96*(4), 195-207.

Horton, N. K., Ray, G. E., & Cohen, R. (2001). Children's evaluations of inductive discipline as a function of transgression type and induction orientation. *Child Study Journal, 31*(2), 71-93.

James, A. N. (2007). *Teaching the male brain: How boys think, feel, and learn in school.* Thousand Oaks, CA: Corwin.

Jones, M. G., Brader-Araje, L., Carboni, L. W., Carter, G. Rua, M. J., Banilower, E. et al.. (2000). Tool time: Gender and students' use of tools, control, and authority. *Journal of Research in Science Teaching, 37*(8), 760-783.

Kaufmann, L., Lochy, A., Drexler, A., & Semenza, C. (2004). Deficient arithmetic fact retrieval-storage or access problem? *Neuropsychologia, 42*(4), 482-496.

Kimura, D. (2000). *Sex and cognition.* Cambridge, MA: A Bradford Book/The MIT Press.

Lachance, J. A., Mazzocco, M. M. M. (2006). A longitudinal analysis of sex differences in math and spatial skills in primary school age children. *Learning & Individual Differences, 16*(3), 195-216.

Lawton, C., & Hatcher, D. W. (2005). Gender differences in integration of images in visuospatial memory. *Sex Roles, 53*(9-10), 717-725.

Linderman, J., Kantrowitz, L., & Flannery, K. (2005). Male vulnerability to reading disability is not likely to be a myth: A call for new data. *Journal of Learning Disabilities, 38*(2), 109-129.

Longcamp, M., Boucard, C., Gilhodes, J. C., Anton, J. L., Roth, M., Nazarian, B. et al.. (2008). Learning through hand- or typewriting influences visual recognition of new graphic shapes: Behavioral and functional imaging evidence. *Journal of Cognitive Neuroscience, 20*(5), 802-815.

Longcamp, M., Boucard, C., Gilhodes, J. C., & Velay, J. L. (2006). Remembering the orientation of newly learned characters depends on the associated writing knowledge: A comparison between handwriting and typing. *Human Movement Science, 25,* 646-656.

Maccoby, E. E. (1998). *The two sexes: Growing up apart, growing together.* Cambridge, MA: Havard University Press.

Naglieri, J. A., & Rojahn, J. (2001). Gender differences in planning, attention, simultaneous, and successive (pass) cognitive process and achievement. *Journal of Educational Psychology, 93*(2), 430-437.

Naka, M. (1998). Repeated writing facilitates children's memory for pseudocharacters and foreign letters. *Memory and Cognition, 26*(4), 804-809.

national Center for Educational Statistics (NCES). (2007). *Percentage of students from kindergarten through eighth grade participating in weekly nonparental after school care arrangements: 2005.* Washington, DC: U.S. Department of Education.

Pomerantz, E. M., & Ruble, D. N. (1998). The role of maternal control in the development of sex differences in child self-evaluative factors. *Child Development, 69*(2), 458-478.

Pyryt, M. C., Sandals, L. H., & Begoray, J. (1998). learning style preferences of gifted, average-ability, and special needs students: A multivariate perspective. *Journal for Research in Childhood Education, 13*(1), 71-76.

Seitsinger, A. M., Barboza, H. C., & Hird, A. (1998. 4. 13-17.). *Single-sex mathematics instruction in an urban independent school.* Paper presented at the annual meeting of the American Educational Research Association, San Diego, CA.

Shalev, R. S. (2004). Developmental dyscalculia. *Journal of Child Neurology, 19*(10), 765-770.

Stumpf, H. (1998). Gender-related differences in academically talented students' scores and use of time on tests of spatial ability. *Gifted Child Quarterly, 42*(3), 157-171.

Tibbetts, S. L. (1997). Sex-role stereotyping and its effects on boys. *Journal of NAWDAC, 40*(3), 109-111.

Van Houtte, M. (2004). Why boys achieve less at school than girls: The difference between boys' and girls' academic culture. *Educational Studies, 30*(2), 159-173.

Vuontela V., Steenari, M. R., Carlson, S., Koivisto, J., Fjallberg, M., & Aronen, E. T. (2003). Audiospatial and visuospatial working memory in 6-13 year old school children. *Learning and Memory, 10*-74-81.

7장

Cage, B., & Smith, J. (2000). The effects of chess instruction on mathematics achievement of southern, rural, black secondary students. *Research in the Schools, 7*(1), 19-26.

Kerns, K. A., McInerney, R. J., & Wilde, N. J. (2001). Time reproduction, working memory, and behavioral inhibition in children with ADHD. Child *Neuropsychology, 7,* 21-31.

Margulies, S. (1991). *The effect of chess on reading scores.* New York: American Chess Federation.

Pereira, A. C., Huddleston, D. E., Brickman, A. M., Sosunov, A. A., Hen, R., McKhann, G.M. et al.. (2007). An in vivo correlate of exercise-induced neuro-genesis in the adult dentate gyrus. *Proceedings of the National Academy of Sciences of the United States of America, 104,* 5638-5643.

Posner, M., Rothbart, M. K., Sheese, B. E., & Kieras, J. (2008). How arts training influences cognition. In C. Asbury & B. Rich (Eds). *Learning, arts, and the brain: The Dana Consortium report on arts and cognition* (pp. 1-10). New York: Dana Press.

Westerberg, H., & Klingberg, T. (2007). Changes in cortical activity after training of working memory-A single-subject analysis. *Physiology and Behavior, 92,* 186-192.

8장

Barr, S. (1997). *Tapestries: Exploring identity and culture in the classroom.* Tucson, AZ: Zephyr Press.

Carter, R. (1998). *Mapping the mind.* London: Weidenfield & Nicholson.

Dispenza, J. (2007). *Evolve your brain.* Deerfield Beach, FL: health Communications.

Howard, P. (2000). *The owner's manual for the brain* (2nd ed.). Atlanta, GA: Bard Press.

Jensen, E. (2006). *Enriching the brain.* San Francisco: Jossey-Bass.

Kotulak, R. (1997). *Inside the brain.* Kansas City, MO: Andrews McMeel.

Sapolsky, R. (1998). *Why zebras don't get ulcers.* New York: W. H. Freeman.

9장

Beamon, G. W. (2001). *Teaching with adolescent learning in mind.* Arlington Heights, IL: Skylight Professional Development.

Feinstein, S. (2004). *Secrets of the teenage brain: Research-based strategies for reaching and teaching today's adolescents.* Thousand Oaks, CA: Corwin.

Krepel, W., J., & Duvall, C. R. (1981). *Field trips: A guide for planning and conducting educational experiences.* Washington, DC: National Education Association.

Silver, H., Strong, R., & Perini, M. (2000). *So each may learn: Integrating learning styles and multiple intelligences.* Alexandria, VA: Association for Supervision and Curriculum Development.

Sprenger, M. (2005). *How to teach so students remember.* Alexandria, VA: Association for Supervision and Curriculum Development.

Tate, M. L. (2003). *Worksheets don't grow dendrites: 20 instructional strategies that engage the brain.*

Thousand Oaks, CA: Corwin.

Thiers, N. (Ed.). (1995). *Successful strategies: Building a school-to-careers system.* Alexandria, VA: American Vocational Association.

Tileston, D. W. (2004). *What every teacher should know about classroom management and discipline.* Thousand Oaks, CA: Corwin.

U.S. Secretar's Commission on Achieving Necessary Skills. (1991). *What work requires of schools: A SCANS report for America 2000.* Washington, DC: U.S. Department of Labor.

10장

Budd, J. W. (2004). Mind maps as classroom exercises. *Journal of Economic Education,* 35(1), 35-46.

Coggins, D., Kravin, D., Coates, G. D., & Carrol, M. D. (2007). *English language learners in the mathematics classroom.* Thousand Oaks, CA: Corwin.

Deshler, D., & Schmaker, J. (2006). *Teaching adolescents with disabilities: Accessing the general education curriculum.* Thousand Oaks, CA: Corwin.

Feinstein, S. (2004). *Secrets of the teenage brain: Research-based strategies for reaching and teaching today's adolescents.* Thousand Oaks, CA: Corwin.

Goldberg, C. (2004). Brain friendly techniques: Mind mapping. *School Library Media Activities Monthly, 21*(3), 22-24.

Gregory, G. H., & Parry, T. (2006). *Designing brain-compatible learning* (3rd ed.). Thousand Oaks, CA: Corwin.

Jensen, E. (2007). *Brain-compatible strategies* (2nd ed.). Victoria Australia: Hawker Brownlow Education.

Marzano, R. J. (2007). *The art and science of teaching.* Alexandria, VA: Association for Supervision and Curriculum Development.

Posamentier, A. S., & Jaye, D. (2006). *What successful math teachers do, Grades 6-12: 79 research-based strategies for the standards-based classroom.* Thousand Oaks, CA: Corwin.

Ronis, D. L. (2006). *Brain-compatible mathematics (2nd ed.).* Thousand Oaks, CA: Corwin.

Sousa, D. A. (2007). *How the special needs brain learns* (2nd ed.). Thousand Oaks, CA: Corwin. CORWIN.

뇌과학 원리가 구현된, 건강한 교실을 상상하며

큰애가 일곱 살 때 영어 유치원에서 하는 공개 수업을 참관한 적이 있다. 아이가 어떻게 공부하나 궁금했기에 눈을 반짝이며 지켜보았다. 그런데 한 반에 열명밖에 되지 않는 아이들이 외국인 교사의 지시를 따르지 않고 어찌나 산만하고 장난이 심한지 보기 딱할 정도였다. 수업 내용을 가르치기보다는 'Be quiet', 'Sit down', 'Listen carefully', 'Attention'이라는 말만 하다 끝난 것 같았다. 부실한 수업에 대한 실망감에 이내 막대한 수업료가 아까워지기 시작했다.

다음 시간이 되자 이전 시간과는 다른 교사가 들어왔다. 그 교사는 수업내용을 본격적으로 시작하기 전에, 아이들을 모두 일으켜 체조부터 시켰다. 팔짝팔짝 뛰면서 숫자 1부터 20까지 신나게 외친 후 책상에 앉은 아이들은 밝은 표정으로 수업에 집중하기 시작했다. 나는 '그래, 이거였구나!' 하고 무릎을 쳤다. 아이들의 넘치는 에너지는 어떤 방법으로든 풀어 줘야 한다. 가만히 앉으라고, 집중하라고 주문하기만 하면 그 말이 먹히겠는가? 그것도 모국어가 아닌 영어로 말이다.

큰애는 사내아이라 그런지 자리에 가만히 앉아 있지 않는 편이었다. 그래서 당시에 태권도 학원에 보내 볼까 미술 학원에 보내 볼까 고민하다가, 아이가 좀 차분해졌으면 하는 마음으로 미술 학원에 보냈었다. 하지만 아이가 차분해지기는커녕 미술 학원을 빼 먹고 놀이터에서 놀다 들어오기 일쑤였기 때문에 마음만 복잡하던 차였다. 나는 유치원 참관 수업을 마치고 온 날로 바로, 미술 학원을 끊고 대신 태권도 학원에 아이를 등록시켰다. 진작 태권도를 시킬 걸 후회하면서 아이의 변화를 유심히 지켜보았다.

태권도 학원에 다닌 후로 아이는 밥도 더 잘 먹었고, 해야 할 과제도 더 짧은 시간에 더 멋지게 해냈다. '유레카'를 외쳤다. 이후에 나는 각종 육아서를 번역하면서 그동안 아이의 타고난 강점은 죽이고 약점만 억지로 고치려 했다는 사실을 깨달을 수 있었다. 실제 이 책의 저자 중 한 분인 에릭 젠슨도 몸을 많이 움직일수록 뇌 혈류량이 늘어나 학습에 대한 집중력이 높아진다고 주장하고 있다. 그런데 우리는 아이들을 의자에 꼼짝 못하게 앉혀 놓고 모든 지식을 블랙홀처럼 빨아들이길 바란다. 이것은 루게릭병으로 휠체어에 신세를 져야 하는 스티븐 호킹에게 마라톤을 하라고 주문하는 것과 같다.

작년 3월 경, 초등학교 3학년이었던 작은 아들은 걸핏하면 학교가 파하고 한참 지난 시각에 귀가했다.

"수업 끝나고 뭐하느라 이렇게 늦었니?"

"중앙공원에서 애들이랑 좀 놀았어요."

"점심시간에 운동장에서 놀지, 왜 끝나고 노니?"

"점심시간에 못 나가게 해요. 쉬는 시간도 없어요, 엄마"

학교에 문의하니 쉬는 시간을 10분에서 5분으로, 점심시간도 50분에서 40분으로 줄였다고 했다. 덕분에 면학 분위기가 좋아졌고, '방과 후 학교' 시작 시간을 앞당길 수 있으며, 학원을 다니는 학생들에게 편의를 제공하게 되어서 학부모 반응이 좋다고 덧붙였다.

아이가 4학년이 된 올해, 아이의 불평이 바뀌었다. 선생님이 체육 시간에 교실에서 자습을 하도록 하거나 비디오를 틀어 준다는 것이다. 그 이야기를 듣고 나는 아이에게 물었다.

"체육 말고 다른 시간에 수업 분위기는 좋니?"

"아뇨. 교실에 갇혀 있으니까 갑갑해요. 밖에 못 나가니까 애들이 틈만 나면 스마트폰 게임을 해요. 수업 중에 하다 걸려서 혼나는 애들도 많아요."

요즘 학교는 못 알아듣는 말로 지시하는 데 급급하던 외국인 교사처럼 아이들을 가르치고 있다. 고작 5분 쉬고 학습을 재개하라는 것은 억지에 가깝다. 그런 상황에서 학습력과 집중력이 높아질 리가 만무하기 때문이다. 에너지를 발산하지 못해 산만한 아이에게는 ADHD(주의력결핍 과잉행동 장애)라는 꼬리표를 붙이고, 선행학습이 중요하다는 단순한 이유를 들어 초등학생에게 고등학교 수학을 풀게 하고, 유리창 하나 깨뜨렸다고 운동장에서 축구를 못하게 한다면 대한민국에서 학생으로 살아가고 있는 아이들이 너무 불쌍하다.

이 책을 번역하면서 나는 우리 교육에 대한 문제의식을 더욱 명확하게 가지게 되었다. 데이비드 A. 수자 박사는 이 책에서, 생각하는 것과 움직이는 것이 기능적으로 동떨어진 것이 아니라고 말하고 있다. 그래서 나는 '학생들이 몸을 충분히 움직일 수 있도록 학교는 규칙적으로 쉬는 시간을 제공하고 학생들이 수동적으로 앉아 있어야만 하는 활동들을 대체할 방법을 개발해야 한다'라는 그의 주장에 전적으로 동의하게 되었다. 그뿐만 아니라 이 책에는 아이들의 두

뇌 성장 과정 및 그에 따라 성장기 아이들에게 나타나는 특징들이 제시되어 있고, 수업에서 벌어지는 장면을 뇌과학적인 시각으로 분석한 설명들이 담겨 있으며, 일반적인 교수·학습 상황에 쉽게 적용할 수 있는 뇌과학 원리들이 친절하게 제시되어 있어서 번역하는 내내 무릎을 치며 재미있게 작업할 수 있었다. 아무쪼록 이 책이 우리네 학교 교육의 방향키를 조정하고자 하는 교육자들의 숭고한 노력에 유용하게 쓰일 수 있기를 진심으로 기도한다.

뇌기반교육 교수과학 시리즈 4

공부하는 우리 아이들
머릿속의 비밀

2013년 4월 10일 초판 발행
2014년 10월 10일 2쇄 발행

엮은이 데이비드 A. 수자
옮긴이 박미경

펴낸이 이찬승
펴낸곳 교육을 바꾸는 책
출판등록 2012년 4월 10일 | 제313-2012-114호
주소 서울시 마포구 동교로 18길 20 자운빌딩 2층
전화 02-320-3650(마케팅) 02-320-3652(편집)
팩스 02-320-3608
홈페이지 http://21erick.org
이메일 kimbe@21erick.org

마케팅 이병렬
편집 한아정

ISBN 978-89-967544-4-2 14370
세트 978-89-967544-0-4(set)

책값은 표지 뒤쪽에 적혀 있습니다.
잘못 만든 책은 구입하신 서점에서 바꾸어 드립니다.

〈교육을 바꾸는 책〉은 〈교육을 바꾸는 사람들〉의 출판 브랜드입니다.

이 도서의 국립중앙도서관 출판시도서목록(CIP)은 e-CIP홈페이지(http://www.nl.go.kr/ecip)와
국가자료공동목록시스템(http://www.nl.go.kr/kolisnet)에서 이용하실 수 있습니다.
(CIP제어번호: CIP2013001772)